INTERPRETANDO A BÍBLIA A PARTIR DO ESPÍRITO

INTERPRETANDO A BÍBLIA A PARTIR DO ESPÍRITO

KENNER TERRA E DAVID MESQUIATI DE OLIVEIRA

EXPERIÊNCIA E HERMENÊUTICA PENTECOSTAL

HOMAS NELSON BRASIL

PENTECOSTAL CARISMÁTICO

Copyright ©2023, de Kenner Terra e David Mesquiati de Oliveira.

Edição ampliada e atualizada de *Experiência e hermenêutica pentecostal: reflexões e propostas para a construção de uma identidade teológica*, publicada em 2018 pela CPAD.

Todos os direitos desta publicação são reservados por Vida Melhor Editora LTDA.

Citações bíblicas sem indicação da versão *in loco* foram extraídas da Nova Versão Internacional. Citações com indicação *in loco* foram feitas pelo autores (TA).

Os pontos de vista desta obra são de responsabilidade de seus autores e colaboradores diretos, não refletindo necessariamente a posição da Thomas Nelson Brasil, da HarperCollins Christian Publishing ou de sua equipe editorial.

Publisher	*Samuel Coto*
Editor	*André Lodos Tangerino*
Produção editorial	*Fabiano Silveira Medeiros*
Preparação	*Daila Fanny*
Revisão	*Reginaldo de Souza e Décio Leme*
Diagramação	*Tiago Elias*
Capa	*Rafael Brum*

Dados Internacionais de Catalogação na Publicação (CIP)

(BENITEZ Catalogação Ass. Editorial, MS, Brasil)

T362i   Terra, Kenner
1.ed.   Interpretando a Bíblia a partir do Espírito / Kenner Terra, David de
Oliveira. – 1.ed. – Rio de Janeiro : Thomas Nelson Brasil, 2023.
224 p.; 15,5 x 23 cm.

ISBN 978-65-5689-642-7

1. Bíblia – Estudos. 2. Escrituras cristãs. 3. Espírito Santo – Meditação –
Cristianismo. 4. Hermenêutica bíblica. 5. Pentecostalismo. I. Título.

08-2023/27   CDD 220

Índice para catálogo sistemático

1. Biblia: Estudos   220

Aline Graziele Benitez - Bibliotecária - CRB-1/3129

Thomas Nelson Brasil é uma marca licenciada à Vida Melhor Editora LTDA.

Todos os direitos reservados à Vida Melhor Editora LTDA.

Rua da Quitanda, 86, sala 218 — Centro

Rio de Janeiro — RJ — CEP 20091-005

Tel.: (21) 3175-1030

www.thomasnelson.com.br

SUMÁRIO

Prefácio, Bernardo Campos **7**

Introdução **11**

1 A experiência pentecostal como lugar hermenêutico **17**

2 Leitura semiótica para uma hermenêutica pentecostal **39**

3 A leitura bíblica pentecostal e a experiência do Espírito **63**

4 O Espírito Santo na Reforma e no pentecostalismo **81**

5 Espírito, hermenêutica e Reforma Radical **87**

6 Afinidades entre a Reforma Radical e o pentecostalismo **101**

7 A Reforma e o pentecostalismo como respostas ao seu tempo **113**

8 Poimênica pentecostal: a vida pastoral da igreja **121**

9 Missão e pentecostalismo a partir da pentecostalidade **131**

10 Hermenêutica do Espírito: Atos 2 e o empoderamento para a ação pentecostal **139**

11 Pentecostalismos, direitos humanos e racismo **151**

12 O Espírito Santo no pentecostalismo: uma proposta da identidade cristã **165**

Conclusão **189**

Referências bibliográficas **193**

Sobre os Autores **207**

PREFÁCIO

N O ÚLTIMO MEIO SÉCULO, A TEOLOGIA PENTECOSTAL IMPACTOU O MUNDO DA FÉ CRISTÃ AO ABORDAR QUESTÕES RELACIONADAS COM A VIDA COTIDIANA E, EM PARTICULAR, COM A COMPREENSÃO DA FÉ À LUZ DO ESPÍRITO, BEM COMO a leitura e releitura científica das Sagradas Escrituras.

Interpretando a Bíblia a partir do Espírito é uma obra prodigiosa, pois tem a coragem de repensar o lugar da experiência e seu valor para a vida cristã, bem como para a reflexão e produção teológicas.

Já é amplamente conhecido que os pentecostais consideram uma tensão dialética entre a autoridade das Escrituras e o lugar da experiência. Isso é demonstrado por Keneth J. Archer em sua pesquisa sobre a *hermenêutica pentecostal*.[1] Segundo Archer, a estratégia narrativa na hermenêutica pentecostal é uma feliz combinação de três contribuições: Espírito Santo, comunidade pentecostal e Sagrada Escritura, simultaneamente.[2]

Precisamente no processo de interpretação bíblica, a experiência da vida cotidiana e da fé individual desempenham um papel importante e, por vezes, determinante. É a experiência diferente de cada um que nos faz compreender a realidade de maneira significativa e atual, e isso não significa substituir ou eliminar a exegese científica. Ao contrário, a cosmovisão particular, ou pré-compressão

---

[1]Kenneth J. Archer, "A Pentecostal hermeneutic: Spirit, Scripture and community", *Journal of Pentecostal Theology, Supplement Series*, v. 28, n. 87, 2005: 212-60.

[2]Archer diz que "os pentecostais requerem uma estratégia hermenêutica que envolva um diálogo triádico interdependente entre a Escritura, o Espírito e a comunidade, resultando em um sentido negociado criativamente" (Archer, 2005, p. 260).

da comunidade hermenêutica, enriquece a abordagem do texto bíblico e pode, a partir daí, encontrar a mensagem divina para o tempo presente.

Pablo Rodríguez-Grandjean, ao explicar o lugar que H. G. Gadamer[3] concede à experiência, diz:

> É na análise da estrutura da experiência que o caráter ontológico da hermenêutica começa a ser percebido. Não é que a experiência constitua o caráter ontológico da hermenêutica, mas é o ponto de partida dessa constituição.[4]

Da perspectiva americana (América do Norte, Central e do Sul), como em muitos países do Hemisfério Sul, a experiência de pobreza, sofrimento, solidão, exclusão, migração, vitimização por violência de todos os tipos etc. é a condição a partir da qual se busca um significado espiritual para essas realidades. Por um lado, visa superar a angústia (sublimação) e, por outro, reformulá-la como ortopatia, isto é, transformar o mal do sofrimento em sofrimento redentor ou libertador. Como bem disse o dr. Samuel Solivan, de Porto Rico, *ortopathos* é a maneira de transformarmos o sofrimento em libertação e o conhecimento em prática.[5]

A experiência é, então, uma forma de conhecimento ou habilidade derivada da observação, participação e da vivência de um evento ou de coisas que acontecem na vida. É um conhecimento construído coletivamente. Esse conhecimento pode assumir duas formas: *a priori*, ou antecipado, e *a posteriori*, ou consequente a uma experiência.

Expressões *a priori* (em latim, "a partir do que precede") e *a posteriori* (em latim, "a partir do que é posterior") são usadas para distinguir dois tipos de conhecimento: conhecimento a priori é aquele que, em algum sentido importante, é independente da experiência; ao passo que o conhecimento a posteriori é aquele que, em algum sentido necessário, depende da experiência e produz novos significados.

---

[3]Gadamer Hans-Georg, *Das Erbe Europas*, Provence: 160, acesso em: 16 ago. 2020. (Gadamer foi um filósofo alemão especialmente conhecido por sua obra *Verdade e método* (Wahrheit und Methode) e por sua renovação da hermenêutica. Foi discípulo de Heidegger, e o mais relevante da época.)

[4]Pablo Rodríguez-Grandjean, "Experiência, tradição, historicidade em Gadamer", *Decisio*, v. 28, n. 3, 2011, p. 47-54, disponível em https://www.cepalforja.org/sistem/documentos/decisio28_saber8.pdf., acesso em: 15 ago. 2020.

[5]Samuel Solivan, *The Spirit, pathos and liberation: toward an Hispanic pentecostal theology* (London: Bloomsbury T&T Clark, 1998), p. 61-69.

PREFÁCIO | **9**

Para o cristão, o conhecimento do Ser ou da existência de Deus em sua vida, por exemplo, é um conhecimento a priori, pois, para ser Deus, ele não precisa da nossa experiência. À medida que este Deus soberano se revelou a nós, deu lugar a uma experiência consigo (a posteriori) e gerou um novo conhecimento: o conhecimento revelado. É um conhecimento objetivo quando se trata da Sagrada Escritura lida de forma exegética e subjetiva, pessoal e, não menos importante, quando se apropria do sentido interpretado.

A experiência hermenêutica, ao contrário do que alguns supõem, é extensível a outros. Depois de uma experiência espiritual semelhante, esse conhecimento revelado se torna comunitário.

Por outro lado, a experiência do sobrenatural é, em si mesma, verdadeira para o sujeito que a vive, e sua veracidade não pode ser questionada por um sujeito externo. Este só poderá verificar sua autenticidade[6] e legitimidade.

Se alguém entrar na mesma dimensão ou lógica, pode tornar essa experiência também extensível e, portanto, metódica. Mas esta é a condição: é necessária uma empatia (certa simpatia) com o outro para compreender — ou, pelo menos, aproximar-se — de sua experiência ou reproduzi-la à nossa maneira. Assim, entre o mundo do texto dos escritores sagrados (hagiógrafos) e o mundo do intérprete (o leitor contemporâneo) desenha-se uma circularidade hermenêutica, produzindo novos entendimentos da mensagem divina através da história e da *situação vital* (*Zit im leben*).

Ora, onde estaria, então, a chave que permitiria desvendar o nó górdio do problema que os autores levantaram sobre a estreita relação entre experiência e hermenêutica?

Na opinião dos autores deste livro, a chave está em compreender a nova experiência que gera uma nova racionalidade (ou explicação científica), ou seja, na leitura adequada e sempre atualizada do carisma do Espírito, bem como no uso constante de um novo instrumento de compreensão[7] que tanto eles como eu concordamos em chamar de *Hermenêutica do Espírito*.[8]

---

[6]Wilhelm Pöll, *Psicologia da religião* (Barcelona: Herder, 1967), p. 368-474.

[7]Como observado por Hegel e Dilthey, seguido por Edmund Husserl, Jürgen Habermas e Gadamer. Para este, a "compreensão" é o caminho preferencial para o desenvolvimento das *ciências do espírito*, esta última entendida como as ciências do homem (psicologia) e as *ciências da cultura*, entre as quais se destaca a hermenêutica. (Francisco Romero-Eugenio Pucciarelli, *Lógica* (Buenos Aires: Espasa-Calpe 1952), p. 190-217.)

[8]Foi assim que chamei em meu livro *Hermenéutica del Espíritu: cómo interpretar los sucesos del Espíritu a la Luz de la Palabra de Dios* (Salem: Kerigma, 2016). Traduzido para o português como *Hermenêutica do Espírito: uma proposta para hermenêutica pentecostal* (São Paulo: Recriar, 2018).

Estamos muito gratos e satisfeitos com esta obra-prima dos autores de *Interpretando a Bíblia a partir do Espírito* porque à luz das novas pesquisas nas ciências bíblicas e na filosofia hermenêutica contemporânea, eles nos deixaram uma importante contribuição que nos enriquecerá não apenas para a teologia pentecostal, mas também para a teologia cristã em geral.

Dr. Bernardo Campos

Decano Acadêmico do Seminário Teológico Kerigma
Oregon, Estados Unidos, com filial no Peru

INTRODUÇÃO

O DESAFIO DESTE TEXTO É A REFLEXÃO E PROPOSTA PARA UMA TEOLOGIA PENTECOSTAL. NÃO OUSAMOS DIZER QUE EM LÍNGUA PORTUGUESA NÃO HAJA OBRAS QUE TAMBÉM CONTRIBUAM PARA A CONSTRUÇÃO DESSE DISCURSO teológico. Contudo, precisamos apresentar corajosamente o pano de fundo de nossa proposta. Por um lado, não é resultado de uma articulação cronologicamente linear, ou seja, não produzimos os textos que se seguem especificamente para esta obra. O que apresentamos aqui são discussões que resultaram em textos acadêmicos publicados em revistas científicas com respaldo internacional em Teologia e nas Ciências Humanas em geral. Nesse sentido, é um livro caracteristicamente mosaico, mas que segue uma linha comum, podendo servir como horizonte para uma teologia tipicamente pentecostal.

Por outro lado, o texto apresentado propõe um discurso teológico que privilegia a *experiência* como lugar central da tradição teológica pentecostal. Entendemos que as demais propostas teológicas produzidas na literatura brasileira, mesmo aquelas escritas por pentecostais, ainda seguem, em vários níveis, caminhos metodológicos e referenciais teóricos tipicamente modernos, o que não permitia afirmarmos ser teologia pentecostal. Podemos chamá-las de teologias produzidas por pentecostais, mas ainda dependentes das hermenêuticas e propostas dogmáticas que não levam até às últimas consequências a importância da experiência.

Nesse sentido, não entendemos por teologia pentecostal simplesmente uma pneumatologia, mas a discussão desde as questões mais básicas da fé cristã até às metodologias teológicas, priorizando o saber intuitivo, performático, poético, pneumático, extático, em suma, experiencial. Essa proposta, então, valoriza o rompimento com o paradigma racionalista do sujeito moderno que reduziu o saber a um caminho de verificação científico-tecnocêntrico e desvalorizou outras possibilidades de acesso à realidade e construção teológica.

Consequentemente, pressupomos em todos os nossos textos uma teologia que não desqualifica as subjetividades, os saberes afetivos e a construção teológica narrativa. Para nós, nisso está o que há de mais interessante e belo do discurso teológico pentecostal. É natural que o texto se transforme em crítica ao rompimento discreto, ou apenas aparente, com perspectivas teológicas que relegam as experiências carismáticas a um saber menor. Michel Maffesoli falará mesmo em outros tipos de racionalidade, que darão conta de acessar a realidade por caminhos menos racionalistas, mas nem por isso irracionais.[1]

William Oliverio, seguindo Amos Yong, propõe uma história da hermenêutica pentecostal menos como descrição cronológica da maneira de os pentecostais lerem a Bíblia e mais como uma hermenêutica teológica preocupada em interpretar não somente a Bíblia, mas também a realidade.[2] Talvez, aqui encontremos o lugar de batalha e de necessidade para dispensarmos nosso fôlego em produzir uma teologia pentecostal. É comum se desvalorizar a produção teológica narrativa, os sentidos teológicos da vivência carismática e o saber intuitivo vinculado às expressões emotivas por entendê-los como irracionais, menores ou dogmaticamente insuficientes. Nesse ponto, revela-se exatamente o quadro enfrentado por esta obra. Instrumentalizando-nos da sofisticação metodológica, dialogando com a história da tradição cristã, relendo conceitos caros da teologia e apontando caminhos de reflexões teológicas, priorizaremos a experiência e toda a narrativização própria da tradição pentecostal como lugares para a construção da nossa teologia.

Duas questões nos preocupam quanto à produção teológica pentecostal no Brasil. A primeira é o risco de as teologias protestantes estabelecidas se tornarem o único ou o melhor caminho para a sistematização teológica pentecostal; a segunda, decorrente da primeira, é a calvinização do pentecostalismo. É preciso explicar o que queremos dizer com isso. Antes de qualquer coisa, essa crítica não é aos calvinistas e demais protestantes, mas aos nossos irmãos pentecostais. Acreditamos que o diálogo com a teologia e com os teólogos reformados é de fundamental importância para a promoção do Reino de Deus em nossas terras. Contudo, para que o diálogo aconteça, nós, pentecostais, precisamos fazer o dever de casa e articular uma identidade teológica que seja propriamente pentecostal.

---

[1] Maffesoli, 2001.
[2] Oliverio Jr., 2012.

Isso já vem sendo feito mundo afora, especialmente por irmãos norte-americanos e europeus como Amos Yong, Kenneth Archer, Veli-Matti Kärkkäinen, Harold D. Hunter, entre outros; não nos esquecendo de pentecostais latino-americanos como Bernardo Campos, Daniel Chiquete e outros, que há algum tempo têm questionado essa realidade e feito propostas importantes. No Brasil, a discussão tem ganhado grande repercussão, e entre seus resultados está a obra *Autoridade bíblica e experiência no Espírito: A contribuição da hermenêutica pentecostal-carismática*, publicada pela Thomas Nelson Brasil, de Gutierres Siqueira e Kenner Terra. Aliás, a primeira edição deste livro que o leitor tem em mãos, cuja presente edição ganha novos tons, foi fundamental para a ebulição do tema. Inicialmente, a estranheza foi notória, o que gerou intensos embates, mas no decorrer das reflexões, mesmo fora de circulação,*Interpretando a Bíblia a partir do Espírito* representou portas abertas para o tema em terras brasileiras. O relançamento deste trabalho, em uma edição ampliada e revisada, é um ajuste com a história, reparação e amadurecimento.

Nosso texto fará ensaios seguindo o interesse de construir uma identidade teológica pentecostal, o que exige uma releitura da história, uma proposta hermenêutica e uma articulação *na* e *para* a experiência. A partir dessa plataforma, gastaremos um bom tempo para relacionar o movimento pentecostal com a Reforma Protestante do século 16, ao mesmo tempo que o diferenciaremos dos típicos protestantes a fim de inserir essa tradição cristã no seu contexto e perceber a especificidade do êxtase como constituição da sua experiência religiosa. A preocupação histórica se dá pela necessidade de responder em qual tradição teológica devemos inserir o pentecostalismo, o que nos ajudará, até mesmo, a afinar nossas críticas históricas para a composição de uma peça musical teológica que ecoe melhor a melodia da experiência. O objetivo é caracterizar o êxtase pentecostal e a sua importância no procedimento hermenêutico. Para isso, à luz da história da interpretação, apresentaremos como o fiel pentecostal lê o texto bíblico, cujas experiências extáticas servem como lugar de reconhecimento da experiência no texto e determinam tanto sua visão de mundo como sua perspectiva teológica.

A interdisciplinaridade é um horizonte metodológico muitíssimo frutífero para o trabalho acadêmico pentecostal. Ela permite acesso às metodologias para o estudo do texto bíblico ou construções teológicas não racionalistas, que darão conta das subjetividades carismáticas. A partir da escolha metodológica, nos dedicaremos a apresentar instrumentos hermenêuticos mais adequados à leitura bíblica pentecostal. Para esse intento, serão apresentadas as intuições da semiótica da cultura de I. Lótman, permitindo valorizar pressupostos epistemológicos e metodologias menos historicistas, a fim de servirem como instrumento interpretativo das Escrituras. Para este feito, serão apresentados e tratados conceitos como *texto, cultura, memória* e *narrativa*, os quais possibilitarão as devidas críticas às metodologias tradicionais que se cristalizaram na prática interpretativa, especialmente na exegese, filha da modernidade, bem como novas perguntas e caminhos na compressão dos textos. Por isso, a interdisciplinaridade, tema caro para as pesquisas científicas, gerou profundas e renovadoras mudanças nas perguntas feitas aos textos, perguntas que giravam sempre em torno da autoria, fundo histórico e genealogia de tradições.

Ainda preocupados com procedimentos metodológicos, é importante enfrentarmos a noção da centralidade da Bíblia, mas considerando as diferenças desse tema em relação ao protestantismo clássico brasileiro. No mundo pentecostal, a noção e o trato relacionados à Bíblia não ocorrem preferencialmente pela via cognitiva (sistematização), mas, sim, pela via da experiência (sensorial), encenando as Escrituras como palavra viva. Nessa encenação, os textos bíblicos são tratados de modo performático, recriando novas realidades. Tal visão gera uma preferência pelo gênero narrativo, tanto nas escolhas de leituras bíblicas, como de pregação. Denominaremos essa ação como *performance da Palavra*, considerando assim a forma de os pentecostais lerem a Bíblia, bem como sua visão de mundo.

Por fim, a tradição que, por mais de um século, tem afirmado que *Jesus salva, cura, batiza com o Espírito Santo e leva para o céu* não pode ser tratada simplesmente como esdrúxulo fenômeno emocional. Urge o tempo de "alargarmos o lugar das tendas" (cf. Isaías 54:2) da experiência como lugar privilegiado para compreender a fé e a vida. Sabemos do risco que corremos. Georges Bataille deixou sua exortação ao indicar que qualquer tentativa de descrever a experiência é um risco de eliminá-la.[3] Contudo, podemos fazê-lo com a sofisticação científico-teológica e a sensibilidade espiritual que capacitam o uso eloquente, respeitoso, gracioso e potente da experiência, sem nos distanciar de nossos pais, que romperam a partir da sua relação com o Espírito e nos ensinaram a pensar a fé cristã enxertada na alegria e sabedoria espirituais. Assim, a *sapientiae* (sabedoria) é animada pela *gaudium* (alegria) do Espírito, e a *gaudium*, iluminada pela *sapientiae* experienciada.

Este livro é resultado de anos de pesquisa acadêmica sobre teologia pentecostal em importantes centros de pesquisa do Brasil. Os textos que o formam apareceram primeiramente como artigos em revistas científicas de excelência

---

[3]Bataille, 2016.

internacional, e foram rigorosamente avaliados pelos especialistas da área antes da publicação especializada. Entre as revistas que publicaram os artigos destacam-se a *Revista Brasileira de História das Religiões* (RBHR), mantida pela Associação Nacional de História (ANPUH); a *Revista Estudos Teológicos*, da Faculdades EST; a *Revista Rever*, da Pontifícia Universidade Católica de São Paulo (PUC-SP); a *Revista Horizonte* (PUC-MG); a *Revista Pistis & Práxis* (PUC-PR) e *Revista Perspectiva Teológica*, da Faculdade Jesuíta de Filosofia e Teologia (FAJE). Outros textos foram apresentados em importantes eventos acadêmicos como o da Sociedade de Teologia e Ciência da Religião (SOTER), da Associação Nacional dos Programas de Pós-Graduação em Teologia e Ciências da Religião (ANPTECRE) e da Rede Latino-americana de Estudos Pentecostais (RELEP). Isso mostra que a teologia pentecostal tem alcançado outros estratos sociais e conquistado uma entrada mais intensiva no diálogo com o mundo acadêmico.

CAPÍTULO 1
A EXPERIÊNCIA PENTECOSTAL COMO LUGAR HERMENÊUTICO

INTRODUÇÃO

O MOVIMENTO PENTECOSTAL É PLURAL E PERPASSADO POR IDIOSSINCRASIAS TEOLÓGICAS E LITÚRGICAS, SENDO MAIS CORRETO UTILIZAR A EXPRESSÃO "PENTECOSTALISMOS", NO PLURAL, PARA CHAMAR A ATENÇÃO A ESSA diversidade. No Brasil, a classificação das "três ondas" proposta por Paul Freston, serviu durante um bom tempo como classificação histórico-social dos pentecostalismos brasileiros.[1] Como toda taxonomia tem seu desgaste, essa analogia marítima já não atende adequadamente à complexidade do fenômeno pentecostal. Bertone Souza, por exemplo, defende que no primeiro centenário dos pentecostalismos no Brasil, estariam mais bem demarcadas apenas duas fases e não três, sugerindo a segmentação entre o Pentecostalismo Salvacionista (PS), de 1910 a 1960, representado pelas denominações Congregação Cristã no Brasil, Assembleia de Deus, Igreja do Evangelho Quadrangular, Igreja Pentecostal Deus é Amor, entre outras; e o Pentecostalismo da Prosperidade (PP), de 1970 aos dias atuais, representado especialmente pela Igreja Universal do Reino de Deus e pela Igreja Internacional da Graça de Deus.[2] Levando isso em consideração, uma taxonomia como a proposta pelo teólogo estadunidense Frank Macchia mostra-se desafiadora para o contexto brasileiro, pois dá visibilidade a agentes religiosos que normalmente são desconsiderados nas classificações dos pesquisadores latino-americanos.[3]

Macchia distribui o pentecostalismo moderno em quatro grandes grupos no território norte-americano: *histórico, clássico, unicista* e *carismático*.[4] O pente-

---

[1] Freston, 1994.
[2] Souza, 2015.
[3] Macchia, 1996.
[4] Macchia, 1996, p. 33-54.

costalismo histórico seria o segmento mais antigo, desde o final do século 19. É caracterizado pela importância que os pentecostais davam ao carisma "dom de línguas estranhas", e é formado por igrejas como Igreja de Deus de Cleveland, Igreja de Deus da Profecia, movimento e igrejas de Santidade (*holiness*), entre outras. O *pentecostalismo clássico* começou a partir de 1901 em Topeka, Kansas, e em 1906 na rua Azusa, em Los Angeles. Teve influência dos avivamentos ingleses, como o avivamento em Gales dirigido por Robert Evans.[5] Teologicamente, era de base trinitária, com forte apelo moralista e recorte fundamentalista. O pentecostalismo moderno clássico era formado por Assembleias de Deus e por igrejas nacionais (autóctones), um padrão semelhante na América Latina.

O terceiro grupo, o *pentecostalismo unicista*, é também conhecido como o pentecostalismo "do nome de Jesus". Caracteriza-se por não crer na doutrina da Trindade, desenvolvendo fórmulas litúrgicas específicas, como o batismo somente no nome de Jesus. Seu unicismo se baseia no monoteísmo interpretado a partir do Antigo Testamento e estabelece um tipo de modalismo,[6] diferenciando-se do unitarismo,[7] que seria sabelianista ou ariano. De acordo com Campos, por volta de 2007, estimava-se em 40 milhões o número de pentecostais unicistas no mundo.[8] No México, uma de suas maiores denominações pentecostais é unicista (Igreja Apostólica da Fé em Cristo Jesus). No Brasil, uma das igrejas pentecostais unicistas mais conhecidas é a Igreja Voz da Verdade, em São Paulo, que já vendeu milhões de cópias de discos em seus mais de 60 anos de atuação, por meio de um grupo musical homônimo.[9]

---

[5]Robert Evans foi um avivalista extático que teria vivido experiências atribuídas ao Espírito Santo por volta do ano 1904. Ele tinha sonhos, dizia ouvir diretamente a voz de Deus e pregava com tamanha eloquência que levava seu auditório a experiências extáticas comunitárias. (Cf. Jones, 1995; Stewart, 1968.)

[6]O modalismo ou também monarquianismo modalista identificava Jesus como o próprio Deus (o Pai) manifestado em carne. Esse "modo" era uma forma de o Rei (monarca) se manifestar. Outra forma de entender o modalismo é considerar Deus definido como um Espírito único e indivisível, que se manifesta ao mundo de diferentes modos, tendo em Jesus sua representação maior.

[7]De modo geral o unitarismo não reconhece Jesus como Deus, enquanto o unicismo compreende Deus como indivisível, sendo Jesus um modo de Deus se manifestar. O unitarismo sofre influência do arianismo (Ário, 256-336 d.C.) que defendia que Jesus foi um ser criado por Deus, e não era uma Pessoa Divina; e do sabelianismo (Sabélio, século 3 d.C.), que usava a linguagem de Pessoa Divina, mas essa "persona" era apenas uma máscara para uma única substância, igualmente deixando em dúvida a deidade de Jesus de Nazaré, tema caro para os cristãos majoritários, que são trinitários.

[8]Campos, 2016a.

[9]A Igreja Voz da Verdade foi fundada em 1953 (o registro oficial seria apenas em 1978) pelo pastor Fued Moisés. A família Moisés emigrou do Líbano e se tornou cristã no Brasil. O grupo musical Voz da Verdade gravou um primeiro disco em 1978, fazendo depois apresentações em todo Brasil. São mais de 33 álbuns, com vendagem superior a 8 milhões de cópias. Suas músicas são cantadas em várias igrejas pentecostais no Brasil a cada domingo.

O último grupo, *movimento carismático*, é formado por dois subgrupos: renovação carismática das igrejas protestantes e da Igreja Católica[10] com inclusão seletiva de elementos dos pentecostalismos; e os que seguem a teologia da prosperidade, da batalha espiritual, e mais recentemente, também os que compartilham uma visão judaizante, com ênfase nos carismas de "apóstolo" e "profetas". Esse segundo subgrupo é o mais controverso e recebe diferentes nomenclaturas: *neopentecostais* para Ricardo Mariano;[11] *isopentecostais* para Bernardo Campos;[12] *pentecostais de terceira onda* para Freston;[13] *pentecostais autônomos* para José Bittencourt Filho;[14] *agências de cura* ou *sindicato de magos* para Antônio Gouvêa Mendonça e Prócoro Velasques Filho;[15] *pós-pentecostais* para Miguel Ángel Mansilla[16] e Paulo Siepierski.[17]

O que todos esses pentecostalismos apontados teriam em comum é a centralidade da experiência religiosa a partir do êxtase. Para aprofundar mais essa questão, este capítulo se centrará no segundo grupo principal da taxonomia de Macchia, que é o *pentecostalismo clássico*, fazendo as adaptações para o contexto brasileiro, e considerando como agente eclesial pentecostal especialmente as Assembleias de Deus brasileiras, uma das maiores expressões do crescimento pentecostal no Brasil.[18]

Pode-se afirmar que os pentecostais valorizam, como lugares privilegiados de construção de sua teologia, as narrativas de milagre, as expressões de intervenção do Espírito Santo e os indícios de sobrenaturalismo nos textos bíblicos, levantando assim a necessidade de analisar a hermenêutica pentecostal.[19] Além disso, destaca-se o livro dos Atos dos Apóstolos (de autoria atribuída ao personagem bíblico Lucas) como fonte importante para as representações pentecostais. Como círculo hermenêutico, a "experiência" ajuda na leitura das narrativas lucanas, as quais, por sua vez, alimentam as práticas, que são retroativamente alimentadas pelas narrativas. A experiência aqui citada pode ser caracterizada como expressões extáticas, por meio das quais se acessa o texto, sempre em *performance* comunitária.[20]

---

[10]Prandi, 1997; Oro; Alves, 2013.
[11]Mariano, 1999.
[12]Campos (2016a, p. 175) chama de isopentecostalismo, pois, para este teólogo pentecostal peruano, apesar de este grupo estar "em sintonia com algumas peculiaridades do pentecostalismo clássico, [...] parece ser de natureza diferente".
[13]Freston, 1993.
[14]Bittencourt Filho, 2003.
[15]Mendonça; Velasques Filho, 2002.
[16]Mansilla, 2017, p. 17-34.
[17]Siepierski, 1997; 2004, p. 71-88.
[18]Alencar, 2013; Wagner, 1987.
[19]Cf. Carvalho, 2016, p. 210.
[20]Oliveira, 2017a.

Nesse sentido, este texto pergunta-se por uma hermenêutica específica dos pentecostalismos e a relaciona com o êxtase. Ou seja, assume que os pentecostais leem a Bíblia de forma extática.[21] Na primeira parte, procuraremos caracterizar os pentecostais com suas marcas distintivas, e na segunda, nos concentraremos na hermenêutica pentecostal em sua perspectiva extática. A proposta é indicar o êxtase como eixo comum nas leituras pentecostais.

O MOVIMENTO PENTECOSTAL

Esta primeira parte está dividida em duas seções. Na primeira, relacionamos o movimento pentecostal com a Reforma Protestante do século 16, ao mesmo tempo que o diferenciamos dos típicos protestantes. Na segunda seção, enfocaremos o êxtase pentecostal.

Os pentecostais e a renovação da Reforma

Os pentecostais também se veem como herdeiros da Reforma do século 16. A partir dos quatro *solae* da Reforma (só a Escritura; só a fé; só a graça; só o Cristo) e do credo niceno-constantinopolitano do século 4 ("Creio na igreja una, santa, católica e apostólica"), é possível perceber como a perspectiva pentecostal *clássica* relê a tradição. Esses fundamentos seriam assumidos pelos pentecostais e conferem identidade cristã e unidade como igreja; ao mesmo tempo, porém, os pentecostais recuperam explicitamente a dimensão do Espírito, tornando mais complexa a correlação quaternária tanto dos *solae* da Reforma como das *marcas* da igreja. Para os pentecostais, a estrutura seria quíntupla,[22] conforme veremos a seguir.

Na Reforma foram assentados os quatro fundamentos da teologia cristã que impactaram não apenas a teologia de Lutero e de Calvino, mas também da subsequente Reforma Católica, levando as discussões para as raízes da teologia. Pode-se dizer que esses princípios exclusivos e simultaneamente correlatos (*só o Cristo*, *só a graça*, *só a fé* e *só a Escritura*) ajudaram a recuperar o cerne da teologia cristã. Nesse sentido, os pentecostais assumem o fundamento teológico da Reforma e sua correlatividade, mas resgatam o protagonismo do Espírito Santo de tal forma que se pode dizer que, para os pentecostais, há também um *solus Spiritus Sanctus*. Esse Espírito Santo não substituiria a fé nem a Bíblia nem a graça nem Cristo, mas atuaria em correlação a eles. O *solus Spiritus* dos pentecostais não

---

[21]Nel, 2015, p. 2.
[22]Oliveira, 2017e.

poderia ser entendido em sentido escolástico, como se a centralidade no Espírito resultasse em autonomia em relação aos quatro *solae* ou em algum tipo de hierarquia. Porém, teologicamente, não teria muito proveito o *sola Scriptura* se o Espírito Santo não a explicasse, nem o *solus Christus* se o Espírito não atualizasse e universalizasse sua obra. O mesmo se pode dizer sobre a fé e sobre a graça. Para os pentecostais, o Espírito perpassa inseparavelmente os quatro *solae* da Reforma, de modo que seria mais adequado, nesse sentido, utilizar a fórmula "cinco solae" em lugar do clássico "quatro *solae*".

O mesmo poderia ser dito das quatro marcas da igreja cristã niceno-constantinopolitana, que não é só *una*, *santa*, *católica* e *apostólica*, mas também, no dizer do teólogo pentecostal Bernardo Campos, assume um princípio igualmente fundante para a teologia pentecostal: o princípio da pentecostalidade.[23]

A pentecostalidade não é a pentecostalização da igreja. Diz respeito a assumir a ação do Espírito de maneira ativa na igreja e na teologização, mais do que as formas clássicas de Espírito *do Filho* ou *da força* (energia) *de Deus*. A partir da pentecostalidade, a Pessoa divina seria estimada, invocada e presente. A escolha desse termo pelo teólogo pentecostal peruano não tem relação com os pentecostais de maneira direta, mas com a forma de o Espírito agir no período do Pentecoste, na igreja do período bíblico neotestamentário. Essa teologização aberta sobre o Espírito Santo é assumida sem rodeios, sem uma hierarquia dentro da doutrina da Trindade, como muitas vezes concluem algumas abordagens trinitárias. O princípio da pentecostalidade "é a força do Espírito que outorga poder ao ser humano para superar os condicionamentos que querem reduzi-lo à desumanização", diz Campos. Ele ainda afirma que tal princípio "quer pôr 'espírito' ali onde o ser humano só quer pôr matéria (*phisis*) e corporeidade ali onde o ser humano quer espiritualizar-se".[24]

Recentemente, Bernardo Campos consolidou essa perspectiva em uma obra fruto de mais de vinte anos de amadurecimento. Em *El princípio pentecostalidad*,[25] Campos desenvolve a sistematização desse princípio em três momentos. Não só os pentecostais seriam fruto da pentecostalidade, que pode gerar expressões concretas e culturais (os pentecostalismos), como ela poderia atuar mesmo nas estruturas eclesiásticas:

---

[23]Campos, 2002.
[24]Campos, 2002, p. 88.
[25]Cf. Campos, 2016a. Em *Da Reforma protestante à pentecostalidade da igreja*, Campos já havia apresentado esse conceito, que foi consolidado ao longo do tempo a partir de críticas e sugestões.

> Desde que cunhamos a palavra *pentecostalidade*, a entendemos como um critério epistemológico para falar da vocação de universalidade da igreja, e como categoria que permitiria superar as aporias das novas, mas precárias, historização e institucionalização dos pentecostalismos, ao mesmo tempo que *notae* (características) da igreja. Cunhamos a categoria *pentecostalidade* porque necessitávamos de uma categoria que, ao mesmo tempo que nos permitisse uma interpretação da eclesialidade (*sectariedade?*) dos pentecostalismos desde o ponto de vista endógeno, suscitasse também uma leitura objetiva, pública, inclusiva e verificável.[26]

Na pentecostalidade estariam o princípio e a experiência universal fundante do Espírito, que podem fundar expressões concretas *na força do Espírito*. Teologicamente falando, pressupõe uma comunidade de fé e o evento crístico, salvador e transformador.[27] Com isso, para os pentecostais, as quatro *notae* da igreja são expandidas, em sua fórmula, para uma quinta: *una*, *santa*, *católica*, *apostólica* e dotada de *pentecostalidade*.

Outra percepção da teologia pentecostal clássica poderia ser descrita nos termos da metáfora da *profundidade* de Paul Tillich, quando explicou o lugar da religião na sociedade moderna em *Teologia e Cultura*.[28] Na perspectiva tillichiana, a religião não seria uma área específica da vida nem teria um lugar concreto. O lugar da religião estaria na *profundidade* de todas as outras dimensões da vida. Ao se buscar um lugar específico, se estaria descaracterizando-a. Ao situar-se na profundidade das demais dimensões da existência, a religião encontraria seu lugar de modo transformador e fundante. De maneira análoga para a teologia pentecostal, a questão que parece ser defendida pelos pentecostais clássicos é a de que, hoje, não basta escrever grandes tratados sobre pneumatologia, nem fazer o Espírito disputar com outros temas teológicos, mas descobrir, *na profundidade* de todos os temas, a dimensão pneumatológica.

Fica em relevo, nesse momento, a ideia de que, na perspectiva pentecostal, seria preciso considerar seriamente o quinto princípio simultâneo a partir da Reforma, o *Solus Spiritus Sanctus*, e a quinta característica da noção de igreja, que é sua pentecostalidade. Essa perspectiva "espiritual" (do Espírito) é uma contribuição significativa do movimento pentecostal para todas as igrejas: redescobrir na base da fé cristã a dimensão do Espírito.

---

[26]Campos, 2016a, p. 130.
[27]Campos, 2016a, p. 133.
[28]Tillich, 2009.

Os aspectos específicos dos pentecostais: êxtase, Cristo e Espírito

Donald Dayton fez uma importante pesquisa sobre as raízes teológicas do pentecostalismo e encontrou uma relação dele com o movimento *holiness* (santidade) metodista americano (séculos 18 e 19) e com nuances do pietismo europeu (século 17).[29] A essência do pentecostal poderia ser descrita a partir da crença no Jesus que *salva, cura, batiza* com o Espírito Santo e que em *breve retornará*. Esse seria, na perspectiva pentecostal, o evangelho *pleno*, completo.

Duas coisas chamam a atenção. A primeira é que essa chave de leitura é inicialmente cristológica, e não pneumatológica, como se esperaria. A centralidade está em Cristo: ele salva, aqui e agora e escatologicamente; ele cura as enfermidades e dá esperança de uma vida melhor e digna; ele batiza com o Espírito (importante doutrina pentecostal); e por último, a chave apocalíptica sobre a expectativa do seu breve retorno. A maioria dos pentecostais norte-americanos, e também dos brasileiros, manteve esse núcleo duro. A centralidade cristológica apresenta um *paráclito* (auxiliador) na missão desse Cristo: o Espírito Santo como Pessoa, ativamente presente no crente e na igreja. A experiência é revestida de uma especificidade que vai além da soteriologia. O Espírito Santo anima, alegra, exorta, consola, distribui dons, convence, entre outras ações. Se, no início, a centralidade pareceu estar no Cristo, ao final, o Espírito assume o protagonismo, pois seria ele o agente principal e ativador de todo o projeto divino, agindo a partir da base, da *profundidade*.

A segunda questão é a noção de batismo *com* o Espírito Santo defendida pelos pentecostais, que não é a mesma noção geral de batismo *no* Espírito, com o qual os demais cristãos lidam. Por ela, entende-se que todos os crentes seriam imersos na nova vida no Espírito e, com isso, seriam imersos no *batismo* do Espírito. O batismo pentecostal *com* o Espírito fala de um revestimento posterior. Não está ligado ao processo de justificação pela fé, mas de uma "segunda bênção", pois a primeira teria sido a salvação.[30] O movimento *holiness* entre os metodistas defendia que era necessário buscar a *segunda bênção* após receber a salvação, a saber, a santidade pessoal. Essa busca pela perfeição cristã teria gerado comunidades propícias para experiências místicas e sensitivas. Grupos *holiness* experimentaram o fenômeno da glossolalia (falar em línguas estranhas) e, nos Estados Unidos, foram os ascendentes diretos e espirituais dos pentecostais modernos, como o caso de Topeka e da rua Azusa, berços do pentecostalismo clássico norte-americano. Nesses ambientes metodistas, o batismo com o Espírito Santo era

[29]Dayton, 1991.
[30]Gilberto, 2008, p. 181.

chamado, então, de "terceira bênção". No caso brasileiro, seria a "segunda bênção", uma vez que não havia aqui a mesma influência metodista que havia nos Estados Unidos.

O batismo pentecostal com o Espírito Santo é defendido como doutrina central do pentecostalismo dito clássico.[31] Em linha indiciária, várias narrativas do Novo Testamento mostrariam pessoas cristãs (pessoas salvas em Cristo) recebendo oração e sendo visitadas de forma especial pelo Espírito, até mesmo com manifestação tangível de fenômenos sobrenaturais, como falar em outras línguas, profecia, interpretação de línguas, entre outros. O próprio derramamento do Espírito Santo no Pentecoste teria acontecido sobre crentes e seguidores do Cristo. Na perspectiva pentecostal, era uma *segunda bênção* para eles. Essa experiência foi estendida e possibilitada a todos os crentes, como no texto bíblico de Atos 2:38-39. Em Atos 19:2, Paulo pergunta a um grupo de seguidores de Jesus se eles já tinham recebido o Espírito quando creram, denotando tratar-se de algo tangível e mesmo posterior. Essa expectativa de uma visitação especial do Espírito Santo sobre o crente passou a ser identificada como a promessa pentecostal (a partir do Pentecoste, a festa judaica que se converteu no evento fundante da igreja cristã, recheada de experiências de êxtase religioso), um revestimento de poder e comissionamento do Espírito que se segue ao *novo nascimento*, essencialmente pneumatológico. De fato, essa experiência não tem efeito soteriológico (salvífico), portanto, não é uma segunda via para a salvação. É, antes, uma capacitação especial para o serviço (diaconia e missão) e para a vida cristã consagrada (testemunho cristão).

No âmbito pentecostal clássico, o falar em línguas em estado de êxtase é um padrão para a espiritualidade cristã praticado de forma individual em momentos de oração intensa ou mesmo no culto público. Para ter uma ideia, não poderia ser apresentado para o ministério pastoral quem não tivesse dado provas à comunidade de ter experimentado esses momentos extáticos. Ser batizado com o Espírito Santo é um requisito para a consagração ministerial ao pastorado, assim como a formação teológica ou a aprovação na entrevista com o candidato, por exemplo. Contudo, há alguns anos, é possível perceber uma flexibilização, permitindo-se o acesso de novos líderes sem evidências públicas de experiências mais intensas de êxtase e transe.

O fenômeno das línguas estranhas é muito importante para o pentecostal que busca reviver o tempo apostólico descrito no Novo Testamento. A experiência do batismo pentecostal com o Espírito Santo é também corporal e indicaria posse e

---

[31]Menzies; Menzies, 2002.

controle do corpo por parte do Espírito, começando pela "língua". Como afirma Antônio Gilberto, a língua seria sinônimo de "evangelho falado, pregado, cantado, comunicado",[32] destacando a dimensão missionária da fé pentecostal. Esse impulso à proclamação tem sido uma marca no movimento missionário pentecostal, notadamente efusivo e evangelístico, e, em alguns casos, agressivo em sua abordagem conversionista. De qualquer forma, de acordo com os pentecostais, a experiência do batismo com o Espírito Santo produziria consequências tangíveis na vida do fiel. Gilberto afirma que "na conversão, recebemos vida de Deus; no batismo com o Espírito Santo, recebemos poder de Deus".[33] Donald Gee, importante teólogo pentecostal inglês do século passado, ressaltava as experiências sobrenaturais que costumam acompanhar o batismo pentecostal.[34] Amos Yong, teólogo da Assembleia de Deus dos Estados Unidos, afirma que no pentecostalismo se advoga uma presença ativa do Espírito Santo em todas as áreas da vida, atuando não só por meios externos, mas também internos.[35] Em obra recente, o teólogo pentecostal americano Anthony Palma, atualizou os estudos sobre essa importante doutrina pentecostal.[36]

Outro teólogo assembleiano americano, Robert Menzies, destaca que o movimento pentecostal pode oferecer à igreja mundial muito mais que a experiência religiosa e o fervor espiritual: há doutrina e teologia também.[37] Ele destaca, por exemplo, o novo olhar para Lucas-Atos que não subordina à perspectiva paulina. Nesse sentido, é uma ampliação da Reforma, ou mesmo elemento para uma nova Reforma a partir da centralidade da experiência religiosa, que, no caso dos pentecostais, se dá em ambiente extático, conforme aprofundaremos na próxima parte.

A HERMENÊUTICA PENTECOSTAL E O ÊXTASE RELIGIOSO

Busca-se, nesta segunda parte, caracterizar o êxtase pentecostal e a sua importância no procedimento hermenêutico pentecostal. Para isso, apresentaremos, à luz da história da interpretação, a maneira de o fiel pentecostal ler o texto bíblico. A leitura pentecostal será tratada como uma intuição hermenêutica que centraliza o lugar do leitor, o qual tem no êxtase seus óculos interpretativos.

---

[32]Gilberto, 2008, p. 183.
[33]Gilberto, 2008, p. 190.
[34]Gee, 2011.
[35]Yong, 2000.
[36]Palma, 2014.
[37]Menzies, 2016.

A hermenêutica pentecostal desenvolveu-se e testemunhou diversas fases de aplicação metodológica e formas de aproximação ao texto. Isso nos mostra que não há uma única hermenêutica pentecostal, mas diversas, que disputaram na história do pentecostalismo sua plausibilidade e geraram variados grupos interpretativos legítimos dentro da tradição pentecostal. No conhecido esboço proposto por Veli-Matti Kärkkäinen são apresentados quatro movimentos da hermenêutica pentecostal:[38]

1. Um estágio pré-reflexivo, oral, leitura da Bíblia;
2. Uma tendência à interpretação fundamentalista-dispensacionalista alinhada com certas correntes do evangelicalismo do século 20;
3. Uma busca dos estudiosos pentecostais por uma exegese pneumatológica caracteristicamente pentecostal;
4. Uma variedade de abordagens a partir do desenvolvimento da pós-modernidade.

Para completar essa tipologia, William Oliveira Jr. propõe a história da Teologia Hermenêutica Pentecostal cujo alcance transbordaria a interpretação Bíblica e alcançaria toda a realidade. Seguindo essa proposta conceitual, Oliveira Jr. apresenta quatro fases da hermenêutica teológica pentecostal:[39]

1. hermenêutica pentecostal clássica;
2. hermenêutica pentecostal evangelical;
3. hermenêutica pentecostal contextual;
4. hermenêutica ecumênico-pentecostal.

Antes de traçarmos as características de como os pentecostais interpretam a Bíblia, ou a fé (como diz Oliveira Jr.), precisamos compreender a história da hermenêutica e seus pressupostos epistemológicos.

Do autor ao leitor: o lugar da hermenêutica pentecostal

Na história da interpretação, "autor", "texto" e "leitor" tornaram-se mundos em favor dos quais as perspectivas hermenêuticas lutaram, defendendo seu valor e sua imprescindibilidade na "compreensão" ou "construção" ou "criação" do sentido.

---

[38]Kärkkäinen, 2002.
[39]Olivério Jr., 2012. p. xvii.

Essas disputas podem ser divididas em *intentio auctoris*, *intentio operis*[40] e *intentio lectoris*. Até o fim do século 19, o enfoque principal era a intentio auctoris e suas indicações sociais e históricas. Para a hermenêutica, isso significou, desde Schleiermacher, compreender as intenções do autor materializadas na obra literária destinada aos ouvintes/leitores "originais".[41] Para a exegese bíblica, isso significou, com todas as ferramentas necessárias e disponíveis, uma arqueologia do sentido, por meio da qual se busca (buscava?) as intenções originais do texto bíblico.

Na virada do século, deu-se uma espécie de mudança de lugar. O texto torna-se o ponto de partida e chegada. O formalismo russo, o Círculo Linguístico de Praga[42] e outros, com seus estudos de poética e contos,[43] revelaram-se representantes dessa perspectiva ao ancorarem a preocupação interpretativa à dinâmica da organização interna do texto, de suas articulações e estruturas.

Após o final da Segunda Guerra, não em uma continuidade cronológica, talvez mais em consequência natural, o papel do "leitor" no ato da interpretação tomou um lugar de grande consideração.

> Nas últimas décadas, impôs-se uma mudança de paradigma em relação às discussões críticas precedentes. Se em clima estruturalista privilegiava-se a análise do texto como objeto dotado de caracteres estruturais próprios, passíveis de serem

---

[40]*Intentio operis* deve, em certo nível, aos pressupostos estruturalistas, mas deixa um pouco de lado a preocupação pelas estruturas para observar as indicações do sentido nas marcas do próprio texto. Assim, o texto, que é aberto, tem seus próprios mecanismos de limitação dos usos: o texto, desde seu léxico, é limitador hermenêutico. Eco (2004; 2012; 2013) discute esses pontos com exemplos e aplicações, em algumas de suas obras "pós-*obra aberta*".

[41]Cf. Schleiermacher, 2006; 1998.

[42]O Círculo Linguístico de Praga foi fundado em 1926 por iniciativa de Vilém Mathesius com a finalidade de reunir e apresentar comunicações e discussões de métodos de estudos linguísticos e semióticos, os quais rompiam com as perspectivas de Ferdinand de Saussure (1857-1913). Fizeram parte do Círculo numerosos linguistas, entre eles B. Havránek; J. Mukařovský; B. Trnka; J. Vachek e M. Weingart; e outros não checos, como o holandês A. W. de Groot; o alemão K. Bühler; o iugoslavo A. Belić; o inglês D. Jones; os franceses L. Brun, L. Tesnière, J. Vendryes, E. Benveniste e A. Martinet. Contudo, os membros mais importantes foram três linguistas russos: S. Karcevskiy, R. Jakobson e N. S. Troubetzkoy (Cf. El Círculo Linguístico De Praga (1970), p. 4).

[43]"A morfologia do conto maravilhoso", escrito em 1928 por V. I. Propp, é obra emblemática do formalismo. Nessa obra, o folclorista russo apresenta estruturas comuns em cem contos de magia, as quais serviram de modelo de trabalho, pelo menos em relação à observação das estruturas subjacentes dos textos como prática de interpretação. A primeira tradução desta sua obra para o inglês, na década de 1950, deu ao trabalho de Propp peso de referencial mundial. Uma exposição sucinta a respeito das contribuições do formalismo russo está no capítulo "A Herança Metodológica do Formalismo" de T. Todorov, *As estruturas narrativas*, 2 ed (São Paulo: Perspectiva, 1970); veja tb. T. Todorov, *Estrutura Ausente*, 7 ed. (São Paulo: Perspectiva, 1997).

descritos através de um formalismo mais ou menos rigoroso, em seguida, a discussão passou a ser orientada para uma pragmática da leitura.[44]

A estética da recepção, a teoria do leitor ideal e a sociologia da recepção são nomes dados às operações interpretativas que reconhecem que o papel do funcionamento de um texto tem vínculos também com o destinatário na sua compreensão, atualização e interpretação.[45] Assim, a criatividade do leitor, seu poder de recriação e sua relação com o texto tornam-se importantes para os estudos do sentido. Como explica a estética da recepção, a recepção e seus efeitos na história revelam que o leitor não é passivo, mas ativo e criativo.[46] Cabe lembrar que tal afirmação não é uma escolha metodológica, mas uma descrição da intransponível interferência do leitor na produção do sentido.

Umberto Eco sintetiza bem estas discussões:

> o debate clássico articulava-se, antes de mais nada, em torno da oposição entre estes dois programas: (a) deve-se buscar no texto aquilo que o autor queria dizer; (b) deve-se buscar no texto aquilo que ele diz, independentemente das intenções do autor. Só com a aceitação da segunda ponta da oposição é que se poderia, em seguida, articular a oposição entre: (b1) é preciso buscar no texto aquilo que ele diz relativamente à sua própria coerência contextual e à situação dos sistemas de significação em que se respalda; (b2) é preciso buscar no texto aquilo que o destinatário aí encontra relativamente a seus próprios sistemas de significação e/ou relativamente a seus próprios desejos, pulsões, arbítrios.[47]

Umberto Eco propõe a possibilidade de pensar as relações entre intenção do texto e do leitor. Em *Obra aberta*, ele abre quase que irresponsavelmente as portas para a multiplicidade de interpretações, especialmente por contar com a criatividade do leitor.[48] No entanto, dizer que um texto não tem fim não quer dizer que todo ato de interpretação tenha um final feliz.[49] Por isso, fala-se em equilíbrio entre leitor e fidelidade à obra literária. "Isso quer dizer que o texto interpretado impõe restrições a seus intérpretes. Os limites da interpretação coincidem com os direitos do texto (o que não quer dizer que coincidem com

---

[44]Eco, 2004, p. 1.
[45]Eco, 2004, p. 2.
[46]Costa Lima, 2002.
[47]Eco, 2004, p. 6-7.
[48]Eco, 2013.
[49]Eco, 2012, p. 28.

os direitos de seu autor)".[50] Outra perspectiva seria reconfigurar o significado dos conceitos, como fez as ciências da Narrativa, migrando para leitor e autor implícitos, sem perder de vista as relações do texto com as dinâmicas intertextuais e seus efeitos.[51]

De lá para cá, as ingenuidades moderno-iluministas deram lugar a uma verdadeira virada paradigmática, por meio da qual se admitiu a participação do leitor e seu horizonte na construção do sentido, desde suas subjetividades à própria abertura comum em cada texto. As categorias de percepção da realidade e epistemologia próprias dessa perspectiva podem ser identificadas como pós-modernas.

> O pós-moderno seria o crescente reconhecimento de que a leitura e a interpretação são sempre interessadas, jamais desinteressadas; significativamente subjetivas sempre, jamais completamente objetivas; sempre comprometidas e, portanto, sempre políticas, jamais não comprometidas e apolíticas; sempre ligadas à história, jamais desligadas dela. O sonho modernista de verdade abstrata desinteressada, objetiva, distanciada vai desaparecendo depressa.[52]

O movimento pentecostal pode, em termos históricos, ser inserido na modernidade. Contudo, sua perspectiva sobrenatural é uma oposição direta ao modernismo e à visão de mundo naturalista. Como movimento teológico, é um enfrentamento à modernidade e ao cristianismo cessassionista.[53] No entanto, os pentecostalismos não podem ser caracterizados como pré-modernos, primeiramente porque nascem em tempos modernos, e mesmo que tenham características pré-modernas, elas são retomadas e adaptadas à perspectiva e linguagem da modernidade para apresentar e articular suas práticas e crenças: insiste-se no tangível e nos sinais visíveis da presença do Espírito Santo, por exemplo. Os pentecostalismos funcionam, de certa forma, no senso de a fé estar baseada inteiramente sobre evidências históricas e objetivas. Para refinar a análise, Kenneth Archer afirma serem os pentecostalismos em suas origens uma proposta "paramoderna".

---

[50]Eco, 2004, p. xxii.
[51]Cf. Prince, 1982; Fludernik, 2009.
[52]Aichele, 2000, p. 24.
[53]Archer, 2005, p. 43.

Paramoderno poderia ser a melhor maneira para classificar o início do pentecostalismo. Esse conceito captura o fato de que, quando o pentecostalismo emergiu na modernidade (a definição histórica do período), ainda existia à margem da modernidade (tanto nos sentidos sociológico e econômico como em sua ênfase na evidência física da presença do Espírito — o viés modernista na científica linguagem experimental). O pentecostalismo nunca poderia aceitar completamente a visão de mundo da modernidade, mas utilizou aspectos da modernidade (como tecnologia, linguagem, razão indutiva) para o avanço da causa pentecostal. O pentecostalismo era (e é) o protesto contra as principais características da modernidade. O movimento pentecostal começou como um movimento paramoderno de protesto à modernidade e ao cristianismo cessassionista.[54]

Como diz Margaret Poloma, o pentecostalismo é um "protesto antropológico contra a modernidade", providencia mediação para o encontro do sobrenatural, uma fusão de natural e sobrenatural; de emocional e racional; de carismático e institucional, de forma decisivamente pós-moderna.[55] Obviamente, caracterizá-lo simplesmente como pós-moderno não leva em consideração diversos pontos, alguns deles já citados: a fé cristã baseada em fatos transmitidos objetivamente pelas Escrituras, a atenção com a prova física da ação sobrenatural, as metanarrativas de salvação e da verdade etc. Todavia, mesmo com suas ênfases histórico-críticas, e a mínima tentativa de acesso ao sentido original, a hermenêutica pentecostal, presente nos pregadores de suas fileiras, parece interpretar a Bíblia de tal maneira que tenha sentido para as pessoas que vivem na era pós-moderna.[56]

O paradigma moderno, não assimilado inteiramente, e sua releitura ou tradução dos pressupostos dos movimentos de santidade são o lugar para entender o contexto da hermenêutica pentecostal.

A hermenêutica pentecostal: o lugar do leitor e sua experiência extática

Em seus primeiros momentos, a hermenêutica pentecostal era similar à leitura bíblica dos movimentos de santidade (*holiness*), o método de leitura bíblica (Bible Reading Method). A partir de suas estratégias interpretativas (que se preocupavam menos com sistematização do que com a vida cristã) surgiram duas antigas

---

[54]Archer, 2005, p. 45
[55]Poloma, 1989, p. xix.
[56]Fogarty, 2001.

doutrinas que se tornaram centrais para a identidade pentecostal: o batismo no Espírito Santo, com a evidência bíblica da glossolalia, e o unicismo, que rejeita a tradicional doutrina da Trindade divina (Pai, Filho e Espírito Santo).

O método de leitura bíblica percorreu caminhos indutivos e dedutivos. Sendo um tipo de método próximo ao texto fora de contexto, observava-se exaustivamente a presença de certas expressões e de uma verdade baseada na leitura dos textos. A harmonização era imprescindível para tornar os dados em afirmação doutrinária e produzir uma compreensão bíblica do tópico ou tema da investigação.

Percebe-se posteriormente o deslocamento do método de leitura bíblica com propriedades do pentecostalismo para o método "histórico-crítico".[57] Porém, mesmo utilizando os métodos da modernidade, os pentecostalismos continuaram a produzir conclusões tradicionais e conservadoras.

> Mesmo traçando um caminho entre as metodologias modernas e pré-modernas, o pentecostalismo flerta com as proposições pós-modernas, especialmente quando destrona o intelecto humano da arbitrária concepção da verdade, o que possibilita inclusão do não racional e outros caminhos de conhecimento, incluindo as emoções e a intuição. Essa perspectiva se confirma especialmente na importância dada à experiência imediata do Espírito.[58]

Outro ponto importante da hermenêutica pentecostal é a *reexperiência* dos textos bíblicos. Como afirma Marius Nel,

> O movimento pentecostal crê que o Espírito manifestou a si mesmo novamente com glossolalia, profecia, milagres de curas e outros sinais que surgem contemporaneamente. Agora, leem a Bíblia a fim de compreenderem a si mesmos.[59]

Nesse sentido, as experiências testemunhadas na Bíblia são (mesmo com pouca preocupação com reconstruções históricas) vivenciadas na *não mediação* para a construção de sentidos. Assim, o testemunho dos milagres de Deus no presente é fundamental no processo hermenêutico. Para essa perspectiva, o Espírito é ponto axial, porque ele não somente ilumina a intenção original, mas pode ainda elucidar um sentido contemporâneo que não é necessariamente

---

[57]Archer, 2005, p. 209.
[58]Fogarty, 2011.
[59]Nel, 2015, p. 3.

idêntico ao original.[60] Diferentemente da evangelical, a leitura pentecostal é mediada pela experiência, e o Espírito pode dizer mais do que a Escritura disse, sem contradizê-la.[61]

A verdade pentecostal é baseada na relação sobrenatural, em nível individual e comunitário com o Espírito Santo; e a substância de plausibilidade da fé é demonstrada pelas expressões carismáticas. Logo, a experiência do encontro com Deus é a ênfase central dos pentecostalismos, e não a doutrina ou o ensino. Essa experiência pode ser chamada de *experiência da comunidade pneumática*. Mesmo que herde da tradição protestante a centralidade da Bíblia, os pentecostais se aproximam da Bíblia com "óculos pneumáticos".

A distinção entre a típica leitura fundamentalista da Bíblia e a pentecostal pode ajudar a compreender seus detalhes particulares. Enquanto a primeira enfatiza o didático, a segunda valoriza o elemento carismático; a primeira encontra suas garantias na inerrância da Escritura, a segunda tem as suas nos dons do Espírito; a primeira centra-se na orientação teológica, a segunda estabelece-se na experiência; a primeira enfatiza os elementos racionais, a segunda estabelece como eixo os *não racionais*.[62]

Essa constatação nos permite aproximar a leitura bíblica pentecostal da perspectiva de que o sentido é construção e diálogo entre texto e leitor. Como Kenneth Archer explica, a hermenêutica pentecostal se constrói na interdependência dialógica entre *Escritura, Espírito* e *comunidade*.[63] Seguindo de perto esse processo tripartido, podemos dizer que essa hermenêutica se alicerça na potencialidade e apontamento de sentidos dos textos, e é vivenciada na capacidade criativa da comunidade e pela iluminação do Espírito. Dessa forma, como afirma Nel, a hermenêutica pentecostal se aproxima dos pressupostos pós-modernos, tais como a multiplicidade de sentido e o papel dialógico da experiência.[64]

Nesse procedimento hermenêutico podemos inserir o conceito de experiência religiosa do êxtase. Contudo, para a leitura pentecostal, a experiência é iluminada pelas Escrituras, que, por sua vez, fazem dela instrumento para o processo de compreensão. Por isso, não há aqui distorção do texto, mas construção de sentido, como defendem as teorias pós-modernas de interpretação já esboçadas.

---

[60]Terra, 2017.
[61]Fogarty, 2011.
[62]Nel, 2015, p. 4.
[63]Archer, 2005, p. 215.
[64]Nel, 2015, p. 4.

Êxtase como lócus da hermenêutica pentecostal

Nesta parte faremos um conjunto de apontamentos, sem desenvolvê-los o quanto merecem, para visualizar horizontes e propor indicações verificáveis de práticas hermenêuticas caracteristicamente pentecostais, as quais têm o *êxtase* como eixo ou lugar de acesso ao texto religioso.

Para o pentecostal, como é comum entre os evangélicos e protestantes em geral,[65] o texto bíblico tem valor sagrado e é tratado como "Palavra de Deus" e inspirada.[66] Essa afirmação teológica prévia destaca a relação pneumática dos pentecostais com o texto. A Bíblia é, para a fé pentecostal, resultado da experiência do Espírito, traduzida no fenômeno da linguagem.[67] A fé que anima a leitura pentecostal se estabelece pela compreensão da Bíblia como manifestação ou receptáculo da revelação de Deus na história. Nesse sentido, as intervenções divinas foram interpretadas como tal por pessoas de fé. Por isso, aproximar-se do texto como Palavra de Deus, para o pentecostal, significa tratá-lo como mecanismo de comunicação, com seus gêneros literários, perspectivas culturais e sociais. Para a leitura pentecostal, as imagens e as narrativas bíblicas são resultados de experiências, as quais são reativadas pelos membros das comunidades pentecostais. Dessa forma, há uma relação circular entre experiência e crença, crença e experiência. O texto bíblico todo, especialmente as narrativas, é fonte privilegiada para uma teologia bíblica do Espírito Santo feita pelos pentecostais.

É possível, avaliando a tradição judaico-cristã, perceber uma teologia bíblica do êxtase. Por isso, o conceito de experiência religiosa é caro para compreensão da história das religiões judaicas e cristãs.[68] Fenômenos descritos como "ser possuído pelo espírito", "glossolalia", "viagem além-mundo", "profecia", "presságios" e outros sempre estiveram presentes no mundo judaico-cristão e na história das tradições cristãs medievais. Montano e seus seguidores, e outros grupos cristãos dos séculos 2 e 3, por exemplo, eram acusados de excessos por evidenciarem experiências extáticas. Os montanistas e suas experiências aparecem como fenômenos criticados pela literatura patrística como êxtase espúrio. A crítica revela a prática e suas características ("fala frenética ou anormal", "sons estranhos", "viagens

---

[65]Para compreensão mais acurada desses conceitos comuns nos estudos relacionados aos protestantismos brasileiros, conferir: Luiz Longuini Neto, *O novo rosto da missão* (Viçosa: Ultimato, 2002); A. G. Mendonça, *O celeste porvir: a inserção do protestantismo no Brasil* (São Paulo: Paulinas, 1984).

[66]Essa inspiração é atribuída à divindade, especialmente ao Espírito Santo. Veja, p. ex., Rocha, *2016*; Torres Queiruga, 2008.

[67]Nel, 2015, p. 3.

[68]Nogueira, 2003.

celestiais").[69] Contudo, o que está presente nas experiências judaicas e cristãs constitui a história das religiões. Segundo I. Lewis,

> É difícil encontrar uma religião que não tenha, em algum estágio de sua história, inspirado nos peitos de pelo menos alguns de seus seguidores aqueles transportes de exaltação mística nos quais todo o ser do homem parece se fundir em gloriosa comunhão com a divindade. Experiências transcendentais desse tipo, tipicamente concebidas como estados de possessão, têm dado aos místicos a reivindicação única de conhecimento experimental direto do divino e, quando isso é reconhecido por outros, a autoridade para agir como privilegiado canal de comunicação entre o homem e o sobrenatural. Os fenômenos acessórios associados a essas experiências, particularmente o 'dom das línguas', a profecia, a clarividência, a transmissão de mensagens a mortos e outros dotes místicos têm, naturalmente, atraído a atenção não apenas de devotos, mas também de céticos. Para muitos, de fato, esses fenômenos parecem fornecer provas persuasivas da existência de um mundo transcendente ao da experiência cotidiana comum.[70]

Como experiência comum da religião, o êxtase e os fenômenos corolários possibilitam autorização e poder. Para o religioso, tais elementos possibilitam à comunidade ou à figura xamânica o poder de instaurar na realidade um contato direto com o divino — por vezes, fundindo-se com ela. A glossolalia entre os pentecostais, por exemplo, tem um lugar especial. Como explica Felicitas Goodman, a glossolalia não é um comportamento natural diário, mas um estado alterado da consciência.[71] Ao lado das línguas, encontramos outros indícios de estado alterado de consciência, os quais já eram bem presentes na apocalíptica judaica, especialmente nos textos de tipo viagem além-mundo. Contudo, é necessário indicar que as imagens de "êxtase", "acesso a conteúdos revelados" e "proclamação" aparecem juntas não somente na tradição apocalíptica, mas também no profetismo de Israel.

Eliseu, durante o diálogo com Hazael, fitou diretamente a face de Hazael até este se sentir envergonhado e o profeta chorou (2Reis 8:11). Essa cena mostra sinais de êxtase e transe profético.[72] Experiências de perturbação psicológica, com resquícios de transe e êxtase, aparecem em outros textos proféticos (Eze-

---

[69]Trevett, 1996, p. 96.
[70]Lewis, 1977.
[71]Goodman, 1972, p. 31.
[72]Sicre, 2008, p. 106.

quiel 3:15; Isaías 21:1-10). A música, regida com instrumentos, aliada ao tema do "espírito de Javé" ou "a mão do Senhor", compõem em alguns textos da Bíblia hebraica as manifestações do êxtase profético, como aparece na obra histórica deuteronomista (1Samuel 10:5-6,10; 11:6; 1Reis 18:46; 2Reis 3:15). Suas manifestações eram tão desconcertantes que o profeta era considerado *meshugga*, "louco" (2Reis 9:11; Jeremias 29:24-27; Oseias 9:7). Nesse sentido, no profetismo — ambiente do anúncio da *dabar* ("palavra") — o êxtase era meio e constituía-se como parte do processo.[73]

Na apocalíptica, além do tema da escatologia, que é importante para entender esse mundo literário, encontramos a preocupação com as realidades celestiais, especialmente nas viagens além-mundo, marcadas por especulações cosmológicas. Nesses textos, o visionário é levado até regiões celestiais e contempla a organização cósmica, as funções dos anjos e o templo celestial, com a *mercavah* (o trono--carruagem de Deus).[74] Com essas experiências, o visionário, além de ter acesso a uma sabedoria superior, passava por transformações angelomórficas (2Enoque). Além dos sonhos, o transe ou o êxtase são os mecanismos para essas revelações.

Além da tradição judaica, no mundo antigo em geral, a experiência xamânica de êxtase para viagem ao céu era comum.[75] No misticismo apocalíptico,[76] entre outras coisas, o visionário vai até o palácio divino e tem contemplações que lembram as imagens relacionadas à experiência de êxtase de Atos 2:1-4, como mostraremos no capítulo 10, em que este tema será desenvolvido. Podemos adiantar que o texto lucano não tem as características de uma viagem celestial, mas cita algo que Enoque encontrou no céu durante sua viagem.

Para entendermos essas tradições de viagem além-mundo, que podem ser pano de fundo para Atos 2, precisamos recorrer a 1Enoque, obra pseudoepigráfica dos séculos 3 a 2 a.C. Segundo Martha Himmelfarb, a origem da tradição de ascensão de 1Enoque 14, texto importante para o judaísmo enoquita, está na visão do tro-

---

[73]Sicre, 2008, p. 107.

[74]*Mercavah* é uma expressão hebraica que significa "carruagem". Há uma literatura do mundo judaico conhecida como "misticismo da mercavah"; esta tem suas raízes em Ezequiel 1 e se desenvolveu no judaísmo posterior. Esse grupo de textos gira em torno do acesso místico ao trono-carruagem de Deus, possibilitado por viagens celestiais, como acontece em 1Enoque 12-14.

[75]Tabor, 1986, p. 42.

[76]No período do segundo templo, o misticismo judaico era preponderantemente apocalíptico. Machado afirma: "A distinção/similaridade entre apocalíptica e mística judaica diz respeito a *gêneros literários* diferentes, facilmente distinguíveis, mas que relatam experiências religiosas semelhantes. Assim, misticismo apocalíptico reúne gêneros literários distintos que narram ou pressupõem experiências e práticas religiosas similares, como viagens celestiais, visões extáticas e transformação". Machado, 2009, p. 86.

no-carruagem de Ezequiel, pois marca o início da tendência em dissociar a casa celestial de Deus do templo em Jerusalém.[77] A ascensão de Enoque preservada no *Livro dos vigilantes* serviu de modelo para outros apocalipses de viagem celestial — até mesmo 2Enoque — porque apresenta o céu como o templo de Deus.[78]

As últimas pesquisas apontam a presença, em textos canônicos e não canônicos, de experiências visionárias eivadas de êxtase no mundo judaico-cristão: perda de força, tremores, enrijecimento dos músculos, prostrações, gritos, fala em línguas, profecias e experiências de viagem além-mundo ou de acessos privilegiados ao divino. Rosileny Alves dos Santos, depois de uma citação de Boutroux que trata o êxtase como a sensação da alma em comunicar com o ser infinito ou perfeito, afirma o seguinte:

> Esse conceito retrata a antropologia platônica e compreende um modo de relação entre alma e objeto que resulta o êxtase. A alma vê, toca e possui o objeto da relação. Não há diferença entre o que a alma sente, pois ela renuncia a si mesma para estabelecer-se em êxtase. Então, as palavras *ekstase*, *ecstasy*, *extase*, *estasi* são variações de um mesmo termo que expressa o mesmo fenômeno: estar fora de si. É o estar possuído por algo de fora de seu próprio ser. Embora possamos levantar hipóteses a respeito do que seja este "algo", que advém do meio externo para possuir uma pessoa que perde o contato com a realidade, é fundamental que, independentemente de sabermos o que se apodera da pessoa, saibamos como acontece o êxtase.[79]

Nesse sentido, o êxtase é "o sair de si", um estado alterado de consciência, que pode ser tratado como possessão divina ou transe.[80] O êxtase religioso é, como se percebe no conceito em geral, alteração de si/alteração corpórea (tom de voz, expressão facial etc.) por motivos religiosos. A mente possuída pelo mistério se expressa em reações humanas.[81] Objetivando a delimitação da discussão conceitual, é preciso afinar a diferença entre êxtase e transe. A principal fronteira de um para o outro é a questão cognitiva. O êxtase não retira o religioso da realidade, ele não tira a vigilância. O transe, pelo contrário, é

---

[77]Himmelfarb, 1993, p. 11.
[78]Himmelfarb, 1993, p. 14.
[79]Santos, 2004, p. 37.
[80]Lewis, 1977.
[81]Santos, 2004, p. 40.

estado de dissociação, caracterizado pela falta de movimento voluntário, e, frequentemente, por automatismo de ato e pensamento, representados pelos estados hipnóticos e mediúnicos. Assim entendido, o transe pode compreender dissociação mental completa ou apenas parcial e é, frequentemente, acompanhada de visões excitantes ou alucinações, cujo conteúdo nem sempre é lembrado subsequentemente de maneira clara...[82]

A comunidade pentecostal tem suas bases litúrgicas e práticas no êxtase, mesmo que, por vezes, viva experiências do transe. Com a descrição antropológica acima, essa experiência não é dissociativa, nem fuga da realidade ou oficialização do esdrúxulo. Em uma perspectiva teológica, essas expressões são resultados ou sinais do Espírito vivenciado comunitariamente. Tanto a Bíblia hebraica como o Novo Testamento apresentam o êxtase como possibilidade de ação no mundo pela tomada do Espírito. Assim, esse seria o lugar da construção de sentido com o texto.

Como explicamos, se a experiência é tão fundamental para o pentecostal, o êxtase é o lugar a partir do qual esse religioso interpreta seu texto sagrado e, por sua vez, o mundo. Para o fiel das igrejas pneumáticas, os sinais sobrenaturais não são limitados aos tempos antigos, mas compõem o funcionamento da realidade na qual habita. Dessa forma, para o fiel, o êxtase não é tratado como uma experiência em determinado momento, mas é a maneira de habitar a realidade. Na verdade, ele é um extático no mundo e o texto bíblico torna-se o espaço de confirmação das suas experiências. Em uma interpretação circular, no texto ele encontra a si e suas práticas, e, por sua vez, o mundo é onde ele vivencia os fenômenos místicos.

Conclusão

A experiência religiosa pentecostal não pode ser analisada fora da tríade Espírito, Escritura e comunidade.[83] Os pentecostais se caracterizam pelas afirmações impetuosas da ação presente do Espírito, à luz da interpretação pneumática das Escrituras, na vida da comunidade. Só é possível compreender a hermenêutica pentecostal sem tirá-la dessa tríade. Por isso, os pressupostos das perspectivas racionalistas, ou próprias do paradigma do sujeito, não dão conta da maneira pentecostal de interpretar. Pelo contrário, o lugar do leitor e suas experiências são fundamentais para essa leitura carismática/pneumática.

[82]Lewis, 1977, p. 41.
[83]Archer, 2005.

Com Lutero e a Reforma, os pentecostais aprenderam que a pneumatologia deve ser cristológica, e que a via do Espírito Santo não deve ser uma via alternativa ao Cristo, à Palavra, à fé e à graça. A partir disso os pentecostais desenvolveram um quinto *sola*, entendido de maneira integrada e simultânea aos quatro primeiros: o *solus Spiritus Sanctus*. Para os pentecostais, não só a pneumatologia é cristológica, mas a cristologia é pneumatológica. Essa circularidade é também necessária para a teologia. Ou para usarmos a metáfora tillichiana da profundidade, a dimensão do Espírito Santo é resgatada em cada uma e em todas as dimensões da vida, da teologia e da igreja, conformando um ambiente de êxtase no qual o pentecostal vive e interpreta a realidade.

Neste trabalho, defendeu-se o êxtase e todas as suas expressões como o *lócus* da hermenêutica pentecostal. Contudo, não podemos ser simplistas e considerar esse *lócus* interpretativo alienação ou fuga da realidade. De outra forma, à luz de uma teologia bíblica do êxtase, é possível apresentá-lo como possibilidade de presença pública pneumática. O êxtase empodera o fiel para influir no mundo. Assim, o lugar privilegiado do pentecostal é sua experiência *não racional*, mas cheia de potencialidades, não somente de sentidos, mas de modelos de ação.

CAPÍTULO 2
LEITURA SEMIÓTICA PARA UMA HERMENÊUTICA PENTECOSTAL

INTRODUÇÃO

Discutimos no capítulo anterior a experiência como lugar privilegiado da hermenêutica pentecostal. Isso nos conduz a uma pergunta fundamental: qual(ais) melhor(es) referencial(ais) teórico(s) ou metodologia(s) para o exegeta que prioriza ou, no mínimo, não desqualifica a experiência no processo interpretativo?

Obviamente, tal exegeta não pode estar estabelecido em bases racionalistas da modernidade, cujos principais projetos hermenêuticos se estabeleceram (e se estabelecem) na busca objetiva da intenção do autor, como fazem as leituras histórico-gramatical ou histórico-crítica. Por isso, alinhados a Archer, o melhor para o biblista pentecostal é aplicar métodos como narratologia, estética da recepção, semiótica ou qualquer instrumento que valorize ou leve em consideração a participação do leitor e seus horizontes na construção do sentido. Uma ferramenta hábil para essa demanda pode ser a semiótica da cultura em diálogo com as teorias narrativas. Assim, podemos tratar a leitura pentecostal de maneira acadêmico-científica e, ao mesmo tempo, preservar sua valorização da experiência.

Neste capítulo, como proposta de resposta à necessidade de metodologias que se adequem à hermenêutica pentecostal, apresentaremos a confluência das teorias narrativas em diálogo com a semiótica russa.

Nos últimos anos, a compreensão de memória como fenômeno individual tem dado lugar à percepção dela como experiência intersubjetiva e coletiva.[1] Um personagem importante para esta virada de compreensão é o francês Maurice Halbwachs. Para avançarmos nessa discussão, as intuições e perspectivas de Iuri

---

[1] Cf. Halbwachs, 2006; Ricoeur, 2007; Bloch, 1998.

Lótman, semioticista russo, permitirão observar as relações entre "memória" e "cultura" para o projeto de construção conceitual. Dentro da mesma tarefa de formação de referencial teórico, colocaremos em diálogo as teorias narrativas, que revelam pressupostos epistemológicos e metodologias menos devedores aos instrumentos historicistas, e que são fundamentais para construção da teologia narrativa, tão cara para o pentecostalismo.[2]

A semiótica da cultura nos permitirá observar com cuidado os conceitos *memória*, *texto* e cultura e suas implicações para a leitura de textos em geral, o que pode ser aplicado às Escrituras. Dessa maneira, perceberemos como essas discussões possibilitam o diálogo com os pressupostos epistemológicos da narratologia, que pensa a narração como mecanismo estratégico do narrador sobre o narratário e não reprodução da realidade ou do passado. Este capítulo fará (1) a descrição e análise crítica dos conceitos de *texto*, *cultura* e *memória* da semiótica da cultura de I. Lótman e da Escola de Tártu-Moscou; (2) a apresentação do conceito de *narrativa* a partir dos trabalhos da narratologia; e (3) a proposição de uma crítica à exegese tradicional e, consequentemente, às leituras historicistas, o que abrirá as portas para leituras a partir da experiência.

SEMIOSFERA: SEMIÓTICA DA CULTURA E A LEITURA DE TEXTOS SAGRADOS

As pesquisas de I. Lótman a respeito da memória orientam-nos para novos caminhos em relação ao trato dos textos. Para o semioticista soviético, a cultura, antes de qualquer coisa, é uma *inteligência coletiva* ou memória coletiva supraindividual. Segundo Lótman, a cultura é um mecanismo de conservação e transmissão de certos comunicados (textos) e elaboração de novos textos.[3] Os conceitos de "cultura" e "texto" desse autor precisam ser bem explicados, pois são exatamente essas as duas expressões axiais para a sua argumentação sobre a relação da cultura com a memória.

Cultura é, então, "fenômeno interativo sem existência isolada e com um campo conceitual unificado fundado no processamento, na troca e na armazenagem de informações".[4] Assim, a cultura é interativa e traz para o centro de si outros mundos.[5] E como a cultura é uma organização de significantes e significados, ela por si já é um texto. Pode-se afirmar que a cultura é definida em traços mínimos como texto porque há nela estrutura.

---

[2]Cf. Stronstad, 1984.
[3]Lótman, 1996b.
[4]Machado, 2003, p. 28.
[5]Machado, 2003, p. 110.

Nesse sentido, os sistemas culturais são textos não porque se reduzem à língua, mas porque sua estrutura procede da modelização a partir da língua natural. Os sistemas modelizantes de segundo grau se organizam ou se arranjam a partir de sistemas modelizantes de primeiro grau. Ou seja, a cultura opera como organizadora de sinais, os quais, estruturados, tornam-se comunicação. Como explica Paulo Nogueira, esses são os sistemas da cultura que dão forma ao que é amorfo, da mesma forma que a língua natural organiza em mundo humano a natureza.[6] No limite desse raciocínio situa-se a síntese sistêmica: o conceito de cultura como texto, na verdade, deve ser entendido como *texto no texto*. Todo texto da cultura é codificado, no mínimo, por dois sistemas diferentes. Por conseguinte, todo texto da cultura é um sistema modelizante.[7]

Por isso, Irene Machado diz que "a cultura como texto implica a existência de uma memória coletiva que não apenas armazena informações, mas também funciona como um programa gerador de novos textos, garantindo assim a continuidade".[8] A cultura é a anexação de textos, e os textos são unidades básicas da cultura. Para isso ser possível, pensa-se a cultura na lógica da negação radical da existência de qualquer signo isoladamente. Um signo requer outro signo; um texto requer outro texto. O texto não é fenômeno isolado, mas pertence a um grande sistema, chamado por Lótman de *semiosfera*, o resultado e a condição para o desenvolvimento da cultura, fora da qual não pode haver linguagem e comunicação.[9] A semiosfera pode ser compreendida, antes de qualquer coisa, a partir deste princípio: as coisas não existem isoladamente. Dessa forma, podemos definir a semiosfera por alguns pontos:

1. Semiosfera é um conjunto de textualidades, um texto junto de outro texto que faz dele um texto; sem textos prévios não há texto; 2. Semiosfera é algo formado por uma rede (interminável) de interpretações; ou 3. Semiosfera é a esfera da comunicação; 4. Semiosfera é uma rede processual de signos ou semiose; 5. Semiosfera é o lugar de todos os *Umwelts* (ambientes/meio ambiente) interconectados. Dois *Umwelts* quaisquer, quando em comunicação, são parte de uma mesma semiosfera; 6. Semiosfera é o espaço das semioses; 7. Semiosfera é o lugar de organização de sentido; 8. Semiosfera é o espaço da relação parte-todo.[10]

---

[6]Nogueira, 2012a, p. 22.
[7]Machado, 2003, p. 39.
[8]Machado, 2003, p. 102.
[9]Lótman, 1990.
[10]Vieira, 2007.

O semioticista define semiosfera, por analogia ao conceito de biosfera, como o funcionamento dos sistemas de significações de vários tipos e níveis de organização. A biosfera é sua analogia preferida por ser um conceito que serve, obviamente, para pensar o *continuum* semiótico,[11] o qual nos mostra a unidade, inter-relação e conservação do cosmo. A semiosfera é o ponto de inflexão dos conceitos da semiótica da cultura, e de como a textualidade se realiza em seu ambiente.

Na biosfera, a matéria é vista como unidade orgânica, formada por organismos vivos que não podem existir isoladamente; um precisa do outro. Seres vivos, plantas ou quaisquer organismos vivos são uma função da biosfera em um determinado espaço-tempo.[12]

> Também em relação à semiótica é possível um enfoque análogo. Pode-se considerar o universo semiótico como um conjunto de textos distintos e linguagens fechadas em relação umas com as outras. Todo o edifício tem a aparência de estar construído por tijolos individuais. Sem dúvida, parece mais frutífera a abordagem de outra forma: todo o espaço semiótico pode ser considerado um mecanismo único (como um organismo). Assim, não se trata de um ou outro tijolo, mas do "grande sistema", denominado semiosfera. A semiosfera é o espaço semiótico fora do qual é impossível a existência da semiose...[13]

A semiosfera é delimitada. Assim, há os espaços extrassemióticos, ou alossemióticos, que vivem na fronteira da semiosfera. Esses são determinados pelo olhar do outro. A partir da perspectiva interna de uma cultura pode-se olhar para um externo não semiótico; ou seja, os limites de determinada cultura dependem do observador.[14]

Aqui chegamos a outro conceito importante para a semiótica da cultura, a saber, a "fronteira": "A fronteira semiótica é a soma dos filtros tradutores — filtros bilíngues, por meio dos quais passa um texto que é traduzido à outra linguagem (ou linguagens) que está fora de dada semiosfera".[15] A fronteira é o mecanismo que traduz as mensagens externas para a linguagem interna da semiosfera. Os textos não semióticos, ou alossemióticos, estão fora desse espaço, e a fronteira delimita o âmbito individual da semiosfera. Contudo, tal espaço é um conjunto de

---

[11] Lótman, 1996a, p. 21.
[12] Lótman, 1996a, p. 23.
[13] Lótman, 1996a, p. 24.
[14] Lótman, 2005, p. 213.
[15] Lótman, 1996a, p. 24.

linguagens que se organiza de modo coletivo, criando unificação identitária coletiva. Com a fronteira se cria uma pessoa coletiva pela qual há o relacionamento com os demais textos dos espaços não semióticos; sem a fronteira não há contato com espaços outros.

A função da fronteira, como uma espécie de superfície orgânica da biosfera, reduz-se a limitar a penetração do texto inteiro, filtrando-o e elaborando-o de modo adaptativo. Em diversos níveis, essa função invariante se realiza de diferentes modos.[16] Em relação à semiosfera, a fronteira:

- determina o que é próprio, diferenciando-o do outro;
- filtra as mensagens externas;
- traduz as mensagens externas para seu próprio círculo;
- converte as não mensagens externas em mensagem, o que seria a sua transformação semiótica em informação.

Isso significa separar o próprio em relação ao alheio. É a fronteira que traduz para dentro do espaço da semiose o externo, o desconhecido, o não controlado, tornando-o, ao modelizá-lo, algo comum, mas transformado, gerando também transformações na linguagem interna.

> Em primeiro lugar é pela fronteira que se torna possível apreender as trocas operacionais sígnicas [...]. O processo relacional instaurado entre dois ou mais sistemas modelizantes não corresponde a uma transferência linear de informações. Vale lembrar que a tradução aqui referida é um processo modelizante e, enquanto tal, recodifica o sistema ao modelizá-lo em outra configuração. Esta forma de correlação entre sistemas impossibilita o estabelecimento de uma conexão simples e direta entre distintas esferas, pois neste processo opera-se a tradução entre códigos com características singulares, resultando na redefinição dos mesmos, de modo que um mesmo código nunca "chega" a um sistema tradutor, uma vez que a "intromissão" de um novo código pode ocasionar a redefinição da linguagem característica de uma unidade sígnica.[17]

Também, ao definir os espaços semióticos e não semióticos, cria-se a ideia de individualização e relação com os outros sistemas. Esse não é um espaço fechado, mas aberto a transferências informacionais.

---

[16]Lótman, 1996a, p. 26.
[17]Ramos, 2007, p. 38.

Outra expressão importante para a semiótica da cultura é o conceito de texto. Para Lótman e sua escola, o texto é um espaço semiótico de troca e diálogo no qual as línguas vivem a lógica da interação e interorganização em processos de modelização. A grande contribuição dessa iniciativa para a pesquisa centra-se na compreensão da religião como um sistema de comunicação e elaboração de mensagens: "texto da religião" ou "texto cultural da religião".[18]

O texto, para Lótman, tem três funções: comunicativa; geradora de sentido; e mnemônica.[19] A primeira função foi a mais observada pelos linguistas durante muito tempo. Ela mostra o texto como processo de realização da língua natural. A função da linguagem seria transmitir a mensagem de um emissor ao receptor — qualquer ruído atrapalharia a função do texto. Essa função se refere aos textos monossêmicos, manualísticos. A segunda função tem relação com o seu potencial polissêmico, o que proporciona a produção de novos textos no ato da comunicação de textos não mecânicos/manuais.

Os códigos que decifram os textos deformam o texto do emissor. No encontro dos códigos, para decifrá-los, acontece o ruído que potencializaria a renovação. O código do emissor A é diferente daquele do emissor B, e no contato do código A com o B, gera-se um novo texto: quem lê o texto tem pressupostos, questões e conhecimentos diferentes do emissor.[20] O ruído, na verdade, é o necessário corolário do encontro entre os códigos de quem produz e de quem lê o texto. Dessa maneira, o ruído, enquanto resultado das complexas relações inerentes ao poliglotismo interno do texto, torna-se o responsável pela gestação de novos sentidos.[21]

A terceira função do texto é a mnemônica. Como bem diz Lótman, "o texto não é somente o gerador de novos significados, mas também um condensador de memória cultural. Um texto tem a capacidade de preservar a memória de seus contextos prévios".[22] Esse processamento se faz possível por meio da *tradução de tradições*.[23] Dinâmica, a cultura pode codificar e decodificar mensagens de períodos diversos, traduzindo-as em novos sistemas de signos e de textos, agindo como uma engrenagem complexa de seleção das informações mais necessárias.[24] Por isso, as culturas, enquanto textos, sempre se enriquecem recíproca e constantemente, pois são circulares. Mais uma vez, podemos recorrer a Paulo Nogueira:

---

[18]Nogueira, 2012a, p. 16-17.
[19]Lótman, 2007.
[20]Nogueira, 2012a, p. 22.
[21]Ramos, 2007, p. 32
[22]Lótman, 2007, p. 22.
[23]Lótman, 1993, p. 19.
[24]Ferrari, 2007, p. 256.

Este é um conceito central da semiótica da cultura, pois neste caso o texto adquire uma personalidade semiótica. Ele evoca os demais textos por meio dos quais foi interpretado. Ele também traz em si as memórias de sua leitura e dos eventos históricos que ocorreram fora de si, mas que nele podem evocar associação. Ou seja, o texto não é uma mensagem inerte, estática, mas antes uma mensagem que se auto-organiza e que se relaciona com outros textos. Este processo de preservação de memória é um sistema poderoso para criação de novos textos.[25]

A cultura se apresenta como um mecanismo dinâmico que traduz mensagens em novos textos ou sistemas de signos. Por isso,

cultura é memória, ela relaciona-se necessariamente com a experiência histórica passada. [...] A própria existência da cultura pressupõe a construção de um sistema de regras para a tradução da experiência imediata em texto.[26]

Os textos da cultura refletem esses encontros e trocas, que se processam a partir da tradução de tradições, feita criativamente, dando aos signos anteriores novos contornos que, por si, são cheios de possibilidades. A semiótica da cultura seria, nessa perspectiva, "a disciplina que examina a interação de sistemas semióticos diversamente estruturados, a não uniformidade interna do espaço semiótico, a necessidade do poliglotismo cultural e semiótico".[27] Por essa e outras razões, os textos sempre serão criativos e estratégicos na apropriação das memórias que os antecedem:

o texto cumpre a função de memória cultural coletiva. Como tal, mostra, por um lado, a capacidade de enriquecer-se ininterruptamente e, por outro, a capacidade de atualizar alguns aspectos da informação depositada nele e esquecer outros temporalmente ou por completo.[28]

Aqui percebemos a função própria da cultura, que é ser ambiente de trânsito das memórias e sua própria possibilidade de existência. As memórias são elementos principais da cultura, processando informações e organizando-as em algum sistema de signos ou de códigos naturais.

---

[25]Nogueira, 2012a, p. 18.
[26]Lótman; Uspenskii, 1981, p. 37
[27]Lótmann, 1996a, p. 78.
[28]Lótman, 1993, p. 19.

Minha afirmação, contudo, não deve ser entendida como um postulado teórico. Na verdade, parto do princípio de que a cultura dispõe de mecanismos semióticos que lhe são inerentes. Um deles é o processamento de toda e qualquer informação em texto graças ao dispositivo da memória. Antes de entrar no mérito da discussão da cultura como texto é preciso estabelecer as bases da cultura como informação, onde o elemento-chave é a memória — a memória não hereditária que garante o mecanismo de transmissão e conservação. A cultura, todavia, compreende não só uma determinada combinação de sistemas de signos como também o conjunto das mensagens que são realizadas historicamente numa língua (ou texto). Traduzir um setor da realidade em uma das línguas da cultura, transformá-la numa codificação, isto é, num texto, é o que introduz a informação na memória coletiva. Neste sentido, a afirmação segundo a qual a vida nada mais é do que uma luta pela informação deve ser ampliada e completada: a história intelectual da humanidade pode ser considerada uma luta pela memória.[29]

É no espaço da cultura que textos podem ser preservados e atualizados. Por isso, Lótman fala sobre a "memória comum", formada por alguns textos constantemente presentes. Essa unidade se dá apenas em certo nível por causa dos *dialetos da memória*, que são organizações internas da memória comum de uma coletividade cultural; estas estão dentro do mundo de dada cultura. Do ponto de vista da semiótica, e aqui está a relação entre cultura e memória, cultura é um espaço no qual se opera a movimentação das memórias na prática da conservação e transmissão:

> Desde o ponto de vista da semiótica, a cultura é uma inteligência coletiva ou uma memória coletiva; isto é, um mecanismo supraindividual de conservação e transmissão de certos comunicados (textos) e de elaboração de outros novos. Nesse sentido, o espaço da cultura pode ser definido como um espaço de certa memória comum, isto é, um espaço limitado dentro do qual alguns textos comuns podem conservar-se e serem atualizados [...]. Assim, pois, a memória comum, para o espaço de uma cultura dada, é assegurada, em primeiro lugar, pela presença de alguns textos constantes e, em segundo lugar, ou pela unidade dos códigos, ou por sua invariação, ou pelo caráter ininterrupto e regular de sua transformação.[30]

---

[29]Lótman, 2003, p. 38.
[30]Lótman, 1996a, p. 157.

Podemos destacar disso duas afirmações: (1) a cultura como memória coletiva, supraindividual, de conservação e transmissão de textos — isso implica a aceitação da presença dos textos na semiosfera que precedem as relações e significações sincrônicas; (2) a perenidade assegurada por unidades de códigos e transformações. Lótman diz que a memória da cultura não é somente uma, mas internamente variada, o que permite a presença de subestruturas culturais com diferentes composições e volumes de memórias, ocasionando semânticas locais. No entanto, textos elipsados, que estão no nível de uma subcoletividade, quando ultrapassam seus limites locais, precisam ser completados com glossários, comentários etc. para serem compreendidos. Isso testemunha a passagem dessa esfera para uma coletividade com outro volume de memórias.[31]

Como temos dito, para Lótman, a memória é a conservação de textos. Esta pode ser dividida em duas: memória informativa e memória criativa (criadora). Esses dois conceitos estão muito próximos das *memórias ativa* e *passiva* (cânon e arquivo). Interessante é a afirmação lótmaniana de que os textos atuais sempre serão iluminados pela memória, e os não atuais passam a existir como potencialidade — o que se parece com a ideia da potencialidade, agora semiótica, do arquivo definido pelos Assmann. Assim, os textos atuais são iluminados pela memória, mas os não atuais não desaparecem, passando a existir em potência.

Por isso, Lótman pode falar que a memória cultural é pancrônica (sincrônica e diacrônica), bem como se opõe ao tempo — conserva o passado como algo que está.[32] No entanto, não perde de vista que essa presença não é o passado enquanto realidade passiva, mas se insere na dinâmica da memória que gera novos textos.

Para Lótman, como se tem dito, o que forma a "memória comum" são textos preservados como uma espécie de cânon da cultura, de cujo interior surgem subculturas com suas memórias e coletividades locais. Contudo, uma pergunta logo nos vem: qual é o processo que gera certas conservações e esquecimentos? Parece que os Assmann, quando falam da memória cultural como arquivo e cânon, não conseguem responder com tanta clareza.[33] Lótman talvez responda bem a essa pergunta.

Cada cultura define seu paradigma do que se deve recordar (isto é, conservar) e do que se deve esquecer. Esse último é apagado da memória da coletividade; é como se deixasse de existir. Mas com as mudanças temporais, o sistema

---

[31]Lótman, 1996a, p. 160.
[32]Lótman, 1996a, p. 162.
[33]Aleida Assmann e Jan Assmann. Veja, p. ex., Assmann, 2008a. p. 97-107; 2011; 1995; 2008a, p. 109-118; 2008b.

de códigos culturais muda o paradigma gerador de memória-esquecida. O que se declara verdadeiramente existente pode tornar-se "como se não existisse", e o que deve ser esquecido e o que não existiu pode ganhar peso de existente e significativo.[34]

A cultura, em um processo não previsto e fruto de sua dinâmica, segundo Lótman, passa por mudanças de sistemas de códigos, e isso pode trazer à existência o que foi decretado memória esquecida, assim como apagar/esquecer as memórias vivas. Contudo, não somente muda-se o conjunto dos textos, mas também os próprios textos, pois, sob a influência de novos códigos utilizados para decifrar os textos, acontecem deslocamentos dos elementos significativos e não significativos da sua estrutura. Por isso, os sentidos da memória cultural "não se conservam, mas crescem".[35] Eis aí a dinâmica na memória cultural de esquecimento e lembrança.

Seguindo elucubrações lótmanianas, os textos que formam a "memória comum" de uma coletividade cultural interpretam os que circulam em corte sincrônico da contemporaneidade da cultura, gerando também novos textos. A memória cultural, formada por textos perenizados, atua como uma espécie de óculos para interpretar os textos que compõem a semiosfera, além de agir na criação de novos comunicados.

Quando os textos da memória cultural entram em choque com os textos contemporâneos, a produtividade de sentido depende do espaço da lacuna semiótica, o que gera uma explosão na gramática cultural, resultado do encontro rico dos textos da cultura com os da contemporaneidade.

Pensando o conceito de memória cultural, os textos bíblicos ou as narrativas sagradas em geral, seriam suporte também para memória cultural. Os textos bíblicos poderiam formar a memória comum para interpretar e gerar novos textos na semiosfera greco-romana e judaica. De outra maneira, se até mesmo as expressões mais individuais estão em diálogo com tradições, que são mecanismos vivos de comunicação, podemos perceber que os textos judaico-cristãos fornecem exemplos da dinâmica da formação e organização dos arquivos e cânon da memória cultural.

Se a memória cultural se revela como conjunto de elementos da cultura (como palimpsesto, organiza-se dinamicamente), seria, então, possível determinar em quais e com quais memórias o texto cria identidades, constrói realidades

---

[34]Lótman, 1996a, p. 160.
[35]Lótman, 1996a, p. 160.

ou interpreta mundos. Seja a memória comunicativa, seja cultural, sempre haverá conjuntos de imagens, discursos etc. que coexistem. Nesse sentido, o texto sagrado, quando preserva algumas memórias ou está em diálogo contratual com elas, pode nos dar pistas a respeito da identidade na qual se insere, mesmo que retoricamente.

Assim sendo, cabe-nos aqui passar para a apresentação do conceito de narrativa e as contribuições da narratologia, pois esta pode servir como instrumento e pressuposto que completam e dialogam com a semiótica da cultura. Nesse ponto, como estão em jogo as discussões metodológicas e os aportes teóricos para o trabalho com os textos, faz-se necessária uma crítica ao método histórico-crítico, especialmente sua dívida para com perspectivas historicistas e racionalistas, seu conceito de texto e sua ideia de acesso à realidade. Isso nos ajudará na percepção de que a narratologia dialoga melhor com as intuições dos referenciais acima.

CONSTRUÇÃO DA REALIDADE *VERSUS* PRECISÃO DA LINGUAGEM

Esta parte apresentará subsídios teóricos que foram desenvolvidos para os estudos das narrativas, especialmente a partir de 1970. As pesquisas realizadas por Robert Alter, por exemplo, mostram a aplicação das teorias narrativas aos textos bíblicos.[36] Como exemplos frutíferos, podemos citar os trabalhos realizados pelo Narrative Research Group da Society of Biblical Literature (década de 1980),[37] que resultaram na publicação do número 46 da revista *Semeia*.[38] Nestes artigos, as teorias narrativas são aplicadas aos textos da Bíblia hebraica.

Assim, precisamos pensar os avanços realizados pelas teorias literárias adotadas para a leitura da Bíblia. Essas pesquisas apresentam novas questões aos textos e se tornam uma indireta crítica à exegese tradicional, que tem suas bases em conceitos tais como intenção autoral, contexto histórico e leitores reais, conforme visto no capítulo 1.

Há muito, a exegese tem passado por renovações. Atualmente não podemos pensar, por exemplo, no método histórico-crítico sem levar em consideração as contribuições das ciências sociais, das ciências da linguagem, da semiótica etc. Durante muitas décadas, falar em exegese equivalia a falar em *método histórico-crítico*: crítica textual, crítica literária, crítica e história das formas e dos gêneros

---

[36]Alter; Kermode, 1997; Alter, 2007.
[37]Amihai; Coats; Solomon, 1989.
[38]Para uma exposição das pesquisas a respeito da aplicação das teorias narrativas à Bíblia, em especial à Bíblia Hebraica, cf. Gunn, 1979, p. 65-75.

literários, história das tradições, crítica e história da redação e da composição. Nas décadas de 1970-1980, novos métodos, bem como aproximações hermenêuticas surgidas de novos sujeitos e novas consciências, abriram caminho na investigação científica dos textos bíblicos.[39]

Os limites dos pressupostos do método histórico-crítico têm suas raízes no paradigma moderno-iluminista, que trabalha com categorias tais como intenção autoral e leitor real, com o pano de fundo da historiografia positivista que acredita na adequação do texto a acontecimentos históricos.[40] À vista disso, a exortação de Roger Chartier se torna fundamental para compreendermos os limites desses métodos, ou de qualquer outro, quando afirmam que o lugar do qual se faz o trabalho histórico impõe não somente os objetos próprios, mas também modalidades do trabalho intelectual, formas de escritura e técnica de provas e de persuasão.[41]

Filha de seu tempo, a exegese tradicional tem suas contribuições. Ela foi importante para o acúmulo de conhecimentos a respeito do horizonte histórico e cultural da Bíblia. Sua colaboração está exatamente nas pesquisas histórico-sociais, por meio das quais se reuniu um cabedal de informações sobre os contextos econômico, religioso, social, geográfico e político do mundo bíblico. Além disso, a exegese da modernidade rompeu com leituras literalistas e ingênuas. Contudo, como detectou J. Severino Croatto em seu clássico *Hermenêutica bíblica*:

> Ao lado destes indiscutíveis benefícios que convertem os métodos exegéticos em conquista inestimável, o seu uso exagerado, e às vezes reducionista, comporta alguns riscos [...]. Por outro lado, a preocupação em fundamentar a verdade das ciências do espírito, tão própria da consciência ocidental desde alguns séculos, concentrou a atenção sobre o sentido literal, entendido como o sentido "histórico". Isto é uma forma de reducionismo [...] desvirtua-se o processo por buscar o sentido na pré-redação. No caso de ênfase muito grande na *intenção do autor* ou do *redator* como sendo este o único sentido, corre-se o risco de enclausurar no passado a mensagem da Bíblia, entendida como "depósito" de um sentido fechado, coincidente com o pensamento de seu redator ou então dos pré-redatores do texto atual.[42]

---

[39]Krüger, 2006, p. 77.

[40]O pressuposto da analogia mostra que "a facticidade histórica de fenômenos é tanto maior quanto maior for a concordância entre estes outros fenômenos facilmente atestáveis e verificáveis". Wegner, 1998, p. 18.

[41]Chartier, 2009, p. 18.

[42]Croatto, 1986, p. 14.

A descrição de Croatto mostra como a realidade e o passado são um problema insuperável para o método histórico-crítico. Um dos grandes dilemas do exegeta é saber o que realmente o texto queria dizer quando foi escrito! Dos mais críticos aos mais fundamentalistas, a intenção do autor, os desejos da comunidade original etc. são como fantasmas que atormentam o sono do biblista. É como se ele estivesse sempre em dívida com o autor(es)/autora(s) ou redator(es)/redatora(s) do texto com o qual trabalha. Por isso, a maneira de a semiótica da cultura pensar o texto pode abrir alguns horizontes e gerar novas preocupações.

Na semiótica da cultura, o conceito de texto serve de crítica à postura historicista e racionalista. Se cultura é fenômeno interativo, sem existência isolada e com um campo conceitual unificado fundado no processamento, na troca e na armazenagem de informações, além de uma organização de significantes e significados, ela por si já é um texto. Por isso, podemos concordar que a cultura, como texto, implica a existência de uma memória coletiva que não apenas armazene informações, mas também funcione como um programa gerador de novos textos, garantindo assim a continuidade.[43] Desse modo, dentro da semiosfera, um texto não é um fenômeno isolado, mas está em diálogo com outros textos.

Em consequência, no texto há outros sistemas de signos (inteiros ou parciais). Nesse sentido, a preocupação com a "intenção do passado", tão cara ao historicismo e quase uma patologia do método histórico-crítico, perde aos poucos o seu valor, abrindo as portas para a observação da criatividade do texto em organizar memórias e dar a elas sentido no seu discurso. Estas seriam parte da *semiosfera* refletida no texto.

Os pressupostos da semiótica da cultura mostram que a recepção do texto é uma grande oportunidade de aprofundar a informação, pois atualiza informações depositadas. São intenções latentes, às quais não seria possível chegar pela leitura original. Por isso, quanto mais o texto for lido, mais rico ficará, porque serão revelados aspectos do conteúdo que, em outros contextos de leituras, não poderiam ser acessados ou não desabrochariam.

Consequentemente, a exegese deixa de ser uma arqueologia do sentido para se tornar observadora do texto como instrumento de diálogo com a cultura, pois sua releitura nas artes, nos gestos etc., é também aprofundamento do seu significado. O histórico deixa de ser o passado, tornando-se o mundo que cerca os leitores e lhes dá a capacidade de alcançar mundos e fundos inacessíveis, por exemplo, à audiência original.

---

[43]Machado, 2003, p. 102.

REALIDADE E TEXTO

O exegeta tem como objeto de pesquisa principal um documento. Este é materializado[44] em texto e segue uma dinâmica própria da linguagem. Por isso, as pesquisas e os pressupostos fundamentados pelas teorias literárias precisam ser levados em consideração, especialmente para pensarmos as bases metodológicas de nosso trabalho a fim de, assim, avançarmos para a análise narrativa.

Frye, seguindo as pesquisas de Vico, traça uma história da linguagem para localizar os textos. Como ele mesmo diz, linguagem é a "sequência modal de estruturas postas em palavras mais ou menos traduzíveis".[45] Esses modos, que não são excludentes, atravessariam a variedade das *langues*/línguas em uso, e seriam afeiçoados e condicionados, embora não determinados, por elas. Nessa perspectiva, há três momentos ou fases no ciclo histórico da linguagem: *hieroglífica*, *hierática* e *demótica*. Na fase hieroglífica, também conhecida como metafórica ou poética, há pouca separação entre sujeito e objeto, pois estão ligados por um tipo de energia comum a ambos. Nesse momento da história da linguagem, acreditava-se na potencialidade da palavra, como se a sua correta articulação pudesse dar corpo a esse potencial comum,[46] como se ela carregasse um poder mágico de manipulação e intervenção na realidade. Na fase hierática, também chamada de metonímica, estamos no período da linguagem que remonta a Platão e que está bem presente na escolástica medieval, na qual as palavras são exteriorizações de pensamentos e estão *no lugar* das coisas. Diferentemente da fase metafórica da linguagem, esta valoriza a lógica e estruturação coerente das palavras, razão por que há supervalorização dos silogismos.

A última fase, demótica, também conhecida como descritiva, está ligada à linguagem científica, fruto da observação e expressão do fato que descreve. Ela pode ser situada no século 16 e chega ao seu ápice no século 18. Diferentemente das anteriores, nessa fase há uma clara separação entre sujeito e objeto. Como explica Fyre:

> Aqui partimos de uma separação muito clara entre sujeito e objeto, onde o sujeito se expõe, através da experiência dos sentidos, ao impacto de um mundo objetivo. O mundo objetivo é a ordem da natureza; o pensamento ou a reflexão seguem as sugestões da experiência dos sentidos e as palavras são o servomecanismo da re-

---

[44]Cf. Chartier; Cavallo, 1994.
[45]Frye, 2004, p. 27.
[46]Frye, 2004, p. 28.

flexão. Prossegue o uso da prosa contínua, mas todos os procedimentos dedutivos se veem cada vez mais subordinados a um processo prévio indutivo e de coleta de material — de fatos, ao impacto de um mundo objetivo. O mundo objetivo é a ordem da natureza.[47]

As nítidas testemunhas textuais de caráter metafórico na Bíblia, e a própria primordialidade da linguagem poética em relação à prosa, levam o crítico literário canadense a indicar que, como a linguagem em si, em algum nível, é sempre metafórica, até mesmo as expressões mais descritivas e científicas da realidade, ou de qualquer objeto, sempre serão construção. Ele diz:

A única coisa que as palavras podem fazer com uma precisão e acurácia reais é permanecerem juntas. A partir de certo ponto a linguagem começa a perder acurácia na descrição: o relato mais fielmente descritivo de qualquer coisa terminará por abandonar o que descreve em direção a suas ficções gramaticais autocontidas como sujeito, predicado e objeto. Os eventos descritos na Bíblia são, no dizer de alguns eruditos, "eventos de linguagem", trazidos até nós apenas por palavras; e são as próprias palavras que guardam o sentido de autoridade, não os eventos que descrevem.[48]

Desse modo, temos aqui uma crítica indireta aos pressupostos do método histórico-crítico (o que poderia ser aplicado a qualquer ciência, seja ela mais dura que ferro!), que acredita chegar, por exemplo, às realidades histórico-sociais do texto por meio de leituras críticas — ou até mesmo expressar esse mundo como um reflexo da descrição do exegeta.

O exegeta tradicional até admite o caráter poético de alguns textos, mas logo pergunta pelo seu lugar vivencial (*Sitz im Leben*), ou onde foi usado ou originado. Por outro lado, há a leitura fundamentalista, que afirma o texto como se ele fosse o reflexo claro do mundo descrito. Tanto em um como no outro há uma ênfase na realidade além-texto. Se o método histórico-crítico tenta fazer do texto um instrumento de descrição de alguma realidade, o fundamentalista já encontra no próprio texto a sua descrição. Tanto um como o outro tratam "demoticamente" um texto cheio de indícios poético-metafóricos, como é natural aos textos hieroglíficos.

---

[47]Frye, 2004, p. 36.
[48]Frye, 2004, p. 86.

Há tempos a teoria literária, com bases aristotélicas e trabalhando com conceitos tais como *mimesis* e *poiesis*, descreve a relação da literatura com a realidade de maneira inovadora e abre novos caminhos para o trato com o texto, tornando-o menos espelho do mundo do que reconstrutor criativo a partir do olhar do artista. Soma-se a esses elementos o "estético", entendido como a função do texto primordialmente voltada para si mesma, mediante seus dados internos, que o mantém em pé e lhe dá densidade, independentemente de vínculos práticos ou funcionais com o real. Tais conceitos teóricos não desconectam a obra literária da realidade, mas permitem entender que dela se ausenta para construir outra realidade, esteticamente bela e convincente.[49]

Soma-se a essas lucubrações o crítico literário Tzvetan Todorov. Ao falar da leitura de textos literários, ele defende ser preciso revisar o conceito de realidade. Por conseguinte, fala de *verossimilhança*,[50] e da retórica clássica, que também é melhor aplicável aos textos hieroglíficos, tais como a Bíblia.

Segundo Todorov, a verossimilhança deve ser julgada por dois outros tipos de discurso: *regra do gênero e opinião comum*.[51] A respeito da regra do gênero, ele defende que a obra é verossímil de acordo com sua participação e conformidade à expectativa de um gênero: "O verossímil, tomado neste sentido, designa a relação da obra com o discurso literário, mais exatamente, com certos elementos dele que formam um gênero".[52] Talvez isso pareça um tanto reducionista, mas na mesma argumentação o crítico literário explica que pertencer a um gênero é, de direito, universal, porque uma obra pode se perceber como uma instância particular com relação a um gênero geral, mesmo que este contenha apenas tal obra. Frye concorda com isso, pois admite que a literatura sempre está, ainda que no nível da linguagem, no claustro dos gêneros. Mesmo havendo a criatividade do autor, ela sempre falará a partir de padrões de linguagem, seja se afastando de um ou se aproximando de outro gênero literário.[53]

A outra descrição para análise de verossimilhança está ligada à expectativa de realidade que ele chama de opinião comum:

> Mas existe outra verossimilhança: a que se considerou amiúde como uma relação com o real. Aristóteles, todavia, já havia dito claramente que não se tratava de uma

---

[49]Ferreira, 2008, p. 10.
[50]Todorov, t. 1970, p. 90-96.
[51]Todorov, 1970, p. 92-93.
[52]Todorov, 1970, p. 92.
[53]Frye, 1957, p. 11-13.

revelação entre o discurso e seu referente (relação de verdade), mas entre o discurso e o que os leitores acreditam verdadeiro. A relação se estabelece, então, no caso, entre a obra e um discurso difuso, que pertence em parte a cada um dos indivíduos de uma sociedade, mas cuja propriedade nenhum deles pode reclamar; por outras palavras, à *opinião comum*. Esta não é evidentemente a "realidade", mas somente um discurso terceiro, independente da obra. A opinião comum funciona, pois, como uma espécie de regra de gênero, que se relaciona com todos os gêneros.[54]

Nessa perspectiva, o verossímil equivale às convenções contemporâneas que determinam as regras da realidade, e não a realidade em si. O verossímil seria o mundo das convenções aceitas e a coadunação da narrativa às regras contemporâneas. Dessa maneira, o texto deixa de ser um objeto em que se averigua se é fonte de "realidades" ou "mentiras" históricas, e passa a ser avaliado em suas aproximações ou distanciamentos das convenções, que são invenções, por sua vez, do crítico literário.

Na história da leitura dos textos bíblicos, como na dos textos em geral, a preocupação com os sentidos talvez tenha sido o grande ponto de convergências e divergências. A exegese histórico-crítica, por sua vez, fez (e continua fazendo) da arqueologia do passado o seu grande objeto de pesquisa, mesmo que renovada por outras ciências.

Seguir o clássico caminho da tradicional exegese é buscar o mundo fora do texto, o qual se torna o mapa para descobrir a intenção do autor, que tinha em seus ouvintes aqueles que entenderiam bem o que ele desejava dizer, de modo que a pragmática do enunciado se realizasse ou fosse desqualificada por seus receptores.

Pelo que parece, uma das forças para destronização do método histórico-crítico foi seu estatuto epistemológico, a saber, a interdisciplinaridade. O mesmo método que permite o diálogo com outros referenciais recebe desses mesmos as críticas relacionadas aos seus pressupostos e funcionamento. Além disso, as novas perspectivas metodológicas, mesmo que a exegese tradicional tenha se permitido dialogar com elas, gerou profundas e renovadoras mudanças nas perguntas feitas aos textos, deixando de girar em torno da "autoria", "fundo histórico" e "genealogia de tradições".

Dessa forma, o avanço metodológico que exorcizou a univocidade em favor do paradigma historicista só foi possível com os referenciais teóricos das diversas

---

[54]Todorov, 1970, p. 93.

ciências humanas, os quais possibilitaram revisão e críticas aos pressupostos do método tradicional.

Podemos, então, listar alguns problemas do método histórico-crítico:

1. A crença em um sentido original e histórico que pode ser resgatado, "que sai do texto" (*exegese*). Essa crença precisa ser reavaliada. A própria questão do histórico deve ser alargada do olhar "para trás" para o olhar "para frente" do texto, porque histórico também é o lugar da recepção, que não é simplesmente uma danificação ou distorção do sentido do texto. Pelo contrário, como potencialmente aberto a novos sentidos, o texto ganha, na recepção, novas funções e responde a outros desafios. Mesmo correndo o risco de idealizar certas formas de recepção, a história de sua leitura revelará aprofundamento de sentidos que não seriam possíveis no primeiro acesso. Dessa forma, passa-se do *original* para o *originário* ou *paradigmático*.

2. O problema do paradigma do sujeito, que acredita na objetividade, em neutralidades e positivismos metodológicos,[55] que, na verdade, escondem exatamente o eurocentrismo próprio da razão instrumental.

3. A confusão entre história da formação e o significado do texto. Na verdade, nesse procedimento há uma confusão entre signo e significado, uma vez que o sentido não está no processo da formação das tradições, mas na relação dos signos do texto, que por sua vez, dialoga com diversos signos que lhe possibilitam ser texto.

4. A questão acima abre outra: o pressuposto mecanicista e sempre vinculado às materialidades, tais como a crítica da tradição, como se os temas e imagens estivessem sempre atrelados a influências materiais e refletissem os livros que o autor leu.[56] Isso perde de vista que o sistema próprio da língua é dialógico: um discurso é perpassado por outros discursos, assim como a própria cultura é conjunto de textos em diálogo.[57]

5. A relação com a realidade é outra questão dos pressupostos do método tradicional, pois ela não leva em consideração o nível narrativo e sempre ficcional da descrição da realidade.

---

[55]Para discussão e novos rumos sobre a inter-relação e a relação do sujeito-objeto, podemos citar alguns trabalhos que desarticulam a racionalidade moderna, logocêntrica: Eco, 2012; Habermas, 2002; Hall, 2002; Iser, 1996; 1999; Jauss, 1992.

[56]Simian-Yofre, 2011, p. 104.

[57]Para saber mais sobre essa perspectiva a respeito dos textos, cf. Mikhail M. Bakhtin; Valentin Volochinov, *Marxismo e filosofia da linguagem* (São Paulo: Hucitec, 2010); D. L. P. Barros; José Luiz Fiorin, orgs., *Dialogismo, polifonia, intertextualidade*, 2. ed. (São Paulo: Edusp, 2003).

6. A separação do sujeito e objeto, como se esse estivesse imunizado pelo método. Essa questão deixa de lado a imprescindível relação entre pesquisador e objeto. No encontro se constrói o resultado da pesquisa, pois o olhar, as perguntas, os métodos e metodologia aplicados ao trabalho são influenciados pelos interesses, empaticamente estabelecidos, do pesquisador. Consequentemente, não se descobre o objeto, mas se cria.

Por isso, deve-se colocar na discussão a narratologia que, nas ciências bíblicas, resulta dos diálogos entre as rígidas ferramentas da exegese tradicional e as provocações, para usar um termo de H. R. Jauss, da teoria literária.[58] A narratologia trabalha com instâncias narrativas por meio das quais se avança para novos conceitos menos positivistas, e se chega a ideias tais como autor-implícito, narrador, leitor-implícito, narratário e outras. Esses conceitos deixam de lado preocupações historicistas rankeanas, que se detinham em apresentar aos leitores os "fatos", como se a história fosse objetiva.[59]

A narratologia pode responder ao que Eco diz como necessário no trabalho com o texto: "O texto interpretado impõe restrições a seus intérpretes. Os limites da interpretação coincidem com os direitos do texto (o que não quer dizer que coincidem com os direitos de seu autor)".[60]

LENDO COMO "IMPLÍCITOS" E "NÃO REAIS"

Todorov distingue duas posturas nos estudos literários. A primeira observa na obra literária um fim último; a segunda, a manifestação de "outra coisa" — ambas não são, segundo ele, incompatíveis.[61]

A partir do resumo didático de Todorov, percebemos que a análise narrativa estaria entre as disciplinas, pois nela a literatura não é considerada manifestação de uma estrutura inconsciente, de uma concepção filosófica nem de um discurso que se faz conhecer por si mesmo. Naturalmente, a obra literária é vista, nesse caso, mais como uma construção verbal do que como a representação de uma realidade. Busca-se a explicação de suas particularidades nas relações de seus elementos constitutivos, ou nas relações que ela própria tem com outras obras; não se buscam as *causas*, e sim as *razões* que justificam a existência de um fenômeno literário.[62]

---

[58]Jauss, 1994.
[59]Burke, 1992, p. 7-38.
[60]Eco, 2004, p. xxii.
[61]Todorov, 1970, p. 11.
[62]Todorov, 1970, p. 12.

A *narrativa* é a representação de dois ou mais eventos reais ou fictícios em uma sequência, sem que um implique nem pressuponha o outro. A narrativa, entre outras coisas, é a coleção de signos que podem ser agrupados em várias categorias. Mais particularmente nas narrativas escritas, certos recursos e combinações dos signos linguísticos que a compõem constituem signos de narração: eles representam a atividade narrativa, sua origem e sua destinação. Outros recursos e combinações constituem signos do narrador: eles representam os eventos e situações recontados.[63]

Se desejamos produzir uma teologia narrativa tipicamente pentecostal, não podemos nos esquecer da ciência cuja preocupação exegética se estabelece na narratividade da Bíblia, a saber, *narratologia* ou *teoria narrativa*, a disciplina que estuda a narrativa por excelência. Os métodos da teoria narrativa foram inspirados por linguistas modernos que demonstraram, por meio da análise sincrônica da linguagem, como a narrativa desenvolve manifestações de oposição e combinação de elementos básicos (fonemas, morfemas, sintagmas etc.). De maneira similar, a narratologia tenta compreender e rastrear como sentenças se tornam narrativa, como a narrativa emerge de textos narrativos e, no mesmo trilho, como palavras se tornam página.[64]

Em suma, teoria narrativa ou narratologia é o estudo da narrativa como gênero. Seu trabalho é descrever as constâncias, variabilidades e combinações típicas das narrativas e esclarecer como tais características dos textos narrativos estão conectadas ao quadro dos modelos teóricos.[65] Ainda sobre o trabalho da narratologia, como uma leitura pragmática ela está preocupada em "como" o autor comunica a sua mensagem. Interessa-se pelas estratégias por meio das quais o texto organiza a expectativa de o leitor decifrar o sentido. Assim, a narratologia é descritiva, pois observa as combinações dos signos de linguagem na narrativa; é também interpretativa, porque percebe as estratégias do texto para gerar sentido e movimentar seus leitores. D. Marguerat e Y. Bourquin definem bem as diferenças dos pressupostos das leituras histórico-crítica, estrutural e narrativa:

> O que busca a análise histórico-crítica? Ela se interessa pelo acontecimento histórico que o texto relata e pelas condições em que o texto foi escrito. De modo geral, seu interesse se fixa no mundo (histórico) *por trás* do texto [...]. Que busca a análise estrutural ou semiótica? Este tipo de leitura gravita em torno do polo sul do eixo

---

[63]Prince, 1982, p. 7.
[64]Fludernik, 2009, p. 8.
[65]Fludernik, 2009, p. 9.

da representação, enquanto a análise histórico-crítica se localiza no norte. Não é, absolutamente, o mundo representado que lhe interessa, mas o funcionamento da linguagem, segundo um princípio que chamamos de postulado de imanência: nada fora do texto, nada além do texto, e o texto todo (tudo, no texto, é levado em conta; nenhuma informação é tirada de fora do texto). Sua pergunta: como é que o texto faz para produzir sentido? [...]. Onde situa a análise narrativa? Não no eixo da representação, mas no da comunicação. Sua pergunta: como é que o autor comunica sua mensagem ao leitor? Por meio de qual estratégia o autor organiza a decifração do sentido pelo leitor? O estudo, aqui, recai sobre as estruturas que permitem à mensagem atingir o efeito buscado pelo emissor. As coisas poderiam ser ditas diferentes. O eixo da comunicação alinha os três polos sem os quais não é possível comunicação: autor (destinador), a mensagem, o leitor (destinatário) [...]. A análise narrativa se orienta, prioritariamente, não pelo autor, nem pela mensagem, mas pelo leitor, considera o efeito da narrativa no leitor, leitora, e a maneira como o texto o faz cooperar no deciframento do sentido.[66]

A teoria narrativa se utiliza de conceitos, formando uma espécie de gramática narratológica por intermédio da qual se leem as narrativas. Um deles é o conceito de *narrador*. Este é considerado agente integrado ao texto, responsável pela narração. Ele não é o autor empírico nem os personagens. Ele é a voz que conduz o leitor e guia a história.

Na língua inglesa, os termos *overt* (aberto) e *cover* (fechado) são frequentemente utilizados para se referirem a algo identificável em oposição a um narrador não identificável.[67] Um *narrador perceptível* (*overtnarrator*) é aquele que pode ser visto claramente ao se contar uma história — embora necessariamente um narrador perceptível sempre seja em primeira pessoa — e, ao articular seus propósitos e pontos de vista, faz sua presença ser percebida estilisticamente no nível da metanarrativa. Tal narrador participa ativamente na história.

O narrador tem um ponto de vista, que é o apresentado pela narrativa. Por meio de tal perspectiva, o mundo da narrativa é construído. Como diz Todorov:

> O fato é que as visões são de primordialíssima importância. Em literatura, jamais temos de haver-nos com acontecimentos ou fatos brutos, e sim com acontecimentos apresentados de determinada maneira.[68]

---

[66]Marguerat; Bourquin, 2009, p. 15-17.
[67]Fludernik, 2009, p. 21.
[68]Todorov, 1970, p. 41.

Essa narração tem a linguagem como o meio pelo qual os textos narrativos se constituem, a qual também é responsável pelo mundo ficcional criado pelas narrativas. Isso nos mostra que a linguagem é meio e objeto de representação.

A narratologia, então, estuda forma e função da narrativa.[69] Essa é a ferramenta para perceber, por exemplo, como o narrador do Apocalipse de João gera sobre o leitor, com as imagens de caos, a sensação de desordem e violência.

Para a narratologia, o autor não é o *autor real*, aquela entidade histórica que produz um texto e vive fora dele, mas o *autor implícito*. Esse é o que a obra revela por suas escolhas narrativas:

> Um autor, com efeito, se objetiva em sua obra, não pela vida que leva fora dela, mas pela orientação que dá a seu texto. Pôr-se em busca do autor implícito é observar que estratégia narrativa ele emprega, que estilo escolhe, como faz intervir seus personagens, que sistema de valores conduz a narrativa. A imagem do autor implícito resulta na soma das escolhas de escrita identificadas no texto. Assim, a cada obra literária corresponde um autor implícito, quer dizer, a imagem do autor tal qual se desvela nessa obra.[70]

Podemos diferenciar o narrador do autor implícito dizendo que aquele é a voz que guia o leitor na narrativa, enquanto este é o princípio que criou o narrador, assim como todos os outros elementos da narrativa. A ideia de um autor implícito nos abre a possibilidade de ler o texto com menos inocência, pois não precisamos marcar referências históricas à imagem criada pelo texto, uma vez que não nos importa quem realmente está por trás das linhas, pois esse "ser" quase assombroso pode muito bem fingir, mentir sobre si mesmo e manipular suas opiniões, dando-nos, pela metade, a imagem do seu rosto. Assim, o que nos importa são as estratégias do texto.

Como estamos lidando com um texto que propõe uma interpretação "outra", em linguagem simbólica, a respeito da sociedade e ordem visíveis aos seus concidadãos, o conceito de autor implícito se torna mais frutífero, pois a ficção narrativa autoriza desenvolver um mundo imaginário que não coincide com a realidade imediata que a cerca.

A narratologia se insere nas metodologias consideradas pragmáticas, que questionam os efeitos do texto sobre o leitor, observando os indícios pragmá-

---

[69]Prince, 1982, p. 4.

[70]Marguerat; Bourquin, 2009, p. 25.

LEITURA SEMIÓTICA PARA UMA HERMENÊUTICA PENTECOSTAL | 61

ticos, que são as instruções sobre como o texto quer se estabelecer sobre o leitor.[71] Esse referencial metodológico ajudará a identificar as estratégias textuais que organizam memórias, e entender como colocam em diálogo os conteúdos do cânon e do arquivo na memória cultural. Observando, na narrativa, suas expressões de *tempo, personagem, enredo, enquadramentos, narrador,* autor etc., pode-se observar, em nível narrativo, como as memórias na relação diacrônica (as perenes) e sincrônicas (as contemporâneas) se interpassam para produzir sentido e interpretação de mundo na semiosfera em que determinada narrativa se insere.

Para observar a organização de tradições, a formação de discursos e o surgimento e compreensão de enunciados,[72] reconhece-se a insuficiência da exegese tradicional. Tal crítica baseia-se, entre outros elementos já apontados, em sua quase não solucionável dependência de apropriações diretas e materialidades textuais, em seu positivismo historicista e criticismo infértil. Portanto, as perspectivas da crítica da tradição, por exemplo, como descreve Simian-Yofre, que seriam uma espécie de observação das obras literárias do repertório do autor dos textos, não são frutíferas.[73]

Nessa proposta de renovação ou diálogo metodológicos, a preocupação da exegese não se prenderá às "influências literárias" simplesmente, mas, por exemplo, observará intertextualidades e interdiscursividades. Por isso, quando nos referimos a *memórias*, estamos lidando com expressões de contextos prévios que se movimentam e permeiam coletivamente os imaginários recebidos criativamente e sempre a partir da experiência. A partir dessa proposta, a narratologia lerá os textos bíblicos percebendo suas estratégias narrativas e teológicas, as quais serão sempre descrição e narrativização de memórias, que poderão servir de modelo para a experiência pentecostal.

CONCLUSÃO

Para a leitura dos textos bíblicos, durante muito tempo, desde a Reforma, os métodos historicistas foram por vezes privilegiados. Contudo, há anos, esses métodos são alvo de fortes releituras e críticas. Neste capítulo, foram apresentados conceitos e pressupostos epistemológicos para construir um referencial teórico

---

[71]Powell, 1990.

[72]Para a relação e definição de enunciado e discurso, empregamos aqui as pesquisas de M. Bakhtin, que diz ser o discurso os valores e conhecimentos culturais, enquanto o enunciado é a materialização linguística (Bakhtin, 2003).

[73]Simian-Yofre, 2011, p. 104.

que possibilite novas aproximações, preocupações e leituras que se adequem mais à experiência hermenêutica pentecostal. Para isso, expusemos os conceitos de *texto*, *cultura* e *memória* a partir das pesquisas da semiótica da cultura e as intuições da narratologia.

A proposta não é substituir rapidamente um método pelo outro (ou outros), mas dialogar e aproximar. Todo referencial teórico tem seus limites, e o próprio objeto modelará a maneira de sua aplicação. Além disso, mesmo com seus limites, o método histórico-crítico deixou grandes contribuições que podem ser utilizadas, mesmo subvertendo seus pressupostos, na aplicação da semiótica da cultura, narratologia ou qualquer metodologia disponível que ajude na leitura mais próxima da proposta pentecostal.

Por fim, podemos reafirmar que as leituras menos historicista e positivista, contra as quais a hermenêutica pentecostal se posiciona, pelo menos na prática, precisam dar lugar aos métodos narratológicos e semióticos cujo uso se adequará melhor aos horizontes epistemológicos da interpretação sob a fronteira da experiência, ou que têm na experiência lugar privilegiado. Por isso, a semiótica da cultura e os demais métodos das ciências da linguagem são tão importantes, porque ajudam a superar positivismos inférteis e a aceitar a criatividade do leitor e suas experiências.

CAPÍTULO 3
A LEITURA BÍBLICA PENTECOSTAL E A EXPERIÊNCIA DO ESPÍRITO

INTRODUÇÃO

Busca-se abordar neste capítulo o aspecto do fervor religioso pentecostal percebido especialmente na forma com que esse grupo lê a Bíblia. Tal recorte possibilitará perceber peculiaridades da espiritualidade pentecostal, e contribuirá para o estudo do movimento pentecostal.

O capítulo está dividido em duas partes, com três tópicos cada uma. Na primeira parte, apresenta o conceito de performance e os instrumentos dos estudos de recepção, também chamados de estética da recepção. Essa reflexão é importante porque tais conceitos ajudarão a identificar pistas do que seria o modo de leitura pentecostal da Bíblia. Essa parte se conclui com alguns apontamentos sobre o fervor religioso, tendo em vista que consideramos esse elemento como a principal influência da leitura do tipo pentecostal.

Na segunda parte, aprofundamos a caracterização da leitura bíblica pentecostal, conectando-a com as peculiaridades do fervor religioso pentecostal e com a noção de performance, culminando no que chamamos de *leitura bíblica pentecostal performática*.

A NOÇÃO DE PERFORMANCE E A ESTÉTICA DA RECEPÇÃO

A *estética da recepção* ou *estudos de recepção* se desenvolveu a partir do final da década de 1960 e pode ser considerada "um esforço interpretativo sobre a leitura e as relações estabelecidas entre texto, autor e leitor. As materialidades significativas são entendidas como um complexo que tem sentido a partir da relação dialética instaurada entre o autor, a obra e seus possíveis leitores".[1] E mais: "Toda

---
[1] Adriano Filho, 2012, p. 176.

atividade interpretativa se constitui mediante o processo de interação entre a subjetividade do leitor e as condições sócio-históricas na qual determinado signo se originou". Essa valorização da perspectiva do leitor é um contraponto às perspectivas anteriores que avaliavam ou liam um texto ancoradas na intenção do autor: "Esta passagem ao leitor foi favorecida pela hermenêutica fenomenológica, que associava todo sentido a uma consciência. A partir da fenomenologia, várias abordagens revalorizaram a leitura, em especial a estética da recepção".[2]

A estética da recepção proporcionou nova forma de interpretação da obra literária ao dar nova orientação aos estudos literários, criticando as escolas filológicas, estilísticas, do *new criticism* e do estruturalismo.[3] O marco da virada deu-se com Hans Robert Jauss (1921-1997) em 1967, depois de uma aula inaugural na Universidade de Constança, Alemanha. Teses semelhantes foram afirmadas por outro promotor do movimento, Wolfgang Iser (1926-2007), lançando as bases teóricas para a passagem definitiva ao leitor. A nova teoria conjugava de forma peculiar a historicidade da obra com o processo de recepção ao longo do tempo, deslocando o eixo central para o leitor. Assim, a experiência leitora do público com seus *horizontes de perspectivas*[4] poderia construir sentidos na interação[5] com as obras.

Jauss apresentou sete teses[6] que poderiam ser resumidas da seguinte forma:

1. A relação dialógica entre o leitor e o texto é fato primordial da história da literatura;
2. Na experiência literária do leitor, a obra predetermina a recepção, que é, ao mesmo tempo, um fato social dentro dos horizontes de expectativas;
3. O valor de uma obra decorre da percepção estética que seja capaz de suscitar;
4. A hermenêutica, as necessidades do público e a relação entre a literatura e a vida prática devem ser consideradas;
5. Sobre o poder de ação de uma obra, que pode transpor o período em que apareceu, em razão de leituras posteriores que a modificam, reinstalando-a

---

[2]Adriano Filho, 2012, p. 167.

[3]Zilberman, 1989.

[4]O texto e o leitor estão em horizontes históricos diferentes e defasados, que precisam se fundir para que a comunicação ocorra. Esses quadros de referência são chamados "horizontes de expectativas" e incluem as convenções estético-ideológicas que possibilitam a produção/recepção de um texto.

[5]Interação entre a obra e o leitor. Wolfgang Iser afirma: "É sensato pressupor que o autor, o texto e o leitor são intimamente interconectados em uma relação a ser concebida como um processo em andamento que produz algo que antes inexistia" (Iser, 1999, p. 105).

[6]Cf. Jauss, 1994a.

em um momento diferente daquele inicial. A Estética da Recepção propõe realizar uma história dos efeitos, considerando o texto um conjunto aberto de possibilidades, podendo adquirir novos sentidos;

6. O processo da "evolução literária" dos efeitos de uma obra destacada deve levar em conta seu momento formador e de rupturas ao longo do tempo;
7. A arte pode contrariar expectativas e levar o leitor a uma nova percepção de mundo, repercutindo então em seu comportamento social.

Segundo Jauss, quanto mais uma obra literária é capaz de afetar o universo do leitor, mais forte é seu caráter emancipatório (da literatura). Esse tipo de obra produz mudanças no horizonte do leitor, conduz a uma experiência estética desconhecida até aquele momento e acaba perdurando por mais tempo que outras obras. O espectador fica fascinado pelo que ela representa, identifica-se com as pessoas em ação, entregando-se às provocações despertadas, e sente-se aliviado, "como se participasse de uma cura (*katharsis*)". Jauss continua:

> Como experiência estética comunicativa básica, a *katharsis* corresponde à tarefa prática das artes como função social. Isto é, servir de mediadora, inauguradora e legitimadora de normas de ação, quanto à determinação ideal de toda arte autônoma: libertar o espectador dos interesses práticos e das implicações de seu cotidiano a fim de levá-lo, através do prazer de si no prazer no outro, para a liberdade estética de sua capacidade de julgar.[7]

Jauss percebeu que os leitores não são agentes passivos. Deveriam ter um papel ativo na teoria literária. Retoma a dimensão da recepção da literatura e do seu efeito, em seu caráter estético e em sua função social. A novidade da abordagem de Jauss é a indicação da importância do leitor no processo de interpretação da obra literária, realçando a natureza dialógica dessa relação. Jauss afirma:

> A obra que surge não se apresenta como novidade absoluta num espaço vazio, mas, por intermédio de avisos, sinais visíveis e invisíveis, traços familiares ou indicações implícitas, predispõe seu público para recebê-la de uma maneira bastante definida. Ela desperta a lembrança do já lido, enseja logo de início expectativas quanto a "meio e fim", conduz o leitor a determinada postura emocional e, com tudo isso, antecipa um horizonte geral da compreensão vinculado, ao qual se pode, então — e

---

[7]Jauss, 2002, p. 85-113

não antes disso —, colocar a questão acerca da subjetividade da interpretação e do gosto dos diversos leitores ou camadas de leitores.[8]

Com isso, superou-se a ideia de interpretação única, pois agora as obras são vistas como inacabadas e abertas a diversos olhares interpretativos.[9] O sentido somente se consolida a partir do encontro de horizontes de expectativas, tanto dos autores como dos seus leitores. Em resumo, Jauss atribui à leitura uma natureza emancipatória que liberta o leitor de adaptações, abrindo a possibilidade de se libertar e empreender novas percepções, sentidos e interpretações para o mundo no qual habita.

No próximo tópico busca-se introduzir o conceito de *performance*, que surge na esteira dos estudos de recepção. Tal noção *performática* forneceria elementos para analisar como os pentecostais leem a Bíblia.

Performance

A performance é uma expressão teatral ligada às artes visuais e cênicas. Diz respeito a algo que está acontecendo em dado momento, uma função do espaço e do tempo.[10] A arte da performance surgiu para chamar a atenção do público, e faz uso de técnicas como luz, tato, imagens e som para atingir diversos sentidos do espectador e fazê-lo inserir-se no drama.[11]

A ideia da performance, no entanto, não é totalmente nova. Na realidade, ela remonta à Antiguidade, quando o ser humano se tornou consciente de si mesmo, sendo a autoconsciência a primeira arte, ou mesmo a própria arte, conforme defende Renato Cohen.[12] Apenas recentemente "a performance começa a impor-se como linguagem", constituindo um novo gênero.[13] Nesse gênero, há espaço para o imagético, para o não verbal, abrindo espaços para tratativa e enfrentamento de temas existenciais e processos de construção cultural *mais irracionais*, para além do que a linguagem descritiva poderia levar e além do convencional. Isso não reduz a performance a mero improviso ou carência de lógicas acadêmicas, mas diz que está na fronteira, que rompe convenções, formas e estéticas.[14] Trata-se de uma linguagem híbrida que proporcionaria "muito mais eficácia de comunicação que as linguagens

---

[8]Jauss, 1994a, p. 28.
[9]Cf. Eco, 2010.
[10]Cohen, 2002, p. 28.
[11]Glusberg, 1987.
[12]Cohen, 2002, p. 16.
[13]Cohen, 2002, p. 21.
[14]Cohen, 2002, p. 26

estéticas da arte",[15] pois não está centrada no suporte (livro, tablet, smartphone), mas na dialética do conteúdo para a vida do indivíduo ou da comunidade.

Uma característica importante da performance é seu carácter coletivo ou inclusivo. Ainda que aparentemente haja somente uma pessoa desenvolvendo a performance, na verdade, da maneira que o faz, ela integra os espectadores ao drama de tal forma que todos podem fazer parte da cena, e, nesse caso, não restam mais expectadores, mas atuantes.[16] Esse tipo de performance Cohen denomina *performance cênica ritual*, para diferenciá-la da *performance cênica estética* que, sim, incluiria a apresentação para expectadores.[17]

Aplicar essa noção de performance dramática para a leitura vai ao encontro da valorização da perspectiva do leitor. A leitura performática ultrapassa o viés semiótico ao incorporar outros horizontes. Graciela Ravetti afirma:

> a performance revela experiências que fazem o percurso do pessoal ao comunitário e vice-versa. Esse trânsito está fortalecido por um impulso de resistência à dissolução de componentes culturais e ideológicos que atuam como resíduos culturais que integram as pessoas à uma região, à uma paisagem, e que passam a ser pele, olhos, roupa, gestos, fala, em partituras que se percebem como resto de algo maior e irrecuperável, reproduzido e passível de ser reescrito, mas que de alguma forma deve ser restituído a um passado e, ao mesmo tempo, transmitido ao futuro e relido no presente.[18]

A leitura performática não fica presa ao conhecido e decodificado, mas pode avançar e incorporar suspeitas, intuições e experiências pessoais. A ideia de um leitor com função-autor desestabiliza a noção tradicional de autor como o princípio de determinada unidade de escritura. A performance possibilita a mescla vivência e ficção, e texto e biografia pessoal. Luciene Azevedo destaca que "a performance narrativa é tanto uma instância que baralha a correspondência entre o vivido e o inventado, confundindo o enredo ficcional com informações biográficas, como uma estratégica capaz de assegurar ao narrador assumir uma pluralidade de vozes".[19]

A performance está relacionada com a historicidade inerente ao gesto ou à fala. Ela personifica citações de outros discursos, de outros gestos, adquirindo um

---

[15]Cohen, 2002, p. 164.
[16]Cohen, 2002, p. 29.
[17]Cohen, 2002, p. 113-140.
[18]Ravetti, 2003, p. 83.
[19]Azevedo, 2007, p. 138.

caráter de identidade instável, fugitiva.[20] É uma repetição estilizada, mas de tal forma que "o modo de atuação da performance implica não apenas a 'imitação' de uma pretensa autenticidade autoral, mas também seu deslocamento e ressignificação".[21] A performance implica em releituras, e quanto mais um texto for lido, mais rico ficará, pois integrará novos aspectos de conteúdo: "O histórico deixa de ser o passado, tornando-se o mundo que cerca os leitores e dá a eles a capacidade de acessar 'mundos e fundos' inacessíveis, por exemplo, à audiência original".[22]

A noção de performance pode ser muito útil para o estudo do pentecostalismo, pois além das expressões corporais e cênicas, utiliza-se não apenas de citações de outros discursos, mas da personificação dessas citações, em uma relação direta com pouca ou nenhuma mediação institucional. Para esclarecer melhor essa questão faz-se necessário pontuar o específico do fervor religioso dos pentecostais. A partir daí, identificamos as formas performáticas dos pentecostais.

O fervor religioso pentecostal como condicionante da performance

Antes de tratar o tema do fervor pentecostal, esclareceremos o tema do fervor religioso em seu sentido lato. Max Weber observou que o fervor religioso condiciona parâmetros e utensílios eclesiásticos de todo tipo, sejam os objetos artísticos utilizados nos serviços religiosos, seja até mesmo a arquitetura dos templos, fazendo com que a religião se torne uma fonte inesgotável de possibilidades artísticas e de estilização.[23] Jon Witt analisa a questão da experiência religiosa a partir de Max Weber (*eclesiae* e seita) e enfatiza que nos grupos tipo seita ("igreja de fiéis"), a pertença se baseia "na aceitação consciente de um dogma religioso". E acrescenta: "Ao contrário das *eclesiae* e das denominações, [as seitas] exigem compromissos intensivos e demonstrações de crença por parte de seus membros. Em parte, por não pertencerem ao campo predominante, as seitas frequentemente apresentam um maior grau de fervor religioso e lealdade do que os dos grupos religiosos mais estabelecidos".[24] Daí advêm duas características muito comuns atribuídas a esses grupos: o ser missionário[25] e conversionista.[26]

---

[20]Azevedo, 2007, p. 138.
[21]Azevedo, 2007, p. 139.
[22]Terra, 2015, p. 174.
[23]Weber, 2013, p. 505-52; Waizbort, 1995, p. 23-52.
[24]Witt, 2016, p. 197-198.
[25]Missionário ("enviado") no sentido de que os membros desses grupos se sentem, muitas vezes, como que enviados a todas as pessoas para compartilhar com elas a sua explicação de mundo. É a dimensão do anúncio público da fé.
[26]A conversão é uma ruptura com o estilo de vida anterior combinado com a adoção de novas formas de comportamento.

A LEITURA BÍBLICA PENTECOSTAL E A EXPERIÊNCIA DO ESPÍRITO | **69**

Com o tempo, as seitas tendem a desaparecer ou a se institucionalizar, podendo migrar para a condição de *denominação*. A denominação seria a religião grande e organizada e que não é oficialmente vinculada ao Estado ou governo. Ao que tudo indica, há uma proliferação de novos grupos com intenso fervor religioso. No primeiro censo brasileiro, realizado em 1872, os evangélicos representavam apenas 0,1% da população. Em 1910 e 1911, surgem as primeiras igrejas pentecostais. No censo de 2010 os pentecostais representavam 60% dos evangélicos. Várias das novas igrejas são de recorte pentecostal, fragmentadas em sua maioria, mas constituindo-se em denominações numerosas (maiores que igrejas históricas, como a presbiteriana e luterana). Em *O enigma da religião*, Rubem Alves escreve:

> Uma chuva de novos deuses começou a cair e um novo aroma sagrado encheu espaços e nosso tempo. Não se pode contestar que as formas cristalizadas e institucionalizadas da religião estão em declínio — crises estruturais da totalidade dos grupos religiosos organizados. Por outro lado, entretanto, não se pode negar o surto de um novo fervor religioso assumindo agora formas novas, inesperadas e bem pouco institucionalizadas. Durkheim, se estivesse vivo, sorriria ao ver a sua curiosa previsão se cumprir: "os velhos deuses estão ficando velhos ou já morreram e outros ainda não nasceram [...] Um dia virá quando as nossas sociedades conhecerão de novo horas de efervescência criadora, no transcorrer das quais ideias emergem e novas fórmulas são encontradas, que servem, por um pouco, como guias da humanidade".[27]

Não somente temos o fenômeno religioso muito presente e atuante em vários aspectos da sociedade brasileira e latino-americana, como é possível observar um novo fervor religioso e sob novas formas. Sobre essas contradições da secularização do mundo, Peter Berger afirma: "Algumas instituições religiosas perderam poder e influência em muitas sociedades, mas crenças e práticas religiosas antigas ou novas permaneceram na vida das pessoas, às vezes assumindo novas formas institucionais e às vezes levando a grandes explosões de fervor religioso". E continua: "Inversamente, instituições religiosamente identificadas podem desempenhar um papel social ou político mesmo quando poucas pessoas confessam ou praticam a religião que essas instituições representam".[28] Essas afirmações denunciam como é complicada e complexa a relação entre religião e sociedade, e

---

[27]Alves, 2007, p. 167.
[28]Berger, 2001, p. 10.

como as crenças e as práticas religiosas, sob novos formatos institucionais, podem produzir explosões de fervor religioso.

Larry Furtado afirma que o fervor religioso caracterizou a forma de culto dos diferentes grupos das igrejas do século 1. Chega a dizer que até mesmo esse fervor teria sido a característica atraente e importante dos cultos cristãos. As narrativas desse período incluem com frequência, justamente por causa desse fervor, experiências de êxtase, de profecia e de curas. A adoração cristã, no começo, foi impregnada de fervor especialmente em virtude da ideia dos dons divinos (chamados de "dons do Espírito Santo") que conferiam às práticas cristãs daquele tempo um caráter carismático (carismas do Espírito), juntamente com outros conceitos e afirmações religiosas. "Fica evidente" afirma Furtado, "que a exuberância, a alegria, a sensação de encontro com o divino e até mesmo um forte êxtase religioso eram, não raro, buscados pelos devotos e cultivados de várias maneiras nos cultos".[29] Na falta de cerimônias sofisticadas e de templos imponentes como eram os das outras religiões contemporâneas, aquelas experiências fervorosas cobraram ainda mais força.

Os pentecostais, por sua vez, surgem no final do século 19 e início do século 20 das fileiras protestantes, especialmente dos metodistas e batistas estadunidenses, mas também conectados com outras regiões do globo. Havia entre eles alguns movimentos que ficaram conhecidos como Grandes Despertamentos (revivals). Antonio Gouvêa Mendonça faz uma breve avaliação dos mesmos e conclui que foram movimentos de avivamento do fervor religioso, surgidos em diversos lugares e por meio de grupos religiosos diferentes. No século 18, o primeiro desses movimentos contou com conversões em massa envolvendo diferentes igrejas, como o caso de Jonathan Ewards, por exemplo, calvinista e congregacional, mas também com George Whitefield, além de alguns presbiterianos e parte dos puritanos. Nos séculos seguintes, a mensagem metodista arminiana teve alcance maior, pois se dirigia a todos, enquanto a calvinista buscava os eleitos, sem contar a questão da intelectualização e da formalidade dos presbiterianos.[30]

Nesse reavivamento do fervor religioso abriam-se espaços para posturas restauracionistas, que reviveram a igreja do começo, a dos tempos do Novo Testamento. Nesse afã, alguns grupos, de um lado, leram a Bíblia e buscaram respaldo para suas experiências, e de outro lado, ao ler essas experiências extáticas do século 1, queriam revivê-las no presente. Como a narrativa do evento de Pentecoste no livro de Atos dos Apóstolos era a mais vívida e imprimia um ar de profecia e de extensão

---

[29]Furtado, 2011.
[30]Mendonça, 2008, p. 84.

ao futuro, ela despertou nesses novos crentes no século 20 um desejo de reviver o Pentecoste do século 1. Bernardo Campos, teólogo pentecostal peruano, enfatiza que o Pentecoste, com tudo o que significou para a fé cristã e para a igreja chamada primitiva, é encarado pelos pentecostais como *normativo* para a igreja cristã em geral, que busca experimentar o que está narrado nas páginas do Novo Testamento.[31] Donaldo Dayton corrobora essa afirmação e acrescenta que os pentecostais do início do século 20 se identificavam como os que pregavam o evangelho *pleno*, isto é, os quatro pontos centrais: "Jesus salva, cura, batiza com o Espírito Santo e breve voltará".[32] Essa seria a chave teológica para entender a mensagem do grupo. Anunciavam um Cristo que intervém milagrosamente na vida das pessoas dando-lhes a certeza e a alegria da salvação, mesmo em meio a tantos problemas e limitações. Aqui se insere o segundo quadrante, com curas e milagres, o que seriam os sinais de que o reino de Deus estaria entre eles. O terceiro quadrante indica o específico do pentecostal, a doutrina do batismo com o Espírito Santo, uma experiência mística, intensa, que deveria vir acompanhada de glossolalia. Essa característica daria aos cultos pentecostais um vigor novo. Por último, vinha a pregação sobre a esperança e vida futura, entregue por meio de tão farto material apocalíptico na Bíblia.

Ainda hoje os pentecostais guardam essas experiências fervorosas, sendo mais visíveis em algumas congregações do que em outras. A questão que se levanta é: como esse fervor renovado e moldado pelo Espírito Santo (na ótica pentecostal) condiciona a leitura bíblica pentecostal? Buscaremos apresentar alguns elementos.

Em uma reportagem da *Folha de S. Paulo*, Leandro Beguoci apresenta os resultados de pesquisas comparativas, realizadas por institutos dos EUA, da realidade de dez países. Entre os dados apresentados, Beguoci enfatiza: "Apenas em um item abre-se um abismo entre os pentecostais e as outras pessoas: o fervor religioso. Entre os entrevistados pela Pew Forum,[33] 86% dos pentecostais dizem que vão à igreja ao menos uma vez por semana. Na população como um todo, o dado cai para 38%". E continua: "Quando o assunto é leitura da Bíblia, 51% dos pentecostais dizem ler o livro sagrado todos os dias, contra apenas 16% das demais pessoas".[34]

Assim, o fervor religioso dos pentecostais influencia não só a frequência e a disciplina de leitura bíblica, mas também a forma de ler a Bíblia, a hermenêutica. Desenvolveremos essa ideia na próxima parte.

---

[31]Campos, 2002, p. 88.

[32]Dayton, 1991.

[33]Pew Forum, também conhecido como Pew Research Center, é uma fundação sediada nos Estados Unidos que faz pesquisas em todo mundo sobre temas variados, e que fornece vários elementos para debates sobre religião.

[34]Beguoci, 2007.

A LEITURA BÍBLICA DOS PENTECOSTAIS

Os pentecostais estariam vinculados aos protestantes não só porque formaram igrejas a partir deles, mas porque, de forma análoga ao protestantismo no século 16, buscavam "um retorno às origens do cristianismo".[35] Quase 400 anos depois do movimento protestante, os pentecostais fazem seu próprio retorno às Escrituras, dessa vez, lendo-a na perspectiva do Espírito, da mística e do milagre.[36] Os dois movimentos buscavam *reformar* a igreja por meio de um retorno às origens, especialmente do lugar das Escrituras como regra de fé.

No protestantismo, esse retorno às Escrituras significou o protagonismo da teologia paulina, especialmente pelo livro de Romanos, desencadeando a preocupação com a reta doutrina (ortodoxia). Com isso, fez duras críticas à estrutura da igreja e desencadeou uma reforma mais ampla. Já o pentecostalismo, em movimento similar ao misticismo medieval,[37] buscou uma reforma da igreja por meio da intensidade da fé e da experiência religiosa. Os textos que ganharam proeminência eram os de autoria lucana, o Evangelho de Lucas e Atos dos Apóstolos, que foram instrumentalizados para retornar a uma espiritualidade mais intensa, nos moldes do antigo Pentecoste, ampliando as experiências extáticas.

O acesso à Bíblia como "Palavra de Deus" — termo com o qual os cristãos em geral denominam as Escrituras judaico-cristãs tidas como sagradas — ocorre de modo diferente entre os pentecostais, em relação aos protestantes. A via preferida pelos pentecostais não é a escolarização ou intelectualização da fé, mas as experiências místicas com o texto (diretamente ligadas ao *sujeito*), que é entendido como a Palavra de Deus direta ao indivíduo e à comunidade.

O pentecostalismo, pensado como entidade, utilizou a seu favor a descoberta do sujeito na modernidade, bem como a consequente subjetividade e valorização da experiência que entrou em voga na contemporaneidade. As Escrituras são tidas em alta estima nas comunidades de fé pentecostal, e são consideradas base de fé e prática, como ocorre na maioria dos grupos cristãos, com a insígnia da elevada quantidade de leitura pessoal, conforme apontado no tópico anterior, motivado pelo fervor religioso pentecostal. O viés da experiência confere uma distinção a essa relação com o texto sagrado, pois promove interiorização e

---

[35]Passos, 2005, p. 31.

[36]A isso os pesquisadores pentecostais têm chamado de "hermenêutica do Espírito" (Keener, 2016; Campos, 2016b; Archer, 2009; Martin, 2013; Noel, 2010).

[37]Walter Altmann considera que o misticismo "renunciou à pretensão de reforma eclesiástica, ou pelo menos a colocou em segundo plano. O necessário revigoramento foi buscado não na ação sobre estruturas externas, mas antes no interior das próprias pessoas, através de uma renovação da fé, da experiência religiosa e da piedade" (Altmann, 1994, p. 31).

apropriação da Palavra (oralizada e performatizada) e, ao mesmo tempo, projeta a Palavra para o exterior, ressignificando o mundo ao redor. Não é uma privatização da Escritura como foro íntimo, para fazê-la acomodar-se aos padrões possíveis do indivíduo (por mais que isso possa ocorrer), mas uma atitude de assumir essa Palavra existencialmente na "força do Espírito", como dizemos os pentecostais, a tal ponto que governe a vida do fiel, reorientando-a aos ditames extraídos do texto sagrado, tornando essa Escritura um tipo de *texto encarnado* ou dramatizado (performance).

Esse apego ao "texto sagrado vivo" está carregado de misticismo em sua subjetividade, mantendo, de forma específica no meio pentecostal, o espírito da Reforma (*sola Scriptura*). Em situações desse tipo, o sagrado e o secular se interpõem. A fé ultrapassa o templo (em latim, *fanum*), o sagrado invade o mundo e a existência, ou como diria Tillich a partir do existencialismo, seria como se o ser de Deus se apresentasse nos seres humanos.[38]

Sob influência dos avivamentos norte-americanos e europeu, o pentecostalismo brasileiro criou escolas bíblicas, e depois os institutos bíblicos.[39] A questão central era como aplicar a leitura do texto sagrado na pregação e na vida. A leitura da Bíblia veio a se caracterizar pelo contexto do indivíduo ou do grupo. Não é uma leitura tipicamente sistemática ou analítica, nem trata de diferentes abordagens filosóficas, por mais que tais leituras também existam. Antes, essa leitura parte de um "cânon dentro do cânon" ou sedimenta esse cânon seletivo. A preferência dos pentecostais, como já apontado, foi pela *teologia narrativa* de Lucas, mas incluía perícopes variadas, tanto do Antigo como do Novo Testamento, com alusões ao fenômeno do Espírito. O texto de Atos dos Apóstolos se transformou em uma espécie de *carta magna* para as igrejas pentecostais, e um modelo normativo a ser emulado. Em Atos, a ênfase está no Cristo ressurreto que ascendeu aos céus, mas que enviou o Espírito Santo (gr., *paracleto*, "o Consolador"), que faria a união mística entre o ser humano e Deus. Na teologia lucana, antes de ser o ressurreto, o Cristo foi Jesus de Nazaré, o "Filho do Homem", expressão muito comum em seus textos. Esse enviado de Deus tinha como missão anunciar o reino de Deus, que era a concretização da justiça e da paz no imaginário dos cristãos do começo. Roger Stronstad propôs que Lucas fez mais que narrar histórias em seus textos, dado a tendência racionalista de diminuir seus escritos diante dos paulinos. Stronstad

---

[38]Tillich, 2009, p. 161-75.

[39]Gedeon Alencar destaca a opção do pentecostalismo brasileiro pelos institutos bíblicos em detrimento dos modelos de seminários teológicos ou de faculdades (Alencar, 2013).

mostra que há uma teologia narrativa de Lucas, e que esta teria uma contribuição para construir o pensamento teológico atual.[40]

A leitura bíblica adquiriu um efeito poderoso nas comunidades pentecostais. Ler a Bíblia completa e sequencialmente de Gênesis a Apocalipse tornou-se um alvo almejado e sinônimo de espiritualidade sadia. Contudo, se o fiel não pudesse ler, por alguma razão, ao menos o *cânon dentro do cânon*, teria que dominar e até decorar trechos para recitar. Esta é outra forma de o texto ganhar vida na perspectiva do fiel, criando uma relação pessoal direta. Talvez por isso sejam tão valorizadas as citações memorizadas de textos bíblicos durante as celebrações, especialmente na pregação, em que se faz intenso uso de citações diretas.

Apesar de ser um alvo, observa-se que a leitura sequencial e completa da Bíblia tornou-se menos frequente, apesar de estar acima da média nacional, conforme os dados apresentados anteriormente. Contudo, é ainda um hábito muito comum. Isso porque a leitura precisa tocar-lhes o "coração", semelhante ao pietismo alemão do século 17 e aos ensinos de John Wesley, pai do metodismo inglês e americano, que muito influenciou o movimento pentecostal mundial. Defendem que é possível — e de fato necessário em sua espiritualidade pentecostal — *sentir* o texto e *ouvi-lo falar*.[41] Assim, não se trata apenas de um livro (uma *coisa*), mas performaticamente é percebido como Deus falando-lhes por meio do texto (um *Tu eterno* e não uma *coisa*, no sentido relacional de Martin Buber).[42] Por isso, há muitos casos de motivação interna para alfabetização dos pentecostais via leitura bíblica. Nos programas sociais de inclusão pela leitura, a educação de adultos contou com forte presença pentecostal, motivados pela vontade de fazer sua própria leitura da Bíblia.[43] Por Palavra de Deus, eles entendem mais que as letras do texto sagrado. Trata-se de "letras vivas", que dão sentido à vida. É uma leitura com forte apelo devocional, que mexe com a orientação da vida presente e futura do sujeito. Antonio Paulo Benatte conclui:

---

[40]Stronstad, 1984.

[41]A Reforma Protestante, e mesmo em Lutero, enfatizava esse caráter vivente da Bíblia. As passagens bíblicas eram entendidas como eventos vivos, realizados aqui e agora pelo Espírito. Conforme aponta Timothy George (1994, p. 86), "a experiência é necessária para entender a Palavra".

[42]Buber, 2001.

[43]Leda Paulani (2016, p. 135) afirma: "O conjunto de todos esses dados faz supor que boa parte da elevação do índice de leitura de livros não acadêmicos de 1,8 para 2,9 entre 2000 e 2015 deve-se à crescente importância das religiões pentecostais e/ou evangélicas no país nas últimas décadas". E esclarece: "É interessante notar que, considerando-se a composição da amostra dessa pesquisa do ponto de vista da religião, 25% dos entrevistados declararam-se adeptos de religiões pentecostais ou evangélicas, justamente aquelas para as quais a leitura frequente da Bíblia coloca-se como obrigação. Não por acaso, o número de livros religiosos, incluindo a Bíblia, lidos nos últimos três meses gira em torno de 1,0 para os adeptos dessas religiões, sendo de 0,5 para os católicos, que constituem quase 60% da amostra".

De fato, como temos observado, os pentecostais constituem comunidades bibliocêntricas e bibliocráticas em que o Livro sagrado é regra de fé e conduta e fonte última de autoridade e legitimação; mesmo as interpretações divergentes só adquirem sentido quando referidas aos estilos, estratégias e esquemas interpretativos partilhados comunitariamente pelos leitores. A partir da leitura dos próprios textos — que contêm em si um "leitor implícito" e modelos de leitura ideal —, os protocolos e convenções de leitura são comumente aceitos e reproduzidos em determinado tempo e espaço social, no âmbito de grupos e comunidades. A observação de esquemas, lógicas ou padrões não implica dizer que os leitores não participam criativamente da fabricação dos significados, mas que a produção de sentido nunca é um trabalho individual, e que, com efeito, o leitor nunca lê sozinho.[44]

O *cânon selecionado* adquire certa normatividade para a vida do sujeito e para o ser igreja em comunidade. Os pregadores usam o mesmo expediente, havendo os que fazem uso de métodos exegéticos consagrados na literatura, mas também há espaço ou mescla-se com uma *hermenêutica pentecostal*, em que a leitura está orientada para a ação por meio do milagre (da ação direta do divino no indivíduo ou nas circunstâncias), que em sua prática, se concebe como auxiliada pelo Espírito Santo, quem avivaria a Palavra. Nesse sentido, pode-se perceber outra característica da forma pentecostal de ler: uma leitura condicionada pelo *ethos* do grupo. Por isso, pode prescindir de se ater à tradição e ao enquadramento da leitura pelo estudo formal da recepção do texto. Aqui, o texto interpela o sujeito e este, a partir do seu contexto, interage com a Bíblia, buscando uma direção. Trata-se de um encontro "pessoal", de mútua interpelação, em que a Bíblia faz a função de "sujeito", personificada como Palavra de Deus. Assim, o texto personificado fala diretamente ao leitor, promovendo momentos formadores em continuidade com o texto, mas também, como informa a estética da recepção, promovendo rupturas, pois a obra tem o poder de contrariar as expetativas do leitor e alterar seu comportamento. Por causa dessa radicalidade do texto bíblico, da polissemia que ele oferece na dinâmica do Espírito, e pela vivência em comunidade e em situações específicas, em algumas ocasiões, a leitura bíblica pentecostal poderá simplesmente ultrapassar as tradições da Reforma e chegar a conclusões diferentes.[45]

---

[44]Benatte, 2012, p. 26.

[45]É o caso da doutrina pentecostal do batismo com o Espírito Santo, que não é endossada pela Reforma Protestante. De forma mais ampla, também não há consenso sobre os sacramentos ou as ordenanças, nem sobre o alcance da ação do Espírito, entre outros temas doutrinários.

Outra característica marcante é ser uma leitura marcadamente subjetiva. Sabe-se que o leitor é um sujeito concreto inserido em um contexto também concreto, e tendo experiências igualmente concretas. Como observado, o leitor não é passivo. Ele constrói raciocínios e assume posições, selecionando[46] do que se apropriar na leitura, enquanto é interpelado pelo texto.

Diferentes formas de ler a Bíblia no protestantismo

As diferentes tradições da Reforma também fizeram suas leituras "particulares". As tradições calvinistas, por exemplo, leem as Escrituras a partir da ideia da predestinação, criando seu próprio "cânon calvinista" dentro do cânon. Os luteranos e os demais leitores, enquanto tais, também fazem suas escolhas. Assim, não há uma leitura isenta e objetiva, como se um determinado grupo, usando instrumental adequado, conseguisse chegar ao "único" sentido possível ou correto, ou mesmo à "intenção do autor". Se considerarmos que há, como afirmou Paul Tillich, uma "tendência antimística"[47] na igreja hodierna, que sempre teve reservas quanto às experiências ditas do Espírito (seja por causa da crítica implícita que esses movimentos representavam para a hierarquia eclesiástica, seja pelo caráter sectário de algumas dessas manifestações, seja até mesmo pela falta de controle da instituição sobre esse tipo de comportamento), o modo da leitura pentecostal não é visto como adequado pelas demais famílias cristãs, dados os riscos que ele oferece para o *corpus* doutrinário.

Na Suécia, os pentecostais apareceram entre os batistas, sendo uma minoria frente os luteranos. por causa das suas posições doutrinárias e comportamentais, os pentecostais batistas suecos foram hostilizados pelos demais batistas, tornando-se minoria da minoria. Nos EUA, o caso de William Seymor é emblemático. Filho de escravos negros, experimentou a violência segregacionista dentro e fora do movimento nascente. Quando frequentou o instituto bíblico, teve que assistir às aulas no corredor, porque era impedido de compartilhar a mesma sala de aula com os brancos.[48] De fato, o pentecostalismo pela dinâmica própria de movimento era muito mais flexível e inclusivo do que as instituições eclesiásticas estabelecidas, mas isso, por si só, não resolveria internamente os problemas sociais. O surgimento das Assembleias de Deus nos Estados Unidos se deveu, em parte, a questões raciais, constituindo-se uma denominação de

---

[46]Cf. Leonel, 2010, p. 325.
[47]Tillich, 2000, p. 248.
[48]Campos, 2005, p. 108.

maioria branca durante muitas décadas.[49] Em 1918, parte do movimento pentecostal brasileiro decidiu assumir o nome Assembleias de Deus. Mas as assembleias brasileiras não imitaram o segregacionismo americano, uma vez que, de fato, o pentecostalismo aqui é conhecido como "a religião mais negra do Brasil",[50] o que indica que a recepção da Bíblia por essas minorias foi capaz de fundir os "horizontes de perspectivas" do autor-leitor em chave de esperança e de enfrentamento da realidade social.

Zwinglio Mota Dias afirmou que os pentecostalismos, com sua ênfase na experiência e na emoção, teriam algo muito positivo para os demais protestantes e para os católicos, que seria "o desafio de uma revisão histórica de suas teologias e práticas pastorais que seja capaz de transformá-las novamente em comunidades acolhedoras e integradoras".[51] A leitura bíblica pentecostal performática poderia ajudar nesse aspecto? Antonio Benatte pondera, indicando que a leitura pentecostal estaria para além de mera leitura literal: "A noção de 'leitura literal' é teórica e empiricamente inadequada para compreender a complexidade da relação dos crentes com a Bíblia Sagrada".[52] No próximo e último tópico, busca-se caracterizar mais o tipo de leitura pentecostal.

A leitura bíblica pentecostal performática

Marius Nel aponta que o emblema da leitura bíblica pentecostal é supor uma relação direta com o Espírito Santo, dando vida e esclarecendo a Escritura, seja por meio da pregação no templo, seja da leitura individual, seja ainda da coletiva. Por um momento, pode-se considerar que outras tradições também o façam, como foi apontado em notas anteriores, envolvendo, por exemplo, Lutero e sua perspectiva da "Palavra viva". No entanto, para além da certeza da atuação divina no interior do crente ("habitação divina"), o que ainda estaria dentro de um padrão racionalista — uma vez que, na Escritura, há textos que corroboram essa ação divina, a lógica pode ser "eu creio porque está escrito" — o pentecostal atribui a ação divina a um agir especial *do* Espírito Santo. Esse lugar teológico de produção de sentido para o pentecostal é o próprio êxtase. A leitura pentecostal se dá na relação com o Espírito Santo e por meio de experiências extáticas, isto é, por meio de performances informadas pelo Espírito.

Nel afirma também:

---

[49]Cf. Alencar, 2013.
[50]Oliveira, 2015.
[51]Dias, 2011, p. 381.
[52]Benatte, 2012, p. 9.

Argumentou-se que uma hermenêutica pentecostal enfatiza três elementos: a inter-relação entre o Espírito Santo como Aquele que anima as Escrituras e capacita a comunidade crente. Para eles, a experiência de um encontro com Deus através do seu Espírito é imperativa, e a interpretação da informação contida na Bíblia é determinada pela sua práxis.[53]

Kenneth Archer identificou três períodos da hermenêutica pentecostal, que ele denominou de pré-crítico (1900 a 1940), moderno (1940 a 1980) e contemporâneo (1980 até o presente). Apesar de se referir à realidade norte-americana, essa classificação auxilia a compreender como o movimento pentecostal lidou internamente com a leitura bíblica, sem perder o lugar teológico predileto e característico da construção do seu pensamento que é o êxtase, a experiência religiosa intensa ou, como preferem os pentecostais, a "presença do Espírito" — um lugar que, em tese, está acessível aos que se dedicarem a encontrá-lo. Como essa relação com o Espírito não está atrelada à hierarquia da igreja, é possível a qualquer membro do grupo ter a experiência de iluminação do Espírito ao ler as Escrituras. Está aqui seu potencial comunitário e leigo, portanto, com capilaridade muito maior do que em outros grupos cristãos. Isso explicaria em parte como o fervor pentecostal não só condiciona a leitura bíblica, mas também impulsiona seus membros para o anúncio da sua fé (missão).

A leitura bíblica pentecostal performática parte de uma soma de linguagens (escrita, sonora, gestual, sensitiva), produzindo uma leitura vivificada ou uma leitura-ação. O leitor, moldado pela experiência pentecostal e usando de uma sensibilidade aguçada, além de ler, vê, sente, escuta, imagina.[54] No templo, a leitura performática envolveria toda a congregação, transformando os espectadores do culto em leitores performáticos, uma *performance cênica ritual* (para recordar a tipologia de Cohen). Essa linguagem híbrida da performance abre espaço para que as comunidades pentecostais acessem novos conteúdos de fé ou que ressignifiquem os recebidos da tradição.

---

[53]Nel, 2015, p. 16: "It has been argued that a Pentecostal hermeneutics emphasises three elements: the interrelationship between the Holy Spirit as the One animating Scriptures and empowering the believing community. For them, the experience of an encounter with God through his Spirit is imperative, and interpretation of the information contained in the Bible is determined by their praxis".

[54]Entre os pentecostais é muito valorizada, por exemplo, a prática de decorar e recitar versículos bíblicos, acentuando a localização do texto (livro, capítulo e versículo) como uma forma de aferir o nível de leitura do praticante. As pregações, os debates, os aconselhamentos, para todas as ações, evocam passagens do texto bíblico, que são usadas amplamente, aplicadas a contextos específicos e ressignificadas.

Essa leitura intensa pode ser uma compensação pelo iconoclastismo dos templos e residências dos pentecostais. Sem imagens de escultura (nem pinturas de santos ou de personagens bíblicos, que auxiliariam como mediadores), nem templos decorados com obras de arte como em igrejas católicas ou algumas protestantes, aos pentecostais restou a dedicação à experiência religiosa e o apego ao livro sagrado. A espiritualidade pentecostal demonstra também sua estima ao texto bíblico por meio da prática de sempre trazer um exemplar da Bíblia em mãos, um comportamento observado também em outros grupos evangélicos. Com o advento dos smartphones e dos *tablets*, o texto está à mão em várias versões e com múltiplas possibilidades de usos e aplicação. É comum um pentecostal ter vários exemplares da Bíblia, e com o crescimento do mercado editorial de cunho religioso, proliferaram edições de Bíblias comentadas com notas de rodapé e com estudos complementares segmentados por nichos de público — que são consumidas com voracidade.[55]

CONCLUSÃO

A leitura bíblica pentecostal é um tipo de leitura performática que demostra uma postura de seguimento comprometido do grupo a partir do seu fervor religioso. A chave de acesso à Escritura se dá via experiência do Espírito Santo, uma subjetividade moldada em lugares extáticos ou situações de êxtase. Por isso, diz-se que os pentecostais se relacionam com a Escritura performaticamente, além de tratar o texto como Palavra viva, como um *Tu-eterno*, estabelecendo uma relação de encontro do tipo *Eu-Tu* e não *Eu-coisa*. A Bíblia, como Palavra personificada, é vivificada, falando ao fiel hoje, até mesmo para questões do dia a dia, adquirindo novos sentidos para o presente. Sendo uma religiosidade com fortes características de oralidade, a Palavra falada adquire contornos existenciais por meio desse tipo de leitura. Como propôs W. Iser, as interações autor-texto-leitor podem produzir algo que até então inexistia.

---

[55]Uma rápida olhada nas prateleiras das livrarias evangélicas ou em sites de editoras constatará essa múltipla oferta de produtos. Como exemplo podemos citar alguns títulos das Bíblias de estudo disponíveis no mercado: Bíblia Scofield; Bíblia Thompson; Bíblia Anotada de Charles Ryrie; Bíblia Explicada McNair; Bíblia de Estudo Pentecostal; Bíblia Pentecostal para Meninas; Bíblia Plenitude; Bíblia Shedd; Bíblia da Mulher; Bíblia do Obreiro; Bíblia Palavras-chaves; Bíblia King James; Bíblia em Ordem Cronológica; Bíblia de Aplicação Pessoal; Bíblia Apologética Cristã; Bíblia da Mamãe; Bíblia do Papai; Bíblia Bom Dia; Bíblia do Pescador; Bíblia das Descobertas (adolescentes); Bíblia de Estudo do Expositor; Bíblia do Pregador Pentecostal; Bíblia da Família; Bíblia de Estudo Almeida; Bíblia Missionária de Estudo; Bíblia de Estudo MacArthur; Bíblia de Estudo Princípio de Vida; Bíblia de Estudo de Genebra; Bíblia da Escola Bíblica; Bíblia do Líder Cristão, entre outros.

Com o aumento do número de leitores de uma obra, as releituras enriqueceram o texto e se plasmaram no *ethos* do grupo. Como bem observou Bastian, o pentecostalismo já modelou o protestantismo latino-americano.[56] Por outro lado, o gênero leitura performática não é uma exclusividade dos pentecostais. O que tem de específico é a vinculação extática ao Espírito Santo, de tal modo condicionada pelo fervor religioso pentecostal que se manifesta em ações, atitudes e até mesmo na estética desses grupos. Com a "efervescência criadora de novas fórmulas" da religião, nas palavras de Durkheim, crenças e práticas religiosas, antigas ou novas, podem provocar sempre e de novo "novas explosões de fervor religioso", citando Berger. No pentecostalismo, esse fervor produziu não só um aumento da carga de leitura bíblica (quantidade) e uma constância na frequência (disciplina), senão que também influenciou o modo de ler (hermenêutica).

A leitura bíblica pentecostal performatizada é um modo de leitura informada pelo Espírito Santo que assume potencialmente relações criadoras entre autor-texto-leitor da Bíblia por meio do êxtase e de transes, tanto individual como comunitariamente. A performance possibilita maior alcance e penetração por se tratar de uma capacidade comunicacional mais eficaz que outros meios, uma vez que pode ir além da linguagem convencional, com o não verbal, as emoções, as memórias e os sentidos. Como linguagem híbrida, utiliza outras pontes entre o conteúdo das Escrituras e a vida prática dos fiéis, promovendo uma dialética que enriquece o texto e incorpora experiências pessoais (do grupo) como conteúdo.

A partir da estética da recepção, é possível afirmar também que a Bíblia como obra literária não estaria sujeita ao leitor pentecostal, como se esse pudesse instrumentalizá-la meramente para interesses particulares. Como obra valiosa, o texto tem o poder de contrariar os horizontes de expectativas do leitor e interpelar o *ethos* do grupo. Assim, não é a leitura de um indivíduo isolado que lhe conferirá sentido autônomo, uma vez que a leitura é um fato social e depende da comunidade para construir sentidos válidos. Da mesma forma, o *ethos* originário de uma obra é elemento importante e indicador nas interações, apontando seu sentido. A valorização do leitor e das interações entre as subjetividades envolvidas é o que, de fato, permite a recepção e a coprodução do texto. Nesse sentido, em linguagem teológica, os leitores da Bíblia ao longo do tempo dão seguimento ao processo revelacional sob a força do Espírito, que continua ativo e operante. Os pentecostais representariam um grupo que faz desse axioma um *modus operandi*.

---

[56]Bastian, 2013.

CAPÍTULO 4
O ESPÍRITO SANTO NA REFORMA E NO PENTECOSTALISMO

INTRODUÇÃO

Os pentecostais formaram um numeroso grupo de religiosos mundo afora, com crenças intensas e efusivas, que gerou uma nova classificação nos estudos de religião: o pentecostalismo. O termo denominativo vem da festa judaica *Pentecoste*, ocasião em que, segundo o Novo Testamento, teria sido derramado o Espírito Santo sobre os seguidores de Jesus na nascente igreja cristã. Dessa experiência extática se seguiram várias outras nas igrejas dos começos, com relatos de curas, êxtases, milagres, entre outros.[1]

Dando um salto na história e chegando ao final do século 19 e início do 20, pequenos grupos cristãos oriundos dos avivamentos ingleses e estadunidenses (*revivals*) buscaram reproduzir a experiência do Novo Testamento no modelo do relatado nos dias de *Pentecoste*. A forma de atuação do divino e as experiências concretas das primeiras comunidades foram reproduzidas novamente. A alegação é que o Pentecoste não foi somente um evento histórico, restrito ao passado, mas, em vez disso, seria *normativo* para a igreja, isto é, deveria dar-se novamente em cada geração. Com isso, os dons atribuídos ao Espírito Santo e os efeitos desse agir estariam em plena continuidade com as páginas do Novo Testamento. por causa da ênfase ao modelo do Pentecoste, tais grupos ficaram conhecidos como *pentecostais*. De forma pejorativa,[2] também eram chamados de *pentecostistas*, mas tal uso não preponderou na academia.

Por volta da segunda metade do século 20, a pentecostalização das igrejas brasileiras ampliou seu alcance, não sem alterações em sua forma e conteúdo.[3] Essa

---
[1]Cf. Dayton, 1991.
[2]Cf. Campos, 2002.
[3]Reston, 1993.

nova etapa enfatiza os dons (carismas), e chega como uma forma de renovação das igrejas, sem romper com os demais elementos constitutivos. Assim, aparecem as chamadas *igrejas renovadas* ou da *renovação carismática*, o que inclui protestantes e católicos. Além da Renovação Carismática Católica (RCC), na década de 1960, há também igrejas batistas renovadas, presbiterianas renovadas, metodista renovada (wesleyana). Nesse período surgem também outras igrejas pentecostais como a Igreja do Evangelho Quadrangular, a Igreja Pentecostal o Brasil para Cristo e a Igreja Pentecostal Deus é Amor.

Por último, nas décadas de 1970 e 1980, algumas igrejas adotaram uma postura mais agressiva no grande mercado religioso brasileiro, sob forte cooptação econômica. Nesses grupos, o foco recaiu sobre o resultado da fé para a vida concreta, estimulando uma religiosidade de trocas baseada na utilidade da religião. Um expoente dessa nova opção de cristianismo no Brasil, e depois em várias regiões do mundo, foi a Igreja Cristã Nova Vida (liderada pelo bispo Robert McAlister), de onde saíram a Igreja Universal do Reino de Deus (do bispo Edir Macedo), a Igreja Internacional da Graça de Deus (do missionário R. R. Soares) e o Ministério Cristo Vive (do apóstolo Miguel Ângelo). Poderíamos juntar ao grupo a Igreja Mundial do Poder de Deus (do apóstolo Valdemiro Santiago) e a Igreja Renascer (do apóstolo Estevão Hernandes e da bispa Sônia), e ultimamente, a Igreja Apostólica Plenitude do Trono de Deus (do apóstolo Agenor Duque). Na literatura, esses ficaram conhecidos como "neopentecostais",[4] uma vez que parte dessas igrejas era uma variação das igrejas pentecostais, como o fundador da influente Igreja Cristã Nova Vida, que antes se chamava Igreja Pentecostal de Nova Vida. Robert McAlister, oriundo das Assembleias de Deus do Canadá, e que veio ao Brasil na década de 1960 a convite das Assembleias de Deus brasileiras e da Igreja do Evangelho Quadrangular.

A base dessas igrejas, a chamada teologia da prosperidade, não é exclusividade dos novos pentecostais, pois a lógica economicista afetou outros grupos religiosos, e equivocadamente é usada por alguns analistas como sinônimo da pentecostalização. Por isso, e para evitar embates taxinômicos que não são o propósito aqui, vamos nos concentrar nos primeiros grupos pentecostais no Brasil, representados por denominações como as Assembleias de Deus e que na literatura recebem o nome de *pentecostalismo clássico*.[5]

As Assembleias de Deus no Brasil surgiram a partir da Igreja Batista em Belém do Pará, em 1911. Os missionários suecos Daniel Berg e Gunnar Vingren manti-

---

[4]Cf. Mariano, 1999.
[5]Freston, 1994

veram contato com a Igreja Filadélfia de Estocolmo, de orientação pentecostal e batista, e que em 1913 foi expulsa da convenção batista sueca. O líder desta igreja, Lewi Pethrus (que a pastoreou de 1911 a 1958), enviou vários missionários que contribuíram muito para o fortalecimento do pentecostalismo brasileiro.[6] O grupo dos batistas, por sua vez, tem sua origem histórica nos anabatistas do século 16 e nos puritanos do século 17. São, portanto, filhos da Reforma Protestante. Os pentecostais, como "geração posterior" — pois advêm não só dos batistas, mas também dos metodistas (com origem na Igreja Anglicana) —, seriam os "irmãos menores", como aparece na sugestiva obra *La madurez del hermano menor* [A maturidade do irmão caçula], do teólogo pentecostal peruano Bernardo Campos.[7]

Temos assim a relação entre os pentecostais e a Reforma, embora estejam separados por quatro séculos. O elemento a que daremos mais atenção aqui será a pneumatologia dos pentecostais, que, com sua visão específica do Espírito Santo, confere à Reforma Protestante uma perspectiva própria, que chamaremos neste texto de *solus Spiritus Sanctus*, como referência aos pilares da Reforma Protestante. O texto está dividido em três seções. Na primeira, reflete sobre a mística e o humanismo pentecostal, que são diferentes da mística e do humanismo da época da Reforma. Na segunda, busca mapear brevemente a pneumatologia pentecostal para, na terceira seção, analisar a contribuição pentecostal para a *ecclesia reformata et semper reformanda est*.

MÍSTICA PENTECOSTAL

Consideramos dois tipos de misticismo no que diz respeito ao cristianismo, sendo um positivo e outro com efeitos negativos. O positivo chamaremos de *misticismo integrador*, e o outro, *misticismo segmentador*, referindo-nos às suas características principais.

Seria integrador o tipo de misticismo relacionado ao sentido clássico do termo "mística" enquanto contemplação, uma experiência profunda de proximidade e imersão no divino. Aqui, há uma possibilidade de imediato conhecimento interior do divino, considerando que Deus pode agir por meios que desconhecemos e, nesse sentido, abrindo-se para nos comunicarmos com ele por vias que não a cognitiva. Essa possibilidade de contato direto e imediato não deveria substituir as demais vias, mas daria intensidade ao que se vive como comunidade e como tradição, podendo, em alguns casos, introduzir novas práticas. No relacionado

---

[6]Alencar, 2013.

[7]Cf. Campos, 2012.

à teologia, não excluiria a questão apofática nem a valorização da experiência pessoal. Trata-se de uma via que reconhece Deus como mistério, e reconhece que ele, por iniciativa própria, pode se dar a conhecer. São valiosas aqui as dimensões da afetividade e do espiritual. No misticismo integrador, o divino não seria encontrado na profundidade da alma, como se houvesse identificação entre o ser divino e a essência do humano, mas seria nesse ambiente profundo que estariam as condições para ouvir e discernir o Espírito.

O misticismo do tipo segmentador, por sua vez, seria aquele que usaria da sua experiência para se afastar do grupo e romper os laços com os demais sob pretensa superioridade, seja da ordem do conhecimento de Deus, da sua vontade ou da suposta proximidade com ele. Sua via de acesso é vista como a única forma de conhecimento e acesso ao sagrado. Menospreza os ritos, os sacramentos, os textos sagrados, a tradição, as instituições, a teologia e se vê como autossuficiente. Aqui, ao invés de a mística somar ao cristianismo, ela gera enfrentamentos e divisões. Thomas Merton, por exemplo, já tinha chamado a atenção para o necessário mútuo enriquecimento entre teologia formal e uma espiritualidade *sadia*.[8]

Na nossa perspectiva, o pentecostalismo moderno surge no século 20 com uma proposta mística do tipo integradora. Membros de diferentes comunidades buscavam uma experiência com o Espírito. Contudo, a maneira de as lideranças e parte das comunidades avaliarem essas experiências foi negativa, e devemos considerar que as práticas dos primeiros pentecostais não eram desprovidas de exageros. Como fruto da modernidade de recorte racionalista e dos traumas na história da igreja com os grupos espiritualistas, a reação era, no mínimo, de desconfiança.

O nascimento das Assembleias de Deus no Brasil, em 1911, aconteceu depois que cerca de 20 pessoas, sob influência de missionários estrangeiros que traziam o chamado "avivamento do Espírito", buscaram falar em outras línguas e profetizar, emulando as experiências narradas no Novo Testamento. A reação foi enérgica, com a expulsão dessas pessoas do seio da comunidade, que se tratava de uma igreja batista. Podemos citar o exemplo de igrejas renovadas que resultaram de divisões das igrejas evangélicas tradicionais em meados do século 20. Mas não podemos ser ingênuos para achar que tais rachas aconteceram simplesmente porque o novo grupo era sedicioso: há disputa de poder em jogo, negação da veracidade da experiência do outro e desprezo por essa via de espiritualidade como fonte genuína, entre outros motivos. Não podemos eximir a responsabilidade dos dirigentes nacionais dessas denominações, nem os excessos dos grupos "renovados".

---

[8]Cf. Merton, 2007.

A questão é que, ao se evitar o misticismo do tipo segmentador, sem perceber, estavam negando também a vida e a expressão do misticismo integrador, que poderia contribuir para uma renovação (e até mesmo de uma reforma) da igreja a partir de dentro, por meio da intensidade da fé.

Tal qual há diferenças entre Lutero, a Reforma do século 16 e a ortodoxia luterana que se sedimentou, há também diferença entre o que moveu os pentecostais no início e o que, concretamente, se tornaram os pentecostalismos na América Latina, à medida em que se sedimentaram na região. No tempo de Lutero, queria-se evitar a suficiência das obras para a salvação,[9] mas essa ênfase acabou desembocando em uma supressão da experiência interior com o Espírito, relegando-a a uma experiência de segundo plano.[10] Assim, houve uma passagem do Lutero místico para o Lutero que se fecha a tais experiências. Parte disso se deve à perspectiva bíblica de ênfase paulina e à sua hermenêutica. Os pentecostais, ao contrário, não assumiram a perspectiva paulina, mas sobretudo a lucana, e deram vida às narrativas das igrejas dos começos, transformando o *Pentecoste* em princípio *normativo* para a igreja, como vimos nos capítulos anteriores.[11] Mesmo a leitura de Paulo e de seus escritos é feita pela ótica da narrativa e da experiência, concentrando-se nos textos em que há abertura para a ação direta do Espírito sobre o crente, sem mediação externa.[12] A isso estamos chamando aqui de *misticismo pentecostal*, e a nosso ver pode ser do tipo integrador. Caracteriza-se pelo fervor religioso (expresso na alta frequência ao templo, nas orações espontâneas e na disciplina para uma leitura bíblica sequenciada e de toda a Bíblia) e pela relação com Deus por meio do Espírito, com o mínimo de mediação (podendo relativizar os sacramentos e as "expressões externas").

O outro componente chamamos de *humanismo pentecostal*. Associa-se ao renascimento e ao humanismo próximos da reforma protestante. A volta às fontes foi um movimento do humanismo, que fez o retorno aos clássicos; de modo semelhante, Lutero fez o retorno ao cânon bíblico, e os pentecostais, em seu humanismo próprio, fizeram seu retorno ao Pentecoste, um cânon dentro do cânon. Recordando Lutero, nos é dito que ele não negava a ação do Espírito, mas, sim, a atitude de alguns coetâneos de atribuir à Escritura uma importância relativamente secundária.[13] Sua insistência e originalidade em fazer valer o retorno ao evangelho

---

[9]Altmann, 1994.
[10]George, 1994.
[11]Dayton, 1991.
[12]Cf. Fee, 1997.
[13]Delumeau, 1977.

como instrumento de uma *palingenesia* (eterno retorno) religiosa foi, em sua época, uma força de destruição e renovação.[14] Dessa forma, Lutero uniu-se ao Renascimento em sua busca pelas origens. O pentecostalismo moderno, na mesma linha, fez sua *palingenesia* ao Pentecoste e à igreja dos começos, e transformou o Novo Testamento e suas experiências místicas, messiânicas e apocalípticas em *normativas*. O humanismo pentecostal ("*Ad fontes* pentecostal") se caracterizou pelo retorno ao Novo Testamento, biblicismo (com notas de literalismo) e normatividade do evento e *modos operandi* do Pentecoste.

CONCLUSÃO

Com a Reforma, os pentecostais aprenderam que a pneumatologia deve ser cristológica e que a via do Espírito Santo não deve ser uma via alternativa ao Cristo, à Palavra, à fé e à graça. Com isso, os pentecostais desenvolveram um quinto sola, entendido de maneira integrada e simultânea com os quatro primeiros: o *solus Spiritus Sanctus*. Nos pentecostais, não só a pneumatologia é cristológica como a cristologia é pneumatológica. Essa circularidade é também necessária para a teologia — ou, para usarmos a metáfora tillichiana da profundidade, a dimensão do Espírito Santo deveria ser resgatada em cada uma e em todas as dimensões da vida, da teologia e da igreja.

Fica um alerta para os excessos que a mística (seja a pentecostal, seja outra) possibilita. Ao mesmo tempo é preciso diferenciá-la, pois a mística também tem sua contribuição positiva. Por outro lado, é preciso lembrar que a ortodoxia e a tradição tendem a se fechar e necessitam ser visitadas sempre e de novo pelo sopro do Espírito, que continua a nos surpreender. Redescobrir o Espírito, ou melhor, abrir-se para outras vias que não as que convencionamos, pode ser uma forma de reconhecer essa voz que nunca deixou de nos falar, mas que nós, sim, deixamos de captar por causa de nossas opções epistemológicas.

---

[14]Santidrían, 1997.

CAPÍTULO 5
ESPÍRITO, HERMENÊUTICA E REFORMA RADICAL

INTRODUÇÃO

O movimento da Reforma do século 16 envolveu uma complexidade de fatores políticos, sociais e culturais. Mas, como afirma Timothy George, a Reforma é sobretudo uma iniciativa religiosa, movida por interesses teológicos: a Reforma "foi um tempo de reavivamento e revolução"; e prossegue: "A época da Reforma produziu mais mártires do que as perseguições na igreja primitiva".[1] Walter Altmann acrescenta que, considerando o contexto social de cristandade da época, qualquer movimento reformatório necessariamente teria que passar pela transformação da igreja. Ao dirigir-se à igreja com suas críticas, Lutero ajudou a sedimentar as mais variadas críticas ao sistema medieval que resistia aos novos tempos.[2]

Esse movimento, porém, não pode ficar restrito a um segmento específico. A Reforma deve ser entendida, mesmo em seu aspecto teológico, a partir dos diferentes grupos envolvidos. George Williams classificou a Reforma Protestante em dois grupos principais, aos quais chamou de Reforma *Magisterial* (luterana, calvinista e anglicana) e Reforma *Radical* (anabatistas, espiritualistas e racionalistas).[3] Ao mesmo tempo, não se pode desconsiderar os movimentos reformatórios dentro da Igreja Católica. Assim, convocar as diferentes igrejas para refletir à luz dos 500 anos da Reforma deveria contemplar a dinâmica dos diferentes grupos daquele tempo. Este texto busca refletir sobre as contribuições da reforma radical como parte da grande Reforma[4] da igreja cristã.

---

[1] George, 1994, p. 20s.
[2] Altmann, 1994, p. 30.
[3] Williams, 1983.
[4] George, 1994, p. 11: "Os teólogos contemporâneos fariam bem em ouvir novamente a mensagem desses cristãos corajosos que desafiaram imperadores e papas, reis e câmaras municipais, porque suas ideias estavam cativas à Palavra de Deus".

A REFORMA PROTESTANTE

O ano de 2017 foi marcado em muitos lugares e espaços pela celebração dos 500 anos do movimento chamado Reforma Protestante. Lutero e os demais reformadores foram, sem dúvida, grandes personalidades que estiveram envolvidas com o início daquele movimento. No entanto, como é comum nas grandes narrativas, os reformadores, vez ou outra, são tratados como "mártires sem sacrifício" que lideraram uma "revolução". Mas sabemos, depois de publicações especializadas (por exemplo, a de Ernst Bloch), que os movimentos europeus de 1517 em diante poderiam ser chamados de "brumas"[5] — como diriam os historiadores que pensam a história em longa duração[6] — de desenvolvimentos estruturais mais "de baixo", o que impede hipervalorização de figuras emblemáticas. Como bem defende Le Goff, explicando a Nova História Cultural, "esses 'grandes acontecimentos' são em geral apenas a nuvem — muitas vezes sangrenta — levantada pelos verdadeiros acontecimentos sobrevindos antes desses, isto é, as mutações profundas da história".[7]

Antes de Lutero, por exemplo, temos os goliardos, que *carnavalizavam* — para usar um conceito de M. Bakhtin — a igreja oficial, valendo-se de indisciplinas e sátiras.[8] Como andarilhos mendicantes, criticavam asperamente as estruturas sociais e poetizavam o vinho, o jogo e o amor, acirrando os ânimos mais piedosos.[9] O alvo das mais duras críticas desses transeuntes, vistos como repugnantes, era a tríade papa-bispo-monge:

> A inspiração antipontifícia e antiromana dos goliardos mistura-se sem se confundir com duas outras correntes: a corrente gibelina, que ataca sobretudo as pretensões temporais do papado e apoia o Partido do Império contra o do Sacerdote; a corrente moralizadora, que critica no pontífice e na corte de Roma os compromissos com o século, o luxo, o gosto do dinheiro. [...] O bestiário satírico dos goliardos, no espírito do romance grotesco, desenvolve uma linha de eclesiásticos metamorfoseados em animais e faz surgir no frontão da sociedade um mundo de carrancas eclesiásticas.

---

[5]Bloch, 1973.

[6]A Nova História Cultural tem como projeto historiográfico a história total, das mentalidades, imaginários, a micro-história etc. Essa historiografia propõe a compreensão dos movimentos sociais e culturais da humanidade em uma perspectiva de longa duração, o que impede de colocar no centro dos acontecimentos grandes datas e nomes, redirecionando o olhar para a vida cotidiana, os pequenos feitos e a fluidez das identidades. Cf. Burke, 2006; 2008; Pessavento, 2006; Rioux; Sirinelli, 1998; Le Goff, 1998.

[7]Le Goff, 1998, p. 16.

[8]Bakhtin, 1999.

[9]Le Goff, 1988, p. 50.

[...] Há mais nesses ataques do que as brincadeiras, tradicionais, sobre seus maus costumes: gula, preguiça, devassidão. Há espírito secular — próximo do espírito leigo — denunciador dos monges como concorrentes que arrancam dos pobres párocos prebendas, penitentes, fiéis [...].[10]

Antes de Lutero, Guilherme de Ockham já dizia que a moralidade do ser humano não depende da sua própria ação, mas da aceitação da vontade de Deus e sua graça, que pode santificar antes que haja o arrependimento. Além disso, em seu *Brevilóquio sobre o principado tirânico*, Ockham questionava o poder papal e a tradição:

> Logo, muito menos o papa possui a plenitude do poder nas coisas espirituais, pois na pessoa dos apóstolos foi interdito ao papa e aos demais prelados exercer sobre os fiéis, em quaisquer assuntos, tanto poder quanto os reis e príncipes exercem sobre seus súditos.[11]

Como ilustração, cabe aqui o caso de Orleans, em 1022, quando 14 clérigos da alta hierarquia foram queimados por questionarem a graça do batismo, a eucaristia, a remissão dos pecados mortais e outros pontos importantes do cristianismo medievo.[12] É necessário lembrar também dos cátaros, dos valdenses, de Wycliffe, Huss e Savonarola.

Lutero foi uma ponta do iceberg, favorecido pelos contextos social, cultural, econômico e religioso propícios para o desencadeamento de ondas transformadoras iniciadas na Europa e expandidas para todo o mundo, criando não somente novos cristianismos, mas também outras formas de pensar a vida[13] e o ser humano na arte, na política, na economia, entre outros.

A partir dessas constatações, percebe-se que a escrita da história, por vezes, é injusta e silencia vozes importantes e significativas. Por isso, é necessário lembrar que a Reforma não é somente a história de Lutero, de Calvino, de Zuínglio e de outros; também movimentos posteriores devem ser levados em consideração, mesmo os tratados com desconfiança. Assim, não é adequado simplesmente afirmar o princípio *sola Scriptura* sem levar em consideração figuras como Tomás

---

[10]Le Goff, 1988, p. 54.

[11]G. Ockham, 1988, p. 54.

[12]Cf. Barros, 2012.

[13]Berman (2006) descreve o impacto da Reforma sobre a tradição legal do Ocidente, que não somente seria perceptível no passado, "mas também influencia o presente e o futuro" (Berman, 2006, p. 29-78).

Müntzer e os anabatistas, que representam propostas de aproximação à Bíblia. Esses podem nos servir de crítica ao que se estabeleceu como "só as Escrituras" na ortodoxia luterana, e abrir novos caminhos traçados em nossas "origens".

SOLA SCRIPTURA E A ORTODOXIA PROTESTANTE

A atitude de Lutero de *ouvir* a Palavra (*fides ex auditu*) — "não fiz nada. Deixei a Palavra agir" — estremeceu o papado e o império.[14] O movimento de volta às fontes (*ad fontes!*), na esteira do humanismo da elite[15] permitiu redescobrir e desenvolver doutrinas bíblicas que se chocaram com a tradição e com o magistério da Igreja Católica. Para Lutero, "a Bíblia era 'o livro do Espírito Santo', 'o veículo do Espírito', não apenas suas palavras, mas até suas frases são inspiradas; mesmo sendo escritas por homens, não são nem vem de homens, mas de Deus".[16] Ele e outros reformadores enfatizavam o caráter dinâmico da Bíblia. As passagens bíblicas eram consideradas eventos vivos, em curso aqui e agora. O Espírito vivifica! Assim, é possível "sentir" as palavras da Escritura "no coração". Está claro que a experiência é necessária para entender a Palavra.[17] Mas a forma de essa palavra ser acolhida no coração ganhou contornos bem definidos pela reforma magisterial, especialmente por meio da pregação no culto, que recebe novo status nessa ala da Reforma.

A igreja não seria a "casa da escrita", dizia Lutero, mas a "casa da fala". Por isso, o sermão passou a ser o núcleo da liturgia. No artigo 5 da *Confissão de Augsburgo* estaria representada a teologia luterana da palavra (pregação), por meio da qual se recebe a fé justificadora. Para Bayer, a confissão, "condenando uma compreensão direta e imediata — 'entusiasta' — do Espírito Santo, insiste que Deus vem no *verbum externum*, na 'palavra física'".[18] Essa redução à palavra física (meios externos) colocava a ortodoxia luterana em rota de colisão com a subjetividade moderna e com o misticismo.[19] Combinado com o esforço para evitar a suficiência das obras para a salvação, Lutero e outros suprimiram a experiência interior com o Espírito ou relegaram-na a segundo plano. Ficou o estigma de

---

[14]Cf. George, 1994, p. 56.

[15]De acordo com Timothy George, o humanismo foi um "movimento de reforma que se originou com a elite intelectual da Europa, tendo sido dominado por ela [...]. *Ad fontes!* — de volta às fontes! — era o mote dos estudiosos humanistas, cujo trabalho abriu novas perspectivas na história, na literatura e na teologia". E continua: "O Humanismo influenciou profundamente todas as ramificações da Reforma" (George, 1994, p. 18).

[16]Cf. George, 1994, p. 83.

[17]Cf. George, 1994, p. 84.

[18]Bayer, 2007, p. 180.

[19]Cf. Oliveira, 2017; Aulén, 2002, p. 299-300.

que os espiritualistas relativizavam a Bíblia e a palavra pregada, devendo ser combatidos.

O excesso de reduzir o Espírito à letra da Escritura tirou-lhe a autonomia, reservando à Terceira Pessoa da Trindade um papel funcionalista de garantir o conteúdo e a mensagem da Escritura.[20] A ortodoxia protestante (especialmente a luterana) identificou dois extremos. De um lado, o grupo que foi chamado de "entusiastas", sobre o qual pesava a acusação de enxergar o Espírito livre mesmo das Escrituras; de outro, os católicos, que mantinham o Espírito sob as leis eclesiásticas e doutrinais. As formas encontradas para lidar com esses extremos foram os credos e as fórmulas confessionais, consideradas suficientes para encerrar as controvérsias do período pós-Reforma.[21]

Ao Espírito restou agir no coração do crente por meio de "palavras vivas", a pregação da Palavra, de tal forma que Espírito Santo e fé se equivaliam. Viver no Espírito era entendido como viver pela fé, em uma clara simultaneidade entre Espírito e letra.[22] Mas essa ação divina é extremamente melindrosa, pois, como afirma Ezequiel Hanke, "tanto a letra da doutrina, do papa, de um reformador, de um ministro da igreja, ou de qualquer pessoa, quanto a experiência do pietismo, do pentecostalismo ou do carismatismo, podem matar e asfixiar a ação do Espírito no crente".[23] Essa subjetividade é característica da modernidade, que enfatizou a dimensão direta do sujeito, possibilitando-lhe descobrir "como nunca antes seu caráter único e sua liberdade. Mais e mais arrancado das amarras tradicionais e das mediações institucionais, ele está diretamente diante de Deus. Essa imediaticidade de Deus é vivenciada no próprio interior".[24]

Bernd Hilberath afirma que:

> Desde o início as comunidades cristãs, depois a grande igreja em formação e, após o cisma de fé, as igrejas confessionais sentiram, cada uma à sua maneira, como perturbadores e perigosos os movimentos entusiastas e carismáticos (p. ex., montanistas, adeptos de Joaquim de Fiore, movimentos batistas, quacres, igrejas pentecostais) que invocavam o Espírito. Em face da suposta alternativa: "tumulto ou ordem", ocorreu uma ampla domesticação e institucionalização do Espírito Santo. Assim, diferentemente do âmbito da Igreja Ortodoxa, "a doutrina ocidental do

---

[20]Brandt, 1985, p. 13.
[21]Cf. Brandt, 1985, p. 14.
[22]Bayer, 1997, p. 57.
[23]Hanke, 2015, p. 21.
[24]Benke, 2011, p. 152.

Espírito não se tornou em primeiro lugar uma doutrina sobre o Espírito, mas sobre sua administração pela igreja" [...]. As consequências desse desenvolvimento foram: reserva de experiências "autênticas" do Espírito para a igreja dos primeiros tempos, redução da atuação atual do Espírito à vida interior do indivíduo, crescente dualismo entre espírito e matéria em virtude de uma intelectualização do discurso sobre o Espírito.[25]

Esse "embaraço pneumatológico" não foi resolvido nos tempos da Reforma, senão que, pelo contrário, acentuou-se e prevaleceu a desconfiança e um consequente fechamento posterior na "reta doutrina". Uma tentativa de abrir essa ortodoxia teria ocorrido em terreno alemão no século 17, no que ficou conhecido como movimento pietista. Contudo, as contribuições dos radicais durante o século 16 ainda carecem de abordagens aprofundadas.

A REFORMA RADICAL E A LEITURA BÍBLICA

A reforma radical não foi simplesmente uma "ala" da Reforma do século 16 ou "um efeito colateral que revelou apenas a forma mais extrema da Reforma; antes, foi um movimento que gerou nova forma de fé e vida cristãs"[26]. Buscando fazer uma apresentação geral da reforma radical, Timothy George afirma:

> A Reforma Radical foi um tremendo movimento de renovação espiritual e eclesiástica que ficou à margem das importantes igrejas territoriais, a católica e a protestante, durante a grande convulsão religiosa do século XVI. Entretanto, esse movimento não foi nem marginal nem periférico em seus direcionamentos básicos e vitalidades espirituais. Englobando tanto o ecumenismo quanto o sectarismo, tanto a revolução violenta quanto o comunalismo pacifista, sublimando os impulsos ascéticos, místicos e racionalistas da baixa Idade Média, a Reforma Radical, considerada como entidade, apresentou uma crítica completa ao *corpus christianum* em suas principais mutações protestante e católica romana.[27]

Ainda de acordo com George, no caso dos anabatistas, a radicalidade era expressa na ênfase na leitura da Bíblia, especialmente do Novo Testamento, e no anseio por restaurar a pureza da igreja apostólica. No caso dos espiritualistas, a

---

[25]Hilberath, 2002, p. 404.
[26]George, 1994, p. 254.
[27]George, 1994, p. 252.

ESPÍRITO, HERMENÊUTICA E REFORMA RADICAL | **93**

radicalidade residia na experiência interior do Espírito, visto que não estavam muito preocupados com a "igreja externa", chegando, em alguns casos, a abrir mão das *externalia*, como o batismo e mesmo a Ceia. Entre os racionalistas evangélicos prevalecia a razão, não uma razão autônoma iluminista, mas uma razão moldada pelo Espírito e pelas Escrituras, que questionava muitos dogmas e a tradição da igreja antiga.[28] A relação entre o Espírito e as Escrituras é um tema comum que perpassa de forma especial esse grupo. Dessa forma, podemos afirmar que a reforma radical, enquanto integrante do movimento da Reforma, apresenta peculiaridades quanto ao princípio do *sola Scriptura*, que desenvolveremos a seguir.

Um dos princípios da Reforma é a centralidade das Escrituras, o que, para Foucault, seria o germe da crítica. Segundo ele, para compreender a história da crítica é preciso ancorá-la na crítica bíblica. Com a busca pela autêntica revelação das Escrituras não mais governada pelo magistério da igreja, criou-se a possibilidade de descortinar o que verdadeiramente estava nas sagradas letras, mesmo desqualificando a interpretação da tradição. Por isso, Foucault pode afirmar que "a crítica é historicamente bíblica".[29] No *sola Scriptura*, a crítica à tradição é o germe do fazer crítico, o que significou importante contribuição, segundo o autor, do que seriam as críticas modernas.

A centralidade da Escritura e todas as fortificadas afirmações teológicas de inspiração indicam como sua presença na piedade dos reformadores é determinante e descentraliza outros poderes eclesiásticos (pelo menos em termos ideais). Por isso, Calvino, no século 16, condenava, como "erro perniciosíssimo", a valoração da Escritura segundo os alvitres da igreja:

> Entre a maioria, entretanto, tem prevalecido o erro perniciosíssimo de que o valor que assiste à Escritura é apenas até onde os alvitres da Igreja concedem. Como se de fato a eterna e inviolável verdade de Deus se apoiasse no arbítrio dos homens! Pois, com grande escárnio do Espírito Santo, assim indagam: "Quem porventura nos pode fazer crer que essas coisas provieram de Deus? Quem, por acaso, nos pode atestar que elas chegaram até nossos dias inteiras e intactas? Quem, afinal, nos pode persuadir de que este livro deve ser recebido reverentemente, excluindo um outro de seu número, a não ser que a Igreja prescrevesse a norma infalível de todas essas coisas?".[30]

---

[28]Cf. George, 1994, p. 254.
[29]Foucault, 1997, p. 46.
[30]Calvino, 1985, p. 81

A Escritura, nesse sentido, deixa de ser artefato da instituição e torna-se instrumento de intervenção e crítica. Contudo, como a Bíblia seria utilizada ou lida? Ainda pensando nas margens da história, outros movimentos de Reforma podem contribuir para os mecanismos de acesso e interpretação das Sagradas Escrituras, os quais podem ativar de maneira mais intensa sua potencialidade crítica, valorizando a participação do leitor na vivência da Escritura. Nesse ponto, Tomás Müntzer e a reforma radical se inserem, mesmo tratados com tanto preconceito por causa da força revolucionária de sua teologia e alguns de seus princípios.[31] O que chamamos aqui de reforma radical segue a descrição de G. Williams:

> Essa reforma radical foi um amontoamento, não muito integrado, de Reformas e restituições doutrinárias e instituições subscritas por anabatistas de vários tipos, por espiritualistas e espiritualizantes de diversas tendências (desde Tomás Müntzer, passando pelo *Grübler* individualista Sebastián Franck, até o quietista e pietista Gaspar Schwenckfeld), assim como pelos racionalistas evangélicos, para quem a única base essencial era o Novo Testamento (desde Juan de Valdés, passando por Lelio Socino, até Pedro Gonesius).[32]

É notável que Müntzer e os radicais, desde as discussões com Lutero e demais reformadores, tenham sido alvos de avaliações conservadoras a ponto de serem tratados como fanáticos, possuídos pelo demônio e desdenhadores das Escrituras — Lutero chamava-os de *Schwärmer*, "como abelhas", "que causam ruídos".[33] Contudo, seria mais adequado afirmar que Müntzer era porta-voz de uma espiritualidade revolucionária e militava por uma *hermenêutica do Espírito*.

> Ademais, segundo sua própria confissão, havia aceitado a hermenêutica espiritualista dos mesmos storchitas, segundo a qual os dois Testamentos, o Antigo e Novo, deveriam ser interpretados no Espírito [...]. No manifesto de Praga, Müntzer defende que a meta da redenção é o recebimento dos sete dons do Espírito Santo em forma de visões, sonhos, afirmações extáticas e exegeses inspiradas.[34]

---

[31]Para discussão a respeito de Müntzer e a Reforma Radical, cf. Williams, 1983 e Bloch, 1973.

[32]Williams, 1983, p. 6.

[33]Cf. Williams, 1983, p. 69-79.

[34]Williams, 1983, p. 70.

Os radicais diferenciavam *Palavra* e *Escritura* de uma maneira muito peculiar, evocando a ideia de Palavra *exterior* e *interior*. A primeira seria vista de muitas formas, podendo se referir ao texto bíblico escrito na maneira em que está traduzido nas línguas autóctones; por vezes, era vista como a Palavra audível e visível nos sermões ou sacramentos; ou, também, poderia ser a Palavra encarnada, o Verbo, a saber, o Jesus histórico.

A Palavra interior, por sua vez, da mesma forma tem vários sentidos: abismo interior, confundido com a consciência ou a divina Palavra que está no interior do ser humano. Para Müntzer, uma vez que cada crente é templo do Espírito, no seu interior há a Palavra, sem a qual ninguém pode falar de maneira inspirada nem expressar algo verdadeiro acerca de Deus.[35] Essa perspectiva poderia confundir a "Palavra interior" e o "Espírito Santo". Contudo, os radicais se esmeraram por fazer a devida distinção:

> A Palavra e o Espírito Santo no interior de cada indivíduo parecem, por vezes, confundir-se. Contudo, há o esforço para distingui-los. O papel da Palavra interior é dar luz; por sua vez, o do Espírito Santo é impulsionar a vontade. Mas, na verdade, o Espírito vem a ser um modo da Palavra. Esta Palavra é a luz divina no interior de cada indivíduo (João 1:9), consubstancial com Deus.[36]

Os radicais acreditavam na centralidade da Palavra de Deus para a piedade cristã. Eles não negavam as Escrituras, como alguns os acusam, mas valorizavam a chamada Palavra interior. Por mais subjetivo que pareça ser, esse conceito é um complexo e interessante princípio hermenêutico pneumatológico, que poderia se aproximar do que alguns pesquisadores chamarão, hoje em dia, de hermenêutica pentecostal.[37] A Palavra interior proporcionava a compreensão da Escritura e seus sentidos, que eram partilhados e disputados em grupo.[38] Aqui, aponta-se para uma leitura bíblica na qual a relação entre o texto (exterior) e o indivíduo/comunidade (interior) tem seu lugar. Encontramos, então, o princípio da *sola Scriptura* em uma perspectiva mais popular, porque não restringe o acesso à Bíblia aos especializados em filologia ou análise histórica, mas valoriza a potencialidade do receptor do texto, que tem em si instrumentos pelos quais poderá interpretar as Escrituras, o que permite que até os mais iletrados tenham encontros

---

[35]Cf. Williams, 1983, p. 907.
[36]Williams, 1983, p. 908.
[37]Archer, 2005.
[38]Williams, 1983, p. 913.

salvíficos com o texto. Mesmo com todos os riscos previstos, a Bíblia entra na comunidade como instrumento de diálogo e inclusão. Como texto vivo, ela dialogará com as subjetividades de seus receptores no processo de significação, e permitirá que os leitores sejam de muitas faces e classes, sem que isso seja desqualificado por posturas elitistas. A Bíblia continua o centro, mas é permitido encontrar, no receptor e seus dilemas, instrumentos para animar a fé e resposta às questões concretas da vida.

Aqui entra a importância de tratar a Palavra como "viva", capaz de atuar de forma pessoal com o crente. O entendimento de Lutero sobre a palavra "viva" estava restrito à pregação, à Escritura falada. Para os espiritualistas, o Espírito também tinha a liberdade de agir para além da letra e da pregação, tendo no mais íntimo do ser humano (para recordar os místicos) e na vida em comunidade as condições necessárias para atuar.

Guardadas as devidas proporções, essas intuições apontam para projetos de acesso à Bíblia — legitimamente reformados — por meio dos quais a polissemia dos textos e as experiências da comunidade receptora contribuem para pensarmos *o como da centralização* da Escritura na igreja. Além disso, essa postura interpretativa antecipa perspectivas em relação ao texto que podem se aproximar das novas perspectivas hermenêuticas.

AVALIAÇÃO DA LEITURA RADICAL: PROPOSTA DE LEITURA DA BÍBLIA

A Bíblia só pode se tornar centro da igreja se a vida for parte do processo de significar e compreender o texto. E pelo que temos mostrado, *a experiência* como mediadora e iluminadora da interpretação da Escritura também tem lugar na tradição dos movimentos da Reforma. Aliás, isso representa valorização da vida do receptor, suas subjetividades e vicissitudes.

Nesses últimos anos, tem ficado claro que não importa se somos metodologicamente refinados ou não, o consumo de textos e suas leituras sempre serão criativos. Essa afirmação está inserida na disputa entre a valorização do "autor", "texto" ou "leitor" nos projetos de interpretação. Umberto Eco sintetiza bem essa discussão:

> o debate clássico articulava-se, antes de mais nada, em torno da oposição entre
> estes dois programas: (a) deve-se buscar no texto aquilo que o autor queria dizer;
> (b) deve-se buscar no texto aquilo que ele diz, independentemente das intenções
> do autor. Só com a aceitação da segunda ponta da oposição é que se poderia, em
> seguida, articular a oposição entre: (b1) é preciso buscar no texto aquilo que ele

diz relativamente à sua própria coerência contextual e à situação dos sistemas de significação em que se respalda; (b2) é preciso buscar no texto aquilo que o destinatário aí encontra relativamente a seus próprios sistemas de significação e/ou relativamente a seus próprios desejos, pulsões, arbítrios.[39]

Em *Obra aberta*, Eco abre, quase que irresponsavelmente, as portas para a multiplicidade de interpretações, especialmente por contar com a criatividade do leitor. No entanto, dizer que um texto não tem *fim*, ou seja, que tem diversas possibilidades de sentido, não quer dizer que todo ato de interpretação tenha um final feliz.[40] Por isso, fala-se em equilíbrio entre leitor e fidelidade à obra literária. "Isso quer dizer que o texto interpretado impõe restrições a seus intérpretes. Os limites da interpretação coincidem com os direitos do texto (o que não quer dizer que coincidem com os direitos de seu autor)".[41] Outra tentativa seria reconfigurar o significado dos conceitos, migrando, como fizeram as ciências da narrativa, para o leitor e autor implícitos, sem perder de vista as relações que o texto tem com as dinâmicas intertextuais e em seus efeitos.[42]

Para a perspectiva que valoriza o receptor, é fundamental o diálogo com o horizonte de expectativas dos leitores, o lugar em que se consome a obra.[43] Isso segue de perto as intuições de Lótman quando desenvolveu a função geradora de sentido do texto. Nela, o texto é um potente instrumento de geração de sentidos. Para Lótman, o texto preserva potencialidades de sentidos que poderão ser acessadas em tempos posteriores: quanto mais lido, mais rico fica o texto. Não há, nessa perspectiva de leitura, ingenuidades tais como "isenção de interesses" ou "deslocamento do contexto do leitor", como se a leitura fosse feita no "ar" ou em regiões celestiais, ou, até mesmo, como se ler significasse o esgotamento do texto no passado. Por isso, a leitura sempre será engajada, pois os dilemas das comunidades leitoras serão instrumentos para formular perguntas, denunciar ocultamentos e alimentar movimentos contextualizados.[44]

A Bíblia é texto vivo. Seus símbolos, metáforas e estruturas mais básicas estão carregados com forças de sentidos, as quais ganham potência na leitura da comunidade de fé, formada por pessoas e suas experiências. Assim, as perguntas contextuais e as questões nas quais os pés das comunidades tocam poderão

---

[39]Eco, 2004, p. 6-7.
[40]Cf. Eco, 2012, p. 28.
[41]Eco, 2004, p. XXII
[42]Cf. Prince, 1982.
[43]Jauss, 1994a. p. 23-28.
[44]Cf. Lótman, 2007.

ser o lugar privilegiado para compreender a Bíblia. Talvez essa perspectiva seja interpelada com a afirmação de que, assim, não há limites para a interpretação, e até mesmo as leituras violentas ganhariam espaço. Contra essa afirmação pode-se dizer que leitura eivada de interesses não é uma opção, mas um dado que há muito as ciências da linguagem e hermenêutica denunciaram. Nesse sentido, as subjetividades, a história, os gritos, o sangue, as questões, os dilemas, os mundos, a linguagem, os sonhos e os desejos do receptor não podem ser evitados, mas precisam ser canalizados pelos interesses da promoção da vida. Isso fará da Bíblia uma parceira de diálogo e construção de sentido. Além disso, não é justo dizer que a leitura não terá limites. Pelo contrário, a realidade e vida da comunidade não somente nortearão os sentidos, mas também os limitarão. O próprio texto, diz Eco, tem seus limites e apontamentos interpretativos. Além disso, os pressupostos do Reino e sua justiça determinarão os limites dos interesses teológicos das leituras, impedindo qualquer espaço para interpretações desumanizadoras.

Dessa forma, munidos das preocupações próprias da vida da comunidade e da capacidade de interação entre leitor(es)/leitora(s) e texto, a Bíblia será instrumento de transformação e norteará a caminhada de fé. Consequentemente, a releitura e recepção do texto bíblico, que realmente significam sua popularização, sairão das mãos dos "donos do saber" para ganhar vida na partilha, onde há a presença do Espírito acolhido na comunidade.

Nessa mesma linha, partindo do diálogo com o movimento da Reforma em seu sentido amplo (magisterial, radical e católica), defendemos que além dos quatro *solae* da Reforma Luterana, um quinto princípio igualmente exclusivo e correlato deve ser enfatizado, na esteira dos reformadores radicais — e que é também a característica do pentecostalismo, especialmente o chamado pentecostalismo clássico: o *solus Spiritus Sanctus*.[45]

Sem essa ação direta do Espírito Santo, tanto no coração do indivíduo como no seio da comunidade, a leitura e a acolhida das Escrituras estariam comprometidas. Não existiria o *sola Scriptura* sem o *solus Spiritus*. Essa chave pneumatológica é não só potencializadora de sentido, mas também é necessária para o vivo entendimento das Escrituras.[46]

---

[45]Cf. Oliveira, 2017c.

[46]Kenner Terra (2015, p. 167-79) mostra como a experiência do Espírito foi marcante na igreja das origens. Donald Dayton (1991), por sua vez, afirmou que essa ação narrada em Atos pode ter se tornado paradigmática para a igreja, possibilitando novas apropriações ao longo dos séculos.

A *hermenêutica do Espírito* da reforma radical é um patrimônio para o cristianismo. Quando grupos como os pentecostais a acionam, estão retomando, em grande medida, a tradição da Reforma do século 16. No entanto, a desconfiança para com o Espírito Santo — e para com os grupos que afirmam ter experiências diretas com ele — resiste, seja nos escritos acadêmicos, seja nos círculos das igrejas, dado o *modus operandi* dos grupos espiritualistas naquele tempo, seus excessos e seus erros. Mas não são somente seus equívocos que devem ser descritos, mas também suas contribuições. É tempo de as teologias e as igrejas serem capazes de incorporar essas contribuições da Reforma de maneira mais articulada e enriquecedora, abrindo-se para outras vias, de forma consciente e deliberada. Como afirmou Timothy George, além de ser um movimento histórico, a Reforma deve ser vista "como movimento do Espírito de Deus" e, assim, "possui um significado permanente para a igreja de Jesus Cristo".[47] Estabelecer um diálogo com a história desses grupos da Reforma e com os novos espiritualistas de nosso tempo pode ser mutuamente enriquecedor. Mas teria que ser um diálogo franco, aberto e propositivo, que fosse capaz de nos desinstalar, de nos tirar de nossas cômodas posições e pressupostos.

CONCLUSÃO

À luz da leitura bíblica da reforma radical, ler a Bíblia historicamente não significa apenas inseri-la no seu contexto histórico original, mas leva em consideração o receptor historicamente instalado. Nesse sentido, a afirmação "somente a Escritura" precisa ser sucedida pela questão "como isso se aplicará?". Em um contexto de luta crítica pela capacidade de compreensão para além da tradição e do magistério, busca-se a verdade da Escritura, à qual, se entende, é possível acessar sem a influência de sistemas ou organizações. Essa postura sempre correrá o risco de ser "elitização da interpretação" e acreditará nas inocentes afirmações do paradigma do sujeito, que nega as subjetividades, intuições, sensibilidades e mediações. Aliás, essas características, por vezes negadas, são o caminho possível para que a Palavra de Deus se encarne na vida daqueles e daquelas que não somente a leem, mas vivem-na nas lutas pessoais, performatizam-na nas celebrações e consubstanciam-na na relação consigo mesmo, com o outro e com Deus.

Em decorrência dessas discussões, precisamos levar em consideração que o contexto original, antes de qualquer coisa, é uma narrativa construída pelo intérprete, especializado ou não, o qual acredita ser capaz de reconstruir e descrever

---

[47]George, 1994, p. 306.

a realidade. Portanto, o histórico da Bíblia Sagrada é também o *lugar de leitura*, porque tem potencial para determinar sua expressão de sentido. O lugar do receptor determina as perguntas e, consequentemente, conduz suas respostas. Dessa forma, os dilemas da vida da igreja, com todos os seus interesses por justiça, libertação, promoção e sinalização do Reino, são parte prioritária no projeto de consumo da Escritura.

Assim, a *Reforma Radical* — que é parte por vezes marginalizada do movimento estabelecido desde a *Reforma Protestante Magisterial*, e que contribui na construção da identidade do protestantismo e demais movimentos nele enraizados — pode ser resgatada como fonte para intuições hermenêuticas, por meio das quais se responde à questão de como a Bíblia pode ser o centro da piedade e caminhada de fé.

CAPÍTULO 6
AFINIDADES ENTRE A REFORMA RADICAL E O PENTECOSTALISMO

INTRODUÇÃO

No ano em que se comemorou os 500 anos da Reforma Protestante, tentando buscar os vínculos históricos desta com o Pentecostalismo, analisamos um grupo específico dentro do heterogêneo movimento de reformas na história da igreja, cuja importância nem sempre é responsavelmente levada em consideração. Normalmente, as vinculações são feitas com a figura do grande reformador alemão, Martim Lutero.[1] No entanto, Lutero tinha posições bem demarcadas contra a perspectiva dos grupos espiritualistas da sua época, os quais, em certa medida, corresponderiam no tempo presente aos pentecostais — guardadas as devidas proporções e cientes do anacronismo que essa comparação pode suscitar.[2] Assim, este texto busca fortalecer outros personagens contemporâneos das reformas do século 16, recuando dois séculos, para mostrar que a Reforma — ou *reformas* — não se resume a Lutero, Calvino, Zuínglio e nem se limita ao século 16. O texto apresenta outras biografias e busca valorizar a experiência desses reformadores, indicando que a justa celebração do jubileu da Reforma deve incluir a memória dos reformadores que nem sempre aparecem nas primeiras filas, mas que ajudaram a compor o movimento de Reforma da igreja cristã, da qual nós, pentecostais, somos herdeiros.

---

[1] Cf. Oliveira, 2017b.
[2] Cf. Oliveira, 2017e.

ALGUNS DOS REFORMADORES DOS SÉCULOS 14 E 15

O século 14 testemunhou a vida e obra do inglês John Wycliffe (1328-1384), reformador, filósofo escolástico e doutor em teologia. Seu nome aportuguesado seria João Wyclif. Foi professor na Universidade de Oxford, Inglaterra, e um dos precursores do que viria a ser o movimento de volta à Bíblia. Foi ordenado padre em 1361. Ele defendeu uma urgente reforma na Igreja Católica para voltar ao modelo anterior a Constantino, isto é, ao modelo de igreja não hierárquica, como remédio para sanar os abusos do clero e escândalos da igreja-instituição em seus interesses econômicos e políticos.[3]

Wyclif foi o responsável pela primeira tradução da Bíblia ao inglês, defendendo seu ensino no vernáculo do povo. Ele questionou a infalibilidade dos concílios, das tradições e do papado, e propôs substituir os alicerces da igreja medieval pela infalibilidade das Escrituras, que apontavam para Deus. Imbuído de sua convicção e defesa do sacerdócio de todos os crentes, o pré-reformador enviou pregadores leigos para ensinar a Bíblia ao povo no campo.[4] Esses pregadores, conhecidos posteriormente como *lollardos*,[5] percorreram o interior do país e disseminaram o discurso revolucionário sobre o sacerdócio universal aliado ao conhecimento das Escrituras. Esse modelo de envio de leigos pregadores seria imitado, por exemplo, no século 18 com os irmãos Wesley e o metodismo, e mais tarde pelo pentecostalismo. Dados os excessos praticados pelos donos das terras (príncipes, nobres e a igreja), bem como o nível de exploração dos trabalhadores do campo para o pagamento de tributos, o trabalho forçado e as exigências eclesiásticas, gerou-se uma grande revolta social, especialmente no ano de 1381.[6]

Wyclif era um opositor do papado, negando sua mediação, e contrário às propriedades da igreja. Ensinava que o perdão dos pecados se dava por obra e graça de Deus sem mediação humana, o que esvaziaria o sentido das indulgências. Por causa de suas ideias reformistas, foi condenado pelo arcebispo de Cantuária em 1382. Sua morte se deu em 1384, por problemas de saúde. Contudo, mesmo depois de morto, continuou incomodando a igreja romana, e o concílio de Constança renovou a con-

---

[3]Kaluza, 2004, p. 846.

[4]Champlin; Bentes, 1991, p. 848.

[5]Não há exatidão sobre a origem do termo, mas viria do latim *lollium*, "erva daninha", e seria uma referência à heresia que crescia sorrateiramente com "os que seguiam Wyclif", na perspectiva católica da época. Era como o joio em meio ao trigo. Eles também foram chamados *poor-preachers* (pregadores pobres), e se espalharam pela Europa, sendo encontrados ainda duzentos anos depois de Wyclif (Cf. Siqueira, 1971, p. 49). Há um conto épico que retrata algumas aventuras desses pregadores. (Cf. Bardswell, 2011.)

[6]Cf. Kaluza, 2004, p. 846.

denação dos escritos wyclifianos em 1415. Contudo, em Oxford, seus escritos se copiavam e se difundiam para a Europa central, especialmente para a Boêmia (atual República Tcheca), sendo inspiração para o movimento *hussita*, associado a John Huss.[7]

John Huss (1369-1415), em português, João Hus, foi um teólogo tcheco que, sob a influência das ideias reformistas de Wyclif, ajudou a criar, cem anos antes da reforma luterana, a igreja protestante nacional na Boêmia. Hus foi ordenado sacerdote católico em 1400. Em 1402, chegou a ser reitor na universidade e, na Capela de Belém, em Praga, na capital, dava instrução religiosa ao povo em língua materna, em uma instituição criada justamente para ensinar no vernáculo. Era crítico do clero, das indulgências, das excomunhões, apesar de reconhecer a função sacerdotal e a autoridade da hierarquia — posição que o diferia de Wyclif. Também se diferenciava em relação à eclesiologia, pois entendia a igreja de forma mais ampliada, seria ela o conjunto dos predestinados vivendo no passado, no presente e no futuro. Com isso, vai além da noção de igreja particular ou geográfica, e não identificava a igreja romana com a igreja dos predestinados.

Por conta dos seus ensinos, Hus recebeu três excomunhões culminando em seu exílio, 1412, em Praga. Sob o salvo-conduto do imperador Sigismundo de Luxemburgo, compareceu por intimação no Concílio de Constança, em 1414. Contudo, o imperador não cumpriu sua palavra e Hus foi feito prisioneiro. Diante do concílio, pesaram-lhe as já conhecidas ideias reformistas e revolucionárias, bem como as acusações falsas, e ele foi ouvido simplesmente como procedimento formal. Essa soma de fatores culminou em sua condenação à fogueira em 5 de julho de 1415. Sua morte, junto com a de Jerônimo de Praga, estaria entre as razões da revolução hussita de 1419. Hus é considerado um mártir da causa nacional tcheca e da Reforma.[8]

Anos mais tarde, reagrupados, os defensores de Hus e os de Wyclif criaram um movimento contra o papado[9] que culminou em vários levantes na Boêmia. As investidas de Roma contra os hussitas, como eram chamados, contemplaram verdadeiras cruzadas contra a região. O movimento hussita era formado por três grupos diferentes, cada qual disputando a real fidelidade no seguimento dos ideais reformistas. Eram os *taboritas* (o grupo mais radical, da cidade ao sul da Boêmia, Tabor); os *calixtinos* ou *utraquistas* (assim chamados por causa das disputas sobre a ceia, o "cálice");

---

[7]Cf. Kaluza, 2004, p. 846.

[8]Cf. Kaluza, 2004, p. 845.

[9]O século 15 na Europa foi marcado também pelo escândalo da disputa entre os papas conhecido na literatura como o *grande cisma ocidental*. A existência de três candidatos ao papado — Gregório XII em Roma, Benedito XII em Avignon e Alexandre V em Pisa — revelou os bastidores das disputas ao poderoso cargo de papa (Champlin; Bentes, 1991, p. 190).

e os da *Unidade dos Irmãos* (também chamados Irmãos Morávios, Igreja Morávia ou Unitas Fratrum, atuantes na Boêmia e na Morávia, atualmente República Tcheca). Em 1417, o papa Martinho V promoveu uma cruzada contra os tchecos em Praga. Com o agravamento da crise, em 1420 foi declarada guerra aos tchecos. Dentro do possível, os diferentes grupos se uniram e promoveram uma resistência inesperada até 1434. Em 1437 estourou uma nova revolta e, enfim, de 1458 a 1471 os reformadores hussitas mantiveram o poder político na Boêmia, com significativas vitórias. Contudo, apesar de terem a liderança na região, nunca foram reconhecidos pela igreja católica. Com o passar dos anos, os reformadores hussitas foram identificados com a Reforma Protestante.[10] De fato, o próprio Lutero teria afirmado que se sentia um hussita, e as relações entre a reforma alemã e a cidade de Praga foram estreitas.

Em resumo, João Wyclif em 1376 já teria publicado 18 teses contra a igreja romana, posicionando-se radicalmente contra as indulgências e defendendo o sacerdócio universal dos crentes, além de ter promovido a tradução da Bíblia para o vernáculo do seu país, o inglês. João Hus, em 1403, teria publicitado 45 teses, entre as quais o ensino contra as indulgências e o sacerdócio universal dos crentes, e pregava no vernáculo do povo, o tcheco. Martim Lutero (1483-1546) publicou, em 1517, as 95 teses, que, em resumo, eram declarações contra as indulgências, e traduziu a Bíblia para o vernáculo do seu país, o alemão. Dessa forma, a Reforma do século 16 não deve ser vista como o elemento reformador central e inédito, como se todos os outros reformadores fossem apenas preparação para o que viria posteriormente. Se quisermos recuar um pouco mais na história, haveria ainda os valdenses no século 12 na França e em outras regiões da Europa, os quais já implementavam ações reformistas. Ou ainda, as reformas religiosas promovidas por Francisco de Assis e as ordens mendicantes, já no século 13. Não podemos apagar essas ações reformistas e abordar a Reforma apenas pensando no século 16. Por outro lado, não dizemos com isso que Lutero não fez uma importante contribuição à teologia. Devemos a ele sua intransigente defesa da *justificação pela fé somente*, um princípio protestante que foi assumido pela maioria dos reformadores posteriores.

AS REFORMAS DO SÉCULO 16

Os eventos reformadores do século 16 foram, sem dúvida, um dos maiores acontecimentos daquele século, estendendo sua influência até os dias atuais. Como vimos na seção anterior, esses processos não começaram no século 16, não podem ser resumidos a esse período nem tratados como a base de todas as reformas. Na

---

[10]Cf. Champlin; Bentes, 1991, p. 193.

literatura, por causa das especificidades das reformas desse século, elas recebem o nome de Reforma Protestante ou Protestantismo. Dadas as proporções do movimento, junto com o Humanismo na Europa, com o Renascimento, seguido pelo Iluminismo, entre outros grandes eventos e transformações, inaugurara o que na história se chama de Idade Moderna ou Modernidade. Essas reformas foram muito além do aspecto religioso, pois atacar o poder da igreja romana na época era alterar a geopolítica europeia e os fluxos econômicos. Foram mudanças culturais, sociais, políticas, econômicas, entre outras. Mas neste texto, nosso foco estará no aspecto religioso e teológico.

O historiador George Williams, em sua obra *La Reforma Radical*, propôs uma classificação da Reforma Protestante do século 16 que continua sendo uma referência nos estudos protestantes.[11] Ele identificou dois grandes grupos, aos quais chamou de reforma *magistral* e de reforma *radical*. O termo *magistral* não tem relação com *magistério*, como se estes reformadores fossem mais escolarizados ou doutos que os demais. *Magistral* aqui é no sentido de "magistrados", referência aos modelos de igreja associados ao Estado e aos conselhos municipais. Eram, portanto, igrejas nacionais ou territoriais, rivalizando diretamente com o modelo da igreja católica. Só na França foram oito guerras entre 1562 e 1699, sendo o massacre de São Bartolomeu na noite de 24 de agosto de 1572 o incidente mais conhecido, no qual cerca de 70 mil protestantes foram assassinados em uma noite por ordem de reis católicos. A Guerra dos trinta anos, entre 1618 e 1648, envolvendo vários países europeus, é outra ilustração dessa disputa territorial e enfrentamento de modelos de gestão/disputa de poder entre católicos e protestantes, nesse caso, da reforma magistral.

O outro grupo foi classificado por Williams como *reforma radical*. O termo *radical* aqui não vem de sectário, como se supõe no senso comum, mas do latim radis, "voltar às origens". De acordo com Williams, esse grupo era composto de protestantes que queriam reformas na igreja, especialmente na volta da igreja ao modelo antes da moldura contornada por Constantino, isto é, eram críticos da hierarquia romana e queriam o modelo simples da igreja do Novo Testamento. Eram, então, restauracionistas.

Os principais nomes da reforma magistral foram o alemão Martim Lutero, o suíço Ulrico Zuínglio (1484-1531), o genebrino João Calvino (1509-1564) e o inglês Tomás Cranmer (1489-1556). Em decorrência dos esforços reformistas deles e de parceiros, surgiram posteriormente as igrejas protestantes de confissão

---

[11]Williams, 1983.

luterana, reformada, calvinista e anglicana, respectivamente. Por outro lado, destacaremos como os principais nomes da reforma radical o alemão Andreas Bodenstein von Karlstadt (1486-1541), que atuou na Alemanha, com Lutero, e em Zurique com Zuínglio, o alemão Tomás Müntzer (1489-1525) que atuou também na Boêmia, Praga, o holandês Menno Simons (1496-1561) e o alemão Sebastian Franck (1499-1543). Diferentemente dos magistrais, os radicais não estavam interessados em fundar uma igreja nacional, mas em reformar (restaurar) a igreja, e formar comunidades locais. O grupo mais conhecido deu origem aos chamados anabatistas, pois praticavam o rebatismo e não reconheciam o batismo infantil. Conrad Grebel e outros suíços teriam formado comunidades cristãs que praticavam rebatismo desde 1525 em Zurique. Enfim, resistem até hoje como igreja e comunidade, principalmente os menonitas e os *amish*, além de outros movimentos que se identificaram com esse grupo.

Antes de prosseguir com mais detalhes sobre a reforma radical, que é um dos temas principais deste capítulo, é preciso assinalar que, por parte da igreja católica da época, também houve reação às ideias reformistas, basicamente de enfrentamento. Essa Reforma Católica é também conhecida como Contrarreforma. Os três principais elementos da reforma católica ficaram expressos no concílio de Trento (1545-1563),[12] na Companhia de Jesus (jesuítas)[13] e na retomada

---

[12]O concílio de Trento foi um dos mais longos concílios católicos, interrompido algumas vezes por divergências tanto políticas como religiosas. Ele reafirmou a superioridade do papa sobre os concílios, restringiu a tradução da Bíblia à Vulgata Latina, uniformizou o ritual da missa, ratificou a hierarquia católica, o culto aos santos, as relíquias, as indulgências, entre outras questões. Foi um concílio para enfrentar de maneira direta as questões levantadas pelas reformas até então.

[13]A Companhia de Jesus foi uma ordem católica criada em 1534 por Inácio de Loyola e um grupo de estudantes da Universidade de Paris. Ficaram conhecidos na história por sua dedicação missionária e sua contribuição para a educação. No entanto, essa ordem se distinguia também pelo voto de fidelidade ao papa, o que, na prática, os fez ser instrumentalizados para os interesses de expansão e conquista da Igreja Católica daqueles dias. O caráter de milícia da ordem fez dos jesuítas um importante instrumento da Contrarreforma na luta contra os protestantes. Hoje, no entanto, os jesuítas estão ligados a grandes projetos educacionais no mundo por meio de colégios, universidades, pesquisa etc. Após o concílio Vaticano II (1962-1965), os jesuítas levantaram a bandeira dos Direitos Humanos e sofreram represálias, como o caso em El Salvador, em que seis padres jesuítas foram assassinados em 1989 — entre eles Ignácio Ellacuría, reitor da Universidade Centro-Americana. Esses jesuítas auxiliavam um acordo de paz no país em que foram vitimados.

do Santo Ofício (inquisição).[14] Somando a isso as ebulições protestantes, o século 16 foi um período de intensas reformas e profundas transformações em diferentes áreas.

A REFORMA RADICAL DO SÉCULO 16

O período histórico da reforma radical poderia ser datado a partir de 1516, quando Erasmo de Roterdã publicou em grego sua versão crítica e humanista do Novo Testamento, estendendo-se até o início do século seguinte. Erasmo e o humanismo renascentista que ele representava tiveram grande influência sobre os reformadores, especialmente sobre Lutero e Zuínglio, que tiveram conhecimento sobre as ideias reformistas um do outro apenas tempos depois — Lutero leu a versão crítica de Erasmo na Alemanha, e Zuínglio em Zurique, e ambos desenvolveram teologias reformadoras, apesar de não coincidirem em todos os aspectos. Mas também houve influência renascentista e humanista sobre radicais como Sebastian Franck, entre outros. De acordo com Williams,[15] a reforma radical pode ser dividida em três grupos, ainda que haja sobreposição entre alguns dos seus personagens: *anabatistas*, que além do rebatismo, pregavam a separação entre igreja e estado e a não violência; *racionalistas evangélicos*, que, no seguimento renascentista, davam destaque à razão/racionalismo, por mais que, para eles, a razão estivesse ainda moldada por Deus/Espírito, sendo muitos deles unitários/unicistas, isto é, não assumiam o dogma da Trindade; e *espiritualistas*, que partilhavam de uma hermenêutica do Espírito, da Palavra interior, com forte apelo místico.

As principais características dos reformadores radicais, tomados em seu conjunto e, por isso, em regras gerais, seriam, segundo Timothy George:[16]

- Defendiam a separação entre igreja e estado, sendo críticos das igrejas territoriais. Para eles, a pertença à igreja demandava um compromisso cristão deliberado e não a mera pertença por nascimento ou territorialidade.

---

[14] A *Congregação da Sacra, Romana e Universal Inquisição do Santo Ofício* existiu entre 1542 e 1965 e é conhecida como *Inquisição*. Queria combater o que chamava de heresia e buscava reconduzir os infiéis, ainda que por meio da força, à Igreja Católica. Controlava a literatura por meio de um Index de livros permitidos, chegando a aplicar pena capital em caso de descumprimento. Foi o braço jurídico da Contrarreforma. No entanto, a Inquisição como tal já existia desde o século 12, especialmente no contexto das reformas valdenses e envolvendo os cátaros ou albigenses. Para mais informações sobre esses grupos, veja, p. ex., Falbel, 1969; 1970.

[15] Williams, 1983

[16] George, 1994.

Eles ilustrariam bem o binômio *igreja-seita* que o teólogo e sociólogo alemão Ernst Troeltsch[17] e seu contemporâneo também alemão, Max Weber,[18] no século 20, diferenciavam nos estudos sociológicos do cristianismo, sem atribuir uma noção pejorativa, mas estritamente técnica aos termos. Seria *igreja* a estrutura eclesial dominante, burocrática e universalizante do tipo territorial, à qual se pertenceria por nascimento ou localização geográfica, marcada por integração e participação na vida social do país. Por outro lado, as *seitas* seriam grupos voluntários, normalmente de protesto, mais exclusivistas, minoritários, que buscam fazer prosélitos, que enfatizam determinado aspecto doutrinário e que exercem maior controle social sobre indivíduos e coletivos. Nesse sentido, a igreja católica seria do tipo *igreja*, e os protestantes, do tipo *seita*. As igrejas oriundas da reforma radical seriam um tipo específico de *seita* ou uma *seita* das *seitas protestantes magistrais*. Enfim, os reformadores radicais defendiam que os temas políticos e econômicos ficassem separados dos temas religiosos e teológicos e, com isso, se autoexcluíram da arena pública. No geral, os reformadores radicais foram perseguidos tanto pelos católicos como pelos protestantes magistrais;

- Eram pacifistas, contrários ao uso da violência e assim se negavam a servir o exército e até mesmo a trabalhar em algumas repartições públicas. Contudo, alguns grupos estiveram relacionados com as revoltas camponesas, como foi o caso de Tomás Müntzer, na Alemanha;
- Dado seu fervor religioso e à crença na necessidade de conversão pessoal, eram dedicados às missões mundiais, enviando missionários para distantes terras. Sentiam-se eleitos de Deus;
- Identificavam o martírio com os sofrimentos decorrentes do seguimento de Jesus, de sorte que muitos deles sabiam que seriam perseguidos e, ainda assim, se mantinham resignados em não fugir;
- Eram ardorosos na ajuda social e filantropia, exercendo a diaconia no seguimento de Jesus;
- Insistiam no batismo de adultos por não considerarem válido o batismo infantil;
- Em muitas comunidades havia o exercício de dons espirituais, atribuídos ao Espírito Santo;

---

[17] Troeltsch, 1931.
[18] Weber, 2006.

AFINIDADES ENTRE A REFORMA RADICAL E O PENTECOSTALISMO | **109**

- Valorizavam a experiência pessoal e comunitária da fé cristã em detrimento das cerimônias e ritos católicos ou em relação ao discurso intelectualizado/escolarizado dos protestantes magistrais;
- Defendiam que a comunidade local é quem deveria escolher seus pastores, e não a hierarquia ou os magistrados.

De acordo com Neals Blough, além dessas características, as comunidades radicais também eram conhecidas por não terem apoio político e por sobreviverem na clandestinidade. Muitos foram mortos, exilados ou tiveram que emigrar. Alguns grupos tinham uma perspectiva milenarista e apocalíptica centrados na *parúsia* (expectativa da volta de Cristo).[19]

No próximo tópico, veremos brevemente a biografia de alguns reformadores radicais, especialmente dos chamados "espiritualistas". Se até agora, em termos gerais, é possível perceber várias características comuns aos pentecostais nos séculos 20 e 21, cremos que, ao analisar o que ensinavam os reformadores espiritualistas, essa proximidade se mostrará ainda mais clara.

ESPIRITUALISTAS DO SÉCULO 16

Neste momento, nos concentraremos nas figuras de Andreas Bodenstein von Karlstadt —mais conhecido pelo nome da sua cidade na Alemanha, que também pode ser grafada em português como *Carlstadt* — e de Tomás Müntzer. Sobre este último há uma importante obra em português de Ernst Bloch.[20] Além deles, havia também Sebastian Franck (1499-1543) e Gaspar Schwentfeld (1489-?), entre outros.

Karlstadt (1486-1541) levou a ideia do sacerdócio universal à radicalidade. Tinha três doutorados (teologia, direito canônico e direito civil). Era professor na Universidade de Wittenberg em 1512, anos antes da chegada de Lutero, e ao longo de sua vida escreveu mais de 90 obras teológicas.[21] Depois das desavenças com Lutero, especialmente pela questão iconoclasta,[22] Karlstadt renunciou aos seus títulos doutorais e foi viver como camponês entre o povo, tentando levar o pastorado de forma simples e sem privilégios. Apesar de Andreas ter saído de Wittenberg, Lutero enviou cartas aos príncipes e fez com que Karlstadt fosse expulso

---

[19]Blough, 2004, p. 118-20.
[20]Bloch, 1973.
[21]Yoder, 2016.
[22]Em certa ocasião, Karlstadt retirou as imagens de escultura das igrejas, bem como os crucifixos e implementou uma reforma litúrgica, entre outras questões.

110 | INTERPRETANDO A BÍBLIA A PARTIR DO ESPÍRITO

da cidade onde tinha se instalado. Foi novamente da cidade seguinte, até que se mudou para Zurique, ficando próximo a Zuínglio. Embora não fosse afinado teologicamente com o reformador suíço, permaneceu ali até que morreu em 1541, vítima da peste.[23]

Esse grande reformador, em 1521, retirou as estátuas da igreja de Wittenberg e outros ícones, celebrou a missa com roupas comuns, distribuiu os dois elementos (pão e vinho), celebrou o culto na língua do povo (alemão), introduziu cantos congregacionais em substituição aos longos cantos dos solistas, e promoveu estudos bíblicos comunitários. Lutero, nessa época, estava retirado no castelo de Wartburg. Ao ver que a reforma em Wittenberg dava tons radicais e recebia a adesão do povo, Filipe Melâncton (1497-1560), fiel apoiador de Lutero, pediu a volta de Lutero por meio de uma carta. Ao regressar a Wittenberg, o reformador alemão, com o apoio do príncipe, desfez as mudanças de Karlstadt e retomou o controle da reforma, proferindo duros discursos contra os que denominou de "entusiastas", que seriam pessoas inflamadas pelo ego, cheias de soberba e sem autoridade divina para falar. Isso, em grande medida, porque Karlstadt defendia, da mesma forma que Tomás Müntzer, que o Espírito Santo atuava diretamente no coração do ser humano. Esse Espírito, agindo no interior e de maneira tão democrática, era considerado arriscado por Lutero, que, por isso, reduziu sua pneumatologia à Escritura e aos sacramentos. Isto é, para Lutero, o Espírito somente agia por meio das Escrituras, quando fossem pregadas na igreja, o lugar em que os sacramentos são ministrados. Os chamados espiritualistas discordavam, pois entendiam que o Espírito era livre e poderia falar ao ser humano sem mediações externas. Se pensarmos no gigantesco número de pessoas iletradas na Europa daquela época, reduzir a conexão com o Espírito Santo somente aos que tivessem acesso ao texto da Escritura era elitizar demasiadamente a Bíblia. Com isso, os camponeses, a base da pirâmide social daquela época, ficavam de fora.[24]

Tomás Müntzer (1489-1525) foi notável expositor da superioridade do Espírito Santo sobre os sacramentos e sobre a igreja. Junto aos profetas de Zwickau, vivia êxtases e profetizava em experiências atribuídas ao Espírito Santo. Esteve em Praga em várias ocasiões. Ele entendeu que o sacerdócio universal igualava a todos, e que os camponeses não deveriam mais ser explorados pelos príncipes e por toda a cadeia social da época. Em suas pregações, Müntzer empoderou os mais fragilizados e, com isso, auxiliou na revolução dos camponeses. Em 1525

---

[23]Cf. Sider, 1974.
[24]Cf. Terra; Oliveira, 2017.

foi capturado e decapitado durante um massacre que ceifou a vida de cerca de 25 mil camponeses. Como os príncipes daquela região tinham aderido à reforma protestante, antes de agirem com seus exércitos, pediram o conselho de Lutero, que se posicionou a favor dos príncipes em seu direito à "superioridade" sobre os camponeses. Os príncipes entenderam que aquela era uma carta branca para agir, e o que se viu na sequência foi um derramamento de sangue fratricida. Essa é uma terrível mancha na biografia de Lutero.

CONCLUSÃO

Os espiritualistas, há 500 anos, criam no Espírito Santo como aquele que age diretamente sobre a pessoa; defendiam que o Espírito atuava no coração, podendo ser compreendido mesmo pelos analfabetos; reconheciam no êxtase uma categoria cristã válida e, por isso, profetizavam, tinham sonhos e visões e mantinham a disciplina de jejuns, entre outras práticas devocionais; retiraram as esculturas das igrejas; criticaram os sacramentos; pregavam a salvação somente por Jesus e eram ativos nas missões mundo afora. Os espiritualistas queriam restaurar os tempos apostólicos sem a hierarquia católica romana nem sua congênere protestante, que, na leitura deles, inibia o sacerdócio universal de todos os crentes. Romperam com as morosas e pesadas liturgias e buscaram aproximar a igreja das pessoas comuns e da vida comunitária. Caberia perguntar: esse modelo de igreja da reforma radical do século 16, especialmente dos espiritualistas, não está próximo daquilo que os pentecostais fazem hoje? Atrevemo-nos a responder positivamente. Isso não quer dizer que os pentecostais replicam os mesmos ideais e na mesma intensidade. Os tempos são outros, mas as intuições permaneceram.

Se quisermos pensar na relação entre Lutero e os espiritualistas, veremos que aquele se posicionou contra estes. Ele chamava Karlstadt de "diabo ordinário", enganador, aquele que "devorava o Espírito com penas e tudo"; fez com que Karlstadt saísse de Wittenberg e desfez suas reformas: reinstalou as imagens, proibiu o culto em alemão etc. Isso não quer dizer que não haja possibilidade de conciliar Lutero com os pentecostais hoje. O diálogo luterano-pentecostal tem feito um grande esforço para avançar em vários pontos da doutrina proposta pelo reformador. Para sermos justos, devemos buscar reconciliação. Helmar Junghans afirma que "no luteranismo tem havido uma recepção funesta, unilateral do Lutero anti-Müntzer, que impediu de preservar a riqueza das considerações ético-sociais e de seu ensinamento sobre o Espírito Santo".[25] É necessário

---

[25]Junghans, 2001, p. 47.

revisitar a pneumatologia de Lutero e refletir a partir daí. Como afirmamos em outra ocasião: "Uma aproximação mais cuidadosa encontrará nas intransigências de Lutero uma palavra de sabedoria e um alerta para os excessos e, por outro lado, lembrará que toda ortodoxia que tende a se fechar precisa ser visitada sempre e de novo pelo sopro do Espírito, que pode continuar nos surpreendendo pelo seu poder criativo".[26]

---

[26]Oliveira, 2017c, p. 54.

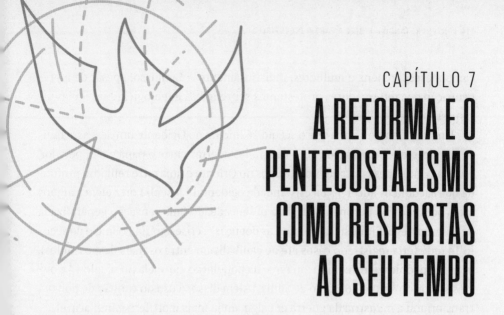

CAPÍTULO 7
A REFORMA E O PENTECOSTALISMO COMO RESPOSTAS AO SEU TEMPO

INTRODUÇÃO

NESTE CAPÍTULO, CONTINUANDO A DISCUSSÃO SOBRE REFORMA E PENTECOSTALISMO, FAREMOS UMA COMPARAÇÃO ENTRE ESSES DOIS MOVIMENTOS RELIGIOSOS E TEOLÓGICOS, CADA QUAL INFLUENTE EM SEU TEMPO: A REFORMA no século 16 e o pentecostalismo nos séculos 20 e 21. Esses movimentos foram eficazes em responder às pessoas do seu tempo e em produzir marcas duradouras na cultura e na história? Nossa breve análise buscará responder essa questão na esteira dos 500 anos da Reforma e dos centenários pentecostais. Estamos cientes de que comparar dois movimentos tão distantes no tempo e no espaço pode ser anacrônico, mas o objetivo aqui é traçar as características de cada um e ver se teriam pontos em comum.

A REFORMA E SUA RESPOSTA EFICAZ

A Reforma do século 16 ultrapassou o âmbito da religião e do seu contexto histórico específico. Ao criticarem a igreja católica em um modelo de cristandade, os reformadores protestantes ajudaram a "sedimentar as mais variadas críticas ao sistema medieval que resistia aos novos tempos".[1] Recebendo impulsos das camadas intelectuais a partir do Humanismo e da Renascença, a Reforma acentuou a ideia de liberdade humana, personalidade e comunidade. Por sua vez, também recebeu impulsos do misticismo, um tipo de "teologia de todo mundo", que "estendeu a possibilidade de união íntima com Deus a clérigos e leigos, príncipes e

---

[1] Altmann, 1994, p. 30.

camponeses, homens e mulheres, indistintamente".[2] Com isso, apesar de a preocupação dos reformadores protestantes ser religiosa e teológica, suas ideias ultrapassaram esses limites.

Timothy George afirma que o século 16 iniciou no Ocidente um desgaste muito grande, o que se percebe com as acirradas guerras entre o papa e o imperador, revoltas camponesas, ataques dos turcos no Oriente e uma crise religiosa profunda que sacudiu os alicerces da cristandade ocidental.[3] Joseph Lortz elenca alguns fatos ocorridos na Europa que teriam desencadeado uma sensação generalizada de desassossego. Ele destaca a fome e as doenças, a crise agrária no início do século 14 (que teria registrado casos até de canibalismo entre os mais despossuídos), a peste bubônica que dizimou um terço da população europeia no século 14 e outros surtos no século 16, como de sífilis.[4] Além disso, o uso do canhão de pólvora transformou a indústria da guerra em algo ainda mais mortífero e implacável.

Para enfrentar esse cenário caótico, a resposta religiosa no Ocidente até então se dava sobretudo em duas frentes. De um lado, as ordens mendicantes, com suas companhias flagelantes e ascetismo rigoroso. A proposta era se afastar do mundo e buscar refúgio na fé, desapegando-se de tudo. A segunda opção estava dada na religião institucionalizada e nos sacramentos. Mas os auxílios parassacramentais (indulgências, peregrinações, relíquias, veneração dos santos, rosário, dias festivos), ao lado de confissões, catecismos, da ideia de inferno e purgatório e das penitências, transformavam a vida religiosa, agravando ainda mais o imaginário atormentado do ser humano medieval.[5] Ademais, como afirma Timothy George, certas suposições da tradição católica já não eram suficientes para dar respostas duradouras às obsessivas perguntas da época.[6]

No caso de Lutero, o medo, a culpa e o desespero que tão fortemente atacaram o Ocidente na Idade Média foram sentidos e enfrentados pelo monge católico de forma contundente. Ele chamava-os de *Anfechtungen*.[7] Mais que uma luta pessoal do reformador, essas batalhas assombravam a todos morbidamente. Foi a partir daí que Lutero desenvolveu a doutrina da justificação luterana que, ao lado de outras doutrinas, culminaram na decorrente renovação da igreja e da teologia e

---

[2]George, 1994, p. 48.
[3]Cf. George, 1994, p. 15.
[4]Cf. Lortz, 1964, p. 6.
[5]Cf. George, 1994, p. 28.
[6]Cf. George, 1994, p. 50.
[7]*Anfechtung*, expressão usada por Lutero para se referir à angústia profunda que o tomava. Ele usou esses conflitos para teologizar, pois afirmava que a teologia "é um processo vitalício de lutas, conflitos e tentações [...] A tentação e a experiência, ele disse, sem dúvida nos ensinam que a fé é 'mesmo uma arte difícil'" (George, 1994, p. 62).

que, de acordo com George, "falaram poderosamente às concepções principais de seu tempo".[8] "O insight fundamental de Lutero foi a descoberta da justificação somente pela graça, por meio da fé", afirma Gerald McDermott. E continua: "A isso [Lutero] chamou de 'síntese de toda a doutrina cristã'".[9] Ele teria percebido a partir dos textos paulinos que a graça não era precedida de grandes esforços e penitências, mas de uma rebelião vigorosa, de uma conversão. Isso porque a salvação era recebida não pelas obras do cristão, mas pelas obras de Cristo, que levariam o fiel a Deus.[10] Assim, a espiritualidade cristã para Lutero era "a sensação de júbilo e liberdade com o perdão dos pecados".[11]

Quanto ao conteúdo doutrinal da teologia dos reformadores, Mondin resumiu da seguinte forma:

> É resultado da aplicação sistemática e coerente do princípio de que a salvação deriva imediata e diretamente de Deus. Desse princípio resulta a eliminação de todos os intermediários: o papa, os bispos, os sacerdotes, os santos, Nossa Senhora, os sacramentos, as boas ações, as indulgências etc. Para que sejamos salvos, é necessário apenas fé na palavra de Deus, que nos garante o perdão dos pecados. O batismo é o atestado do seu perdão. Ele nos introduz na comunidade dos salvos, a igreja, a qual, segundo célebre definição de Lutero, é o lugar em que a Palavra de Deus é pregada e ouvida e em que os sacramentos são administrados segundo a instituição de Cristo. As boas ações têm valor puramente simbólico: não nos fazem merecer a salvação, mas demonstram que Cristo age em nós e que, consequentemente, fomos perdoados e salvos.[12]

Jaroslav Pelikan acentuou que a teologia dos fundadores do protestantismo (Lutero, Calvino, Zuínglio, Melâncton) no seu início era de caráter assistemático (especialmente em Lutero) e invocavam sua libertação da filosofia, em uma crítica ao racionalismo teológico e uma busca por recuperar o lugar das Escrituras diante da instituição e à teologia.[13] Dessa forma, como registrou Altmann, "a autoridade máxima viria a ser não mais o papa ou o direito canônico, mas a livre palavra de Deus para o povo de Deus".[14]

---

[8]George, 1994, p. 26.
[9]McDermott, 2013, p. 88.
[10]Cf. McDermott, 2013, p. 91.
[11]George, 1994, p. 317.
[12]Mondin, 1979, p. 19-20.
[13]Cf. Pelikan, 1963, p. 1-23.
[14]Altmann, 1994, p. 32.

Assim, a Reforma, ao propor uma mensagem sobre a graça de Deus diante do mundo caótico e de um ser humano assombrado, chegou de forma poderosa ao coração e mente do povo, dando-lhe esperança e nova espiritualidade. Da mesma forma, ao centralizar radicalmente as Escrituras na igreja, no sermão, no culto e na vida cristã, promovia certo restauracionismo e biblicismo ao núcleo do evangelho e cerne da teologia cristã. Como disse Bayer, ao "atribuir um valor tão elevado à Palavra, como fazia a teologia de Lutero, era tão repulsivo para os contemporâneos de Lutero — os espiritualistas, o papado romano e Erasmo — quanto é para a modernidade".[15] Ao assim fazê-lo, os reformadores conferiram à sua teologia um caráter eminentemente bíblico e próximo do povo.[16] Para além do apoio da nascente burguesia e de outros setores poderosos e descontentes da época, a Reforma teve grande impacto porque atingiu o povo em suas angústias e necessidades com uma mensagem sobre a graça de Deus, promovendo um novo tipo de relacionamento do povo com Deus.

O PENTECOSTALISMO E SUA RESPOSTA EFICAZ

O pentecostalismo, por sua vez, eclode no século 20. Suas raízes teológicas[17] vão até ao pietismo alemão, passando pelo movimento *holiness* metodista, pelos avivamentos ingleses, norte-americanos e dos Países Baixos, chegando de forma sistemática à América Latina. De acordo com Alister McGrath, "no século 20, um dos acontecimentos mais importantes para o cristianismo foi o surgimento de grupos carismáticos e pentecostais, os quais afirmam que o cristianismo moderno pode redescobrir e tomar posse do poder do Espírito Santo".[18] É possível hoje falar em uma pentecostalização da igreja brasileira e até da América Latina. Jean-Pierre Bastian afirma que, diferentemente das teses de David Martin ou de David Stoll de que a América Latina estaria se tornando protestante, ao contrário, ela está se tornando pentecostal, a forma latino-americanizada do protestantismo, assimilando a cultura religiosa da região.[19] Ao mesmo tempo, paradoxalmente, é preciso considerar teses recentes, como a de Clemir Fernandes, que defende que está em curso também uma despentecostalização, ou seja, que cresce a influência e o jeito de organizar a

---

[15]Bayer, 2007, p. 180.

[16]Helmar Junghans afirma: "Lutero colocou um ponto de interrogação atrás de todas as ordens eclesiásticas e ordem da vida. Por toda a vida criticou ordens eclesiásticas, afirmando que são muito volumosas ou são introduzidas cedo demais. Ele queria fixar nelas apenas o resultado da pregação evangélica" (Junghans, 2001, p. 70).

[17]Veja, p. ex., Dayton, 1991.

[18]McGrath, 2005, p. 161.

[19]Cf. Bastian, 2013, p. 50.

igreja a partir da chamada teologia da prosperidade e do uso massivo dos meios de comunicação de massa, culminando em igrejas de natureza eletrônica, para além da simples adaptação de transmissão de cultos ou de missas em mídia eletrônica.[20]

Quanto ao contexto histórico e alguns nomes proeminentes em suas origens, podemos mencionar Charles Fox Parham (1873-1929),[21] de origem metodista e ligado ao Bethel Bible College, em Topeka, Kansas, e posteriormente, ao Instituto Bíblico em Houston; e Joseph William Seymour (1870-1922),[22] de origem batista e da Igreja de Deus, na rua Azusa, Los Angeles, Califórnia. Ambos, estiveram envolvidos com a forma final em que o movimento pentecostal se disseminou pelo século 20. A teologia pentecostal nascente defendia a ideia de que após a conversão (primeira bênção)[23] seguia-se uma "segunda bênção", que foi definida como o *batismo com o Espírito Santo*, no modelo das experiências extáticas do Novo Testamento, marcado pelo fenômeno de falar em línguas desconhecidas,[24] seguido de curas e outras manifestações milagrosas.

Essa nova forma de viver e praticar a fé cristã dava amplo espaço para a corporeidade e para o êxtase. A espiritualidade daí resultante era muito intensa, chamando a atenção do povo que se doava cada vez mais para essas experiências extáticas e, ao mesmo tempo, atraindo olhares reprovadores dos grupos cristãos estabelecidos (tanto católicos como protestantes).[25] No entanto, as massas viram tal religiosidade de forma bem diferente. O pentecostalismo aparece, à luz dos impressionantes dados, não como um modismo ou capricho de seus propugnadores, mas pode ser retratado do ponto de vista da resposta eficaz da religião ao contexto social, econômico e religioso. Isso é claramente aceitável ao olharmos episódios de sua história: o avivamento na rua Azusa, em que negros, imigrantes e mulheres conquistaram protagonismo; o avivamento chileno entre os mineiros da igreja metodista; o chamado de Luigi Francescon aos imigrantes italianos no

---

[20]Cf. Silva, 2017. Hoje seria mais adequado nos referirmos a elas como "igrejas midiáticas".

[21]Veja, p. ex., a biografia de Parham (Goff 1988).

[22]Veja, p. ex., Borlase, 2006.

[23]No caso dos metodistas, a busca da santidade seria uma "segunda bênção".

[24]Harold Hunter explica a diferença técnica entre os termos *glossolalia* (falar uma língua desconhecida) e *xenolalia* (falar língua conhecida, sem tê-la aprendido por meios convencionais) e propõe um terceiro termo, *akolalia*, para se estudar o fenômeno das línguas no pentecostalismo. *Akolalia* seria quando o falante usa uma linguagem diferente, mas que a audiência decodifica ("ouve"). Veja Hunter, 1980.

[25]Os pentecostais, em suas origens, sofreram forte contestação por parte dos demais protestantes e também do catolicismo, que negavam as crenças do novo grupo religioso e o consideraram *seita*, no sentido pejorativo da palavra. Em outra ocasião, analisamos parte desta questão a partir da assimetria entre Norte e Sul, por exemplo, envolvendo não só os pentecostais, mas também os indígenas. Cf. Oliveira, 2016b.

Brasil, que veio gerar a Congregação Cristã do Brasil (denominação que, segundo o Censo de 2010, tem mais de 2,3 milhões de membros no Brasil); os missionários suecos Daniel Berg e Gunnar Vingren, os quais, desde o norte do Brasil, fundaram as Assembleias de Deus, as quais somam mais de 12 milhões de membros no Brasil; e outras iniciativas.

Para simplificar a análise, tomaremos o contexto brasileiro. As condições socioeconômicas eram muito limitadoras para a maioria do povo, enquanto a classe dirigente, tanto política como religiosa, vivia abastadamente. Como afirma Gedeon Alencar, "a liderança católica era rica, culta e poderosa, daí o projeto protestante elitista se apresentar essencialmente como 'moderno e culto'".[26] A educação escolarizada era possível somente às classes mais ricas, pois as escolas católicas eram caras. Os protestantes abriram escolas mais populares, mas o foco ainda era étnico, como as escolas luteranas, que ensinavam em alemão, e as escolas batistas, em inglês, para os filhos dos missionários. Com o nacionalismo da década de 1930 e a realidade do pós-guerra, que proibiu escolas em idiomas estrangeiros, as escolas protestantes se "nacionalizaram". Contudo, não podemos esquecer a existência de iniciativas anteriores, como o primeiro colégio metodista no Brasil, que data de 1881.

Quanto ao aspecto religioso, no início do século 20 as missas eram em latim, os cultos anglicanos, em inglês, os luteranos, em alemão, e os da recém-criada Congregação Cristã do Brasil (CCB, em 1910), a primeira denominação pentecostal brasileira, em italiano. Até a década de 1940, o hinário luterano era em alemão e o da CCB, em italiano. As Assembleias de Deus (AD, 1911), ao contrário, nascem brasileiras, com toda a contradição que isso possa significar, e experimentaram um crescimento vertiginoso e duradouro ao longo das décadas. Não foi ocasional que a denominação tenha se tornado a *matriz pentecostal brasileira*.

O início do século 20 foi marcado pela crise da chamada República Velha, em que se alternava o poder entre a força agrária exportadora do país ("café" e "leite", São Paulo e Minas), mostrando-se contrária à industrialização nascente. Na segunda década, eclodiram as greves operárias e registrou-se as violentas repressões. A terceira década foi marcada pela Semana de Arte Moderna (1922), contrária à cultura europeizante dominadora. A Revolução de 30 alinhou o Brasil a um novo modelo de desenvolvimento industrial e urbano. A ocupação do campo saiu de 70% na década de 1950 para cerca de 20% no ano 2000. De 17 milhões em 1901, a população saltou para 170 milhões em 2000, e hoje chega a 203 milhões de

---

[26]Alencar, 2007, p. 19.

habitantes, de acordo com dados do censo oficial. Em meio a tantas mudanças, os pentecostais apresentaram-se como uma alternativa viável, especialmente no aspecto da migração do campo para a cidade, fornecendo uma cosmovisão e sentido para a grossa camada de brasileiros flutuantes. Além disso, a mística; o caráter popular e experiencial da nova fé; o estímulo para ascensão social por meio da leitura da Bíblia; a condição minoritária que lhe dava certo ar de reserva moral diante dos supostos excessos da vida social dos demais grupos cristãos; a contribuição à segurança em meio à violência nas periferias, tornando-se um refúgio para pessoas que queriam refazer a vida após experiências dramáticas; e também pela austeridade em relação ao álcool e ao tabaco, que ajudaram na recuperação de indivíduos e famílias, reintegrando-os à sociedade e ao mercado de trabalho — tudo isso fez do pentecostalismo uma resposta eficaz ao contexto religioso brasileiro, que se transformou. Evidentemente, o pentecostalismo também foi se adaptando às novas demandas.

CONCLUSÃO

Tanto a Reforma como o pentecostalismo foram movimentos religiosos competentes em se comunicar com seu tempo e em dar respostas eficazes aos anseios dos seus contemporâneos. Suas propostas falaram (e falam!) poderosamente aos seus coetâneos. No século 16, as angústias e o assombro da morte, por um lado, e os exigentes deveres tanto da vida monástica ou flagelante como da religião institucional por meio dos sacramentos e parassacramentos tornavam a fé cristã inviável ou minimamente opressiva para o povo. A resposta veio na forma de um Deus gracioso que perdoa e que salva, apesar dos esforços humanos e religiosos. Isso produziu um efeito sedutor nas massas e um efeito ominoso nas instâncias institucionais religiosas. O retorno às Escrituras garantia a radicalidade da proposta e seu caráter reformista. Durante longos séculos isso foi considerado uma atitude antiecumênica, como um atentado à Igreja. Mas novas pesquisas e abordagens tendem a considerar a Reforma como um serviço a toda a igreja, e, teologicamente falando, a considerá-la um movimento do Espírito de Deus. Ao fazê-lo, está se reconhecendo que tem significado permanente para a igreja de Jesus Cristo.

O pentecostalismo, por sua vez, também se dirigiu abertamente para o povo, retomando a doutrina da justificação protestante e imprimindo uma nova cara para a espiritualidade daí decorrente: corporalidade, êxtase e transe. Quanto às igrejas estabelecidas (católica e protestante), tal como na época da Reforma, inicialmente não deram acolhida, e alguns setores continuam reticentes até hoje. Sua mensagem de esperança escatológica foi mesclada com concretizações dessa esperança na busca de dias melhores e de superação *no aqui e agora*. As curas e os milagres atestariam a viabilidade da esperança. Sua volta às Escrituras teve percurso próprio e indica igualmente seu caráter reformista, recuperando, em parte, o caráter assistemático da teologia protestante em seus começos. Quanto à unidade cristã, o movimento pentecostal significou uma ruptura em vários sentidos, mas não quer dizer que o movimento pentecostal não tenha sido também um movimento do Espírito, e que, como tal, deve ser interpretado em seu significado e exortação a toda a igreja. Pese todas as falhas e especificidades de cada movimento, tanto a Reforma como o pentecostalismo estão aí para dizer que, ao longo das décadas e dos séculos, em variados contextos e por motivações diversas, ambos os movimentos foram respostas eficazes da religião ao contexto e à cultura, na esteira das reformas, da *ecclesia semper reformanda*.

CAPÍTULO 8
POIMÊNICA PENTECOSTAL: A VIDA PASTORAL DA IGREJA

INTRODUÇÃO

A HUMANIDADE TEM COMO CARACTERÍSTICA A NECESSIDADE DE SUPERAÇÃO. PARECE QUE TODOS NÓS SEMPRE CAMINHAMOS EM BUSCA DE ALGO. OS DESEJOS SE MISTURAM ÀS MUITAS OPÇÕES APRESENTADAS, NA RELAÇÃO demanda-produção. Na sociedade do marketing, a escolha sempre se torna uma tarefa dificílima. Por isso, fazemos da vida um palco da dramática correria aos objetivos, às aspirações.

Isso pode ser sadio ou doentio. Na vida, tudo o que fazemos está sujeito a essas duas possibilidades. Até mesmo a religião — e, para "puxar brasa para nossa sardinha", o pentecostalismo — pode ser libertadora, consoladora, criadora de esperança, mas também neurótica, escravista, desumana e destruidora. Por isso, para *estar-no-mundo* como ser de objetivos e desejos, é preciso levar em consideração, especialmente nós da igreja de Cristo, que a principal característica da humanidade é seu desejo por cuidado. O ser humano tem dois modos básicos de *ser-no-mundo*: trabalho e o cuidado. "O trabalho no mundo ocidental tornou-se um modo de dominação onde até mesmo tecnologia deixa de ser um recurso de auxílio ao ser humano e passa a ser o objeto em si mesmo"[1] (comprovada no cotidiano).

No âmbito do cuidado, até mesmo a relação de trabalho é aperfeiçoada, e o cuidado a transforma de sujeito-objeto em sujeito-sujeito, pois pressupõe alguém que cuida de outrem. Talvez você pergunte o que isso tem relação com pastorear,

---

[1] Oliveira, 2004.

igreja, fé, cristianismo, espiritualidade etc. Saiba que o cuidado faz parte da essência das relações desses conceitos citados e dá sentido a todos eles.

A lógica do sistema do mundo em que vivemos está enraizada na ideia de consumo, progresso, sucesso e acúmulo de bens. Com isso, até mesmo aquilo que valoramos como bom ou mau é medido pelo lucro ou grandeza que alcançará, ou pela quantidade acumulada. Assim, o cuidado é deixado de lado em nome das posses e da expansão. O problema é que até alguns crentes em Jesus se deixam levar por essa concepção e entram no erro da valoração com os mesmos princípios hermenêuticos. Dessa forma, a espiritualidade assume a estrutura *deste século*, a qual acredita que a relação com Deus, as expressões de piedade e a fé estão fixadas na troca e no acúmulo (quase que capital espiritual).

A espiritualidade apresentada nos escritos joaninos, por exemplo, ajuda-nos a perceber como Jesus e a comunidade cristã dos primeiros séculos trataram as construções ideológicas de seu mundo. Na primeira epístola de João está escrito: "Não amem o mundo nem o que nele há. Se alguém ama o mundo, o amor do Pai não está nele" (1João 2:15). A questão de "mundo" no Evangelho e nas cartas joaninas é bem complexa e trata-se das disputas teológicas e ideológicas na comunidade, como bem analisou R. E. Brown.[2] Aqui não temos espaço para nos aprofundarmos na questão, mas podemos fazer uma releitura do texto e entender que o "mundo" neste versículo não se relaciona a preconceitos legalistas ou moralistas, mas à lógica do mundo, seus princípios, suas motivações e seus projetos. Se a igreja deixar de lado o imo dos evangelhos, que é o cuidado nas relações e na ação a partir Reino de Deus, postulando esquemas de valorização ou desvalorização segundo os padrões de acúmulo, poder, grandeza, praticidade, que são as marcas do nosso mundo, estará perigosamente se enveredando pela lógica deste século.

Contudo, no Evangelho de João está registrado que Jesus disse: "Eu venci o mundo" (João 16:33). O verbo "vencer", que está no tempo verbal grego conhecido como "perfeito" (gr., *nenikēka*), serve-nos como consolo. O perfeito no grego bíblico expressa uma situação presente em decorrência de uma ou mais ações acabadas no passado. Por isso, o versículo garante a vitória de Jesus contra o mundo de aflições, com suas sutis mazelas, suas propostas desumanas e ideias injustas, e hoje, sob essa ação realizada por ele, estamos em um mundo que foi derrotado. Ou seja, se ele o venceu, estamos nele agora vencido, e temos capacidade de não nos rendermos a esta era má. Como Cristo derrotou o mundo, podemos derrotá-lo também.

---

[2]Cf. Brown, 1999.

Seguindo os passos de Jesus, portanto, o cuidado é a melhor maneira de expressarmos os princípios do Reino de Deus, pois sua ação sempre foi de cuidar. Doentes, pecadores, injustiçados etc. foram alvos de sua ação. Um grande historiador da busca pelo Jesus da história, John Dominc Crossan, em uma de suas palestras no Brasil, mostrou como até mesmo as escolhas geográficas de Jesus eram motivadas pelo desejo de cuidado. Crossan pesquisou história, contexto social, político e econômico da região costeira do Mar de Tiberíades e percebeu que Arquelau, governante contemporâneo de Jesus, explorava os pescadores dessa região com impostos injustos. E por incrível que pareça, Jesus esteve nesse mesmo local e na mesma época proferindo a mensagem do Reino e suas propostas de vida. Seria coincidência? Como diria o saudoso pastor João Kolenda em suas históricas aulas: "Eu não acredito em coincidência, pois creio na providência de Deus!".

Com o pressuposto do *cuidar*, acreditamos na ação pastoral da igreja, pois pastorear o mundo é dever dos representantes de Cristo no mundo e não está limitado simplesmente a uma pessoa, na figura do ministro formalmente consagrado. Mas como seria o cuidado? Quais resultados ele gera? Quais são as suas motivações? O que seria uma ação pastoral/poimênica pentecostal? Essas questões serão aqui expostas, sem esgotá-las, para aperfeiçoar a ação da igreja como representante de Deus.

PAULO: PROPOSTAS DE AÇÃO POIMÊNICA

Para entrar na discussão a respeito da ação poimênica da igreja, podemos tomar como modelo inicial o apóstolo Paulo em seu trabalho pastoral. Mesmo conhecido pela maioria dos leitores bíblicos como um teólogo denso, Paulo é, antes de tudo, um pastor cujo conteúdo escrito em seus textos reflete preocupações pastorais, as quais exigiam o desenvolvimento de conteúdos menos teóricos do que práticos. Com isso, afirma-se aqui algo importante sobre o missionário dos gentios: ele escrevia menos como teólogo sistemático do que como pastor. Um exemplo importante de sua preocupação pastoral encontra-se na discussão travada com os gálatas. Na carta, depois de longa exposição a respeito de sua preocupação por estarem deixando o evangelho por ele pregado, no bloco 4:12-31, Paulo se expõe, cheio de sensibilidade pastoral, mostrando as gálatas suas boas intenções. Esse texto pode nos revelar detalhes sobre as motivações e empatia paulinas, apontando-nos horizontes para a prática pastoral pentecostal.

Usando o verbo "tornar-se" (gr., *gínesthe*) no imperativo, Paulo suplica aos gálatas que adotassem a mesma atitude que ele teve com relação à Torah, pois havia se tornado como os gálatas depois do seu chamado/conversão:[3] "Eu lhes suplico, irmãos, que se *tornem* como eu, pois eu me tornei como vocês" (4:12). Esse apelo faz eco a 1Coríntios 11:1, 1Tessalonicenses 1:6, Filipenses 3:17, momentos em que ele se apresenta para ser imitado. Paulo lembra, emocionado, a ocasião quando, pela primeira vez, lhes anunciou o evangelho (cf. Atos 16:6) por causa de uma enfermidade (Gálatas 4:13). Essa cena é cheia de sensibilidade e emoção, porque era comum, na Antiguidade, os doentes serem rejeitados. Em *A carta aos Gálatas*, J. Bortolini fala da prática de pessoas saudáveis cuspirem no chão para "fechar o corpo" ou isolarem-se da doença.[4] Contudo, Paulo mostra como eles receberam-no bem, mesmo doente, como se fosse um anjo (mensageiro) de Deus ou o próprio Cristo (v. 12-14).

A aceitação inicial, segundo o apóstolo, foi tão boa que, em sua interpretação, à luz do acolhimento disponibilizado, os gálatas seriam capazes de arrancar os próprios olhos para doá-los ao mensageiro doente. Essa expressão foi uma hipérbole, mas serviu para mostrar como antes eles o respeitaram e amaram (v. 15). Então, Paulo pergunta: "Tornei-me inimigo de vocês por lhes dizer a verdade?" (v. 16). Ou seja, a mesma pregação que serviu para tamanha afeição entre os gálatas e Paulo agora é motivo de inimizades, porque outro evangelho estava sendo pregado. Paulo tenta abrir os olhos de seus ouvintes, pois as intenções dos seus adversários, que ele vem criticando desde o capítulo 2, não são louváveis e têm aparente e enganoso zelo. É ele quem realmente sofre de preocupação por seus filhos na fé (v. 17-18).

Para expressar dramaticamente essa preocupação, o apóstolo faz o contraste entre a preocupação passageira dos infiltrados e a sua, que é como dores de parto (v. 19). Enquanto os falsos mestres infiltrados demonstravam zelo somente quando estavam entre eles —mais adiante, Paulo mostrará a falsidade dessa preocupação (6:12-13) —, Paulo sente, pela segunda vez, dores de parto por razão de os gálatas se afastarem do que lhes havia pregado. Como os seus ouvintes se deixavam levar pela pregação legalista dos falsos mestres, e isso era o mesmo que anular o sacrifício de Cristo, seria preciso gerá-los outra vez, dolorosamente, ou seja, levá-los novamente ao evangelho da liberdade. Para Paulo, essa escolha dos gálatas era tão séria a ponto de o apóstolo usar essa metáfora (v. 19). No texto, o autor convida seus leitores para decidirem entre estar ao lado daquele que se preocupava de maneira solícita e genuína, demonstrando verdadeiro cuidado, ou

---

[3]Para a discussão sobre a experiência paulina na viagem a Damasco ser uma típica chamada profética, cf. Segal, 1990.

[4]Bortolini, 1997.

dos intrusos que chegaram depois, impondo observâncias da Lei. Segundo o sábio Paulo, a sua vontade era estar lá para pessoalmente fazer sua defesa (v. 20).

O pastor Paulo mostra mais do que interesses institucionais. Ele apresenta sinceras preocupações com seus interlocutores da igreja na Galácia. O cuidado mostra-se em palavras verdadeiramente acolhedoras, materializadas em lamento e angústia pessoal por causa da situação na qual estavam seus leitores. O centro da perspectiva pastoral nessa parte é o cuidado, a ponto de a dor do pastor ser como a de um parto. À luz desse episódio, podemos iluminar a ação poimênica da igreja, alicerçada na disponibilidade para o cuidado.

CONCEITOS: DEFINIÇÕES PARA REFLEXÃO

O termo "*cuidado*" tem suas raízes na palavra "cura". Alguns autores dizem que ela é derivada da expressão latina *cogitare-cogitatus*, que tem as seguintes acepções: "Cogitar, pensar, colocar atenção, mostrar interesse, revelar uma atitude de desvelo e de preocupação".[5] Assim, o cuidado teria relação com zelo, bom trato, ajuda, compaixão, solicitude, e somente ocorre quando nos preocupamos com o outro. Nesse sentido, a experiência de vida neste mundo se tornará mais parecida com a de Cristo se transformarmos a existência do outro em algo importante para a nossa. Essa é uma forma de *estar-no-mundo*, regido não pelos valores mundanos, mas divinos.

Com isso, as relações serão menos dominadoras, a convivência, pacífica, o viver se tornará mais humano e, ao mesmo tempo, espiritual, pois espiritualidade se encarna na vida. Não é acidental que, na relação do fruto do Espírito em Gálatas 5, as ações estejam vinculadas ao cotidiano. Com quem e onde exercemos o domínio próprio? Com anjos? No deserto? No céu? Não! Fazemos isso na vida e em comunidade; no mundo, a grande comunidade.

Perante essas instigantes reflexões, somos naturalmente questionados. Será, que como igreja pastoral, estamos vinculando nossas relações aos princípios do *cogitare*? Ou as pessoas com as quais lidamos são percebidas, consciente ou inconscientemente, como mercadorias ou consumidores de nossos materiais religiosos? Como igreja, temos valorizado nossa capacidade de dialogar, defender e cuidar daqueles que são explorados e destituídos dos direitos que o próprio Deus lhes garantiu? Será que nossa ação missionária está sendo motivada pelos princípios do cuidado?

Para iluminar um pouco mais essa discussão, podemos fazer uma leitura dos profetas do Antigo Testamento, que deram respostas públicas em momentos de

---

[5]Oliveira, 2004.

grandes crises.[6] Isso nos ajudará a compreender como Deus se preocupa com a questão do cuidado e como os profetas se posicionavam perante isso.

Quando a nação se distanciava dos valores e princípios da aliança com Javé, o profeta anunciava uma mensagem carregada de autoridade divina para cuidar dos injustiçados e condenar os mecanismos de injustiça (cf. Isaías 5:8; Amós 8:4-6; Miqueias 2:1-2). Ao lermos o livro das profecias de Amós, que atuou no período do reinado de Jeroboão II (séc. 8 a. C.), ficamos abismados quando, depois de proferir os sete oráculos contra as nações vizinhas, o profeta faz suas acusações contra Israel. J. L. Sicre aponta os crimes cometidos em Israel que Amós detectou:[7]

- "venderam os justos (*tsaddîq*) por prata": desprezo ao devedor;
- "[venderam] o indigente (*'ebyôn*) por um par de sandálias": escravização por dívidas ridículas;
- "esmagam sobre o pó da terra a cabeça dos fracos ('*dallîm*)": humilhação/opressão dos pobres;
- "tornaram torto o caminho dos pobres (*anawim*)": desprezo pelos menos favorecidos;
- "um homem e seus filhos vão à mesma jovem": opressão dos fracos (das empregadas/escravas);
- "se estendem sobre vestes penhoradas, ao lado de qualquer altar": falta de misericórdia nos empréstimos;
- "bebem vinho daqueles que estão sujeitos a multas, na casa de seu deus": mau uso dos impostos (ou multas).

As expressões *vender*, *esmagar* e *tornar torto* pintam um quadro de descaso, indiferença e injustiça nas relações em Israel, que demonstra a falta de cuidado de um para com o outro. Sobre isso vem a condenação de Deus, e também a visível oposição de Amós.

Uma expressão utilizada nas bibliografias teológicas modernas é *poimênica*. Essa palavra não está no dicionário português e vem do grego *poimem*, que tem um significado bem abrangente em relação à ação pastoral, estando também ligado à noção de cuidado. Shneider-Harprecht define *poimênica* como o "ministério de ajuda da comunidade cristã para com seus membros e para outras pessoas que a procuram na área da saúde por meio da convivência diária no contexto da igre-

---

[6]Airton1998.
[7]Sicre, 1990.

ja".[8] Na *poimênica*, o cuidado se encarna nas ações motivadas pelo poder do Espírito, levando os de dentro a um cuidado mútuo, para assistirem uns aos outros em suas necessidades, em todos os âmbitos, e às outras pessoas ao seu alcance, fazendo valer a vida e experiências de Jesus.

Em particular, falando especificamente do pastor como cuidador, um artigo que refletiu a respeito da relevância da temática "religião" para o trabalho psicológico e psiquiátrico hodierno apresentou algumas propostas que servem para a ação pastoral. No texto, os autores, ao falarem de como agir terapeuticamente, destacam

> a importância de se desconstruir e desmistificar as motivações neuróticas e narcísicas da religiosidade do cliente, libertando a espiritualidade de seus aspectos ilusórios e direcionando assim o potencial vital para uma fé mais amadurecida.[9]

Dessa mesma forma, o pastor precisa ter a capacidade de refinar por meio do diálogo as ideias degradantes, que levam a posturas religiosas "neuróticas e narcísicas", para apresentar caminhos que potencializem uma fé madura. Isso também é importantíssimo no cuidado pastoral e na *poimênica*.

AÇÃO PASTORAL: AGENTE DA *SHALOM*

Na tradição judaica, o ser humano é visto de maneira holística. Ou seja, ele é compreendido em sua integralidade. É nesse sentido que se emprega o termo hebraico *shalom*. O significado básico dessa expressão é a ideia de completude, salubridade e integridade individual ou de uma comunidade.[10] Essa expressão pode ser traduzida como "paz" (e muitas Bíblias a traduzem assim), mas se refere a uma forma mais ampla de bem-estar. Como disse Brakemeier, *shalom* é "um estado de integridade, de algo não violado, de harmonia e paz".[11] A palavra está ligada à ideia de saúde física, orgânica, psicológica, social, ambiental e espiritual. O conceito descreve a paz que excede o entendimento limitado, indo além da simples neutralização das guerras para alcançar a porção total do ser humano.

Esse conceito era de difícil entendimento para a mentalidade grega, porque os helênicos viam o homem como corpo-alma, dualisticamente. De outro modo, a visão semítica percebe o homem em estado total e integral. Nessa mentalidade,

---

[8]Oliveira, 2004.
[9]Cambuy; Amatuzzi; Antunes,2006.
[10]Koehler; Baumgartner; Richardson; Stamm, 1999.
[11]Brakemeier, 2002.

até mesmo as experiências boas ou ruins são integradas no todo do ser humano, pois elas podem ser oportunas. Roseli M. K. de Oliveira diz que o cuidado não envolve apenas libertar a pessoa do sofrimento, mas ajudá-la a aprender com ele e a buscar nele sentido pedagógico.[12]

Com essa perspectiva, o horizonte da poimênica é expandido para todos os âmbitos ligados ao termo *shalom*. Como cuidadora, a igreja apresenta uma salvação integral, com um evangelho disposto a atuar em todas as esferas da humanidade. Suas cercanias alcançam a existência como um todo, não se limitando a alguma parte específica das necessidades humanas.

No Novo Testamento, as expressões mais próximas a *shalom* são o substantivo *eirene*,[13] o verbo *eireneuo* e o adjetivo *eirenikos*, os quais aparecem nos Evangelhos e nas cartas carregando o horizonte da relação harmoniosa (entre pessoas, entre nações, entre Deus e a humanidade), isenção de incômodo, segurança, ordem (estabelecida e protegida pelo Estado e pela igreja) e descanso (Mateus 10:34; Marcos 9:5; Atos 15:33; 24:3; 2Coríntios 13:11; Efésios 2:17).[14]

No cuidado pastoral da igreja, as responsabilidades não se limitam em falar do evangelho, mas promovê-lo, torná-lo real, fazê-lo perceptível e materializá-lo na *poimênica*. É ir ao encontro das desgraças da humanidade ou se abrir para que essas sejam vistas pela igreja para que, assim, ela construa propostas para a *shalom*, a harmonia e paz entre/nas pessoas e no mundo.

O tema é indispensável quando percebemos que *shalom* alcança também questões ambientais, que é a paz e harmonia da criação de Deus. Em nossos dias se intensifica a preocupação com a Terra por não havermos cuidado do que Deus colocou em nossa responsabilidade. A igreja também precisa se comprometer com essa temática, pois as catástrofes ambientais, o mau uso dos bens naturais e o descaso com o meio ambiente são uma afronta contra Deus, o Criador e dono de toda a criação. Nossa escatologia não pode compactuar com as mazelas da humanidade, que, em seus pecados, não soube cuidar do planeta, que é presente de Deus. Como é horrível a ingratidão!

A promoção da *shalom* é fundamental para a vida da igreja. Para concretizá-la é preciso, em muitas situações, posicionar-se, fazer escolhas e estar disposto a se sacrificar. Observe como Jesus se posicionou nos Evangelhos, suas escolhas, os locais e situações em que esteve presente. No ministério de Jesus, onde houvesse caos, desordem, medo, falta de esperança, descaso humano, desgraça e hipocrisia

---

[12]Oliveira, 2004.
[13]Koehler; Baumgartner; Stamm, 1999.
[14]Vine; Unger; White Jr., 2003.

era exatamente o lugar de instauração terapêutica. Ele falava e se posicionava manifestando o Reino e a imagem do Deus invisível (Colossenses 2:15).

Sua pastoral era da vida e não da morte. Considere, por exemplo, os grupos religiosos judaicos do tempo de Jesus. Eles cuidavam do povo como "coveiros", pois destruíam a liberdade e autonomia humanas em nome de muitas tradições que, em sua maioria, escondiam interesses pessoais de poder. Jesus, combatendo essa proposta de fé, desqualificou tradições que deixavam de lado o essencial à Lei. No episódio de Mateus 15:1-9, Jesus é questionado sobre seus discípulos não lavarem as mãos para comer. Ouvindo isso, ele mostrou que, por questões tradicionais e de religiosidade vazia da tradição, os mesmos que criticavam seus discípulos deixavam de lado questões eternas da Lei, que, no caso, seria cuidar dos pais — como um bom judeu faria (Mateus 5:5-7). Jesus mostrou que a mesma tradição reivindicada servia para desobediência àquele que instaurou a Lei. Seria muito fácil para os escribas e fariseus usarem artifícios religiosos para isentá-los de suas responsabilidades familiares determinadas por Deus. Jesus não deixou de criticar essa postura, porque ela mostrava falhas na maneira de tratarem o povo, a qual não gerava vida, mas morte. Esse episódio traz à memória as palavras do profeta Amós:

> Eu odeio e desprezo as suas festas religiosas [...] Afastem de mim o som das suas canções e a música das suas liras. Em vez disso, corra a retidão como um rio, a justiça como um ribeiro perene! (Am 5:21,23,24)

A pastoral da vida é regada pela graça e pelo Espírito, e nela o consolo se torna a principal motivação. Para isso, a fé no Deus de amor e justiça precisa ser o abrigo seguro das reflexões pastorais, pois, dessa maneira, a ação pastoral se moldará a tais características, tornando os agentes pastorais mais "poimênicos" e, consequentemente, mais parecidos com Cristo.

INDICAÇÕES INICIAIS PARA UMA POIMÊNICA PENTECOSTAL

Um filósofo e economista político americano chamado Francis Fukuyama anunciou, em um livro, o "fim da história".[15] Para ele, o fim não seria o tempo apocalíptico dos acontecimentos, mas das utopias, das mudanças estruturais, como se o sistema que rege hoje o mundo fosse o limite possível da história. Um mundo marcado pela injustiça e desigualdade, no qual as pessoas pensam somente nos seus próprios interesses, não pode ser o único mundo possível ou seu *telos*. O

---

[15]Fukuyama, 1992.

evangelho de Jesus e suas propostas são bem diferentes desse mundo. O modelo de fim da história precisa ser a proposta do Reino de Deus e seu evangelho.

Na teologia pentecostal preservam-se a esperança do advento de Cristo e a implantação do seu reino final. Mas isso não nos isenta da responsabilidade de cuidar da Terra e do ser humano. Como cuidadores, estamos no mundo representando Cristo, que, juntamente com o Pai, enviou o Espírito Santo para sermos suas testemunhas, como agentes "poimênicos", com a bandeira do evangelho, promovendo *shalom*.

A experiência é fundamental para a identidade pentecostal. A crença no batismo com o Espírito Santo, cuja evidência se dá na glossolalia, é compreendida como um revestimento, empoderamento para a ação no mundo. Como explicamos em outra ocasião, "essa possibilidade de contato direto e imediato não deveria substituir as outras vias, mas daria intensidade ao que se vive como comunidade e como tradição, podendo, em alguns casos, introduzir novas práticas".[16] As novas práticas seriam modeladas pela presença pneumática no mundo; a poimênica da igreja revestida do Espírito, cujas obras serão sempre as mesmas do Pai e do Filho. A doutrina do Espírito Santo torna-se, dessa forma, a pneumatologia do amor.[17]

Esse tipo de padrão deve ser observado também no ministério específico do pastor, que, como representante da comunidade cristã e separado por ela, tem o trabalho de cuidar e também de ser cuidado. Assim, a experiência pentecostal construirá comunidades terapêuticas e promotoras da vida.

---

[16]Oliveira, 2017c, p. 543.
[17]Yong, 2012.

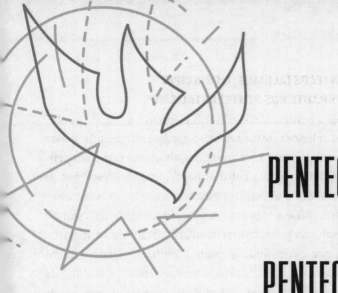

CAPÍTULO 9
MISSÃO E PENTECOSTALISMO A PARTIR DA PENTECOSTALIDADE

INTRODUÇÃO

Este capítulo, em termos gerais, é uma reflexão sobre missão e pentecostalismo. Indiscutivelmente, as igrejas pentecostais latino-americanas chamam a atenção das demais igrejas cristãs por sua expressão religiosa peculiar, vigor missionário, consciência de solidariedade e pertença popular. Podemos perceber esse olhar positivo até mesmo na fala de pesquisadores não pentecostais como Valdo César e Richard Shaull, os quais afirmam, sem reticência, ser o pentecostalismo marcado por um entusiasmo individual e comunitário que mais se aproxima dos tempos da igreja primitiva.[1] Além disso, entendemos o *ethos* missionário pentecostal como um elemento que pode contribuir para a expansão do Reino de Deus no Brasil.

O texto deste capítulo versa sobre a influência do pentecostalismo na igreja protestante latino-americana e parte do conceito de *pentecostalidade* para fundamentar uma tendência e princípio ordenador. O evento do Pentecoste está sendo revivido e reinterpretado. O Espírito é um só, é o que promove comunhão e criatividade por meio de sua obra criadora. Por isso, caracterizaremos a teologia pentecostal clássica e apontaremos elementos de uma missiologia pentecostal. Podemos afirmar, desde já, a nossa identificação com estudiosos que apontam o pentecostalismo como uma nova reforma na igreja. Essa reforma tem produzido diferentes formas de culto, pregação, liderança e de missão. Esta última é abordada como elemento existencial e identitário do pentecostalismo brasileiro.

---

[1] César; Shaull, 1999, p. 25.

A PENTECOSTALIDADE: O PRINCÍPIO
ESTRUTURANTE DOS PENTECOSTALISMOS

Parece adequado distinguir a pentecostalidade, um elemento geral, do pentecostalismo, que é a versão religiosa desse fenômeno, não restringindo a essa versão. O teólogo pentecostal peruano Bernardo Campos afirma que o ser pentecostal deve ser compreendido também culturalmente, em manifestações de resistência político-religiosa. Seria necessário buscar uma relação entre esses pentecostalismos, de continuidade e ruptura.[2] A pentecostalidade é "o princípio e a prática religiosa moldada pelo acontecimento (cristão) do Pentecoste. Essa 'intuição central' faz que a comunidade assim iluminada eleve à categoria de princípio (*arque*) ordenador e estruturante a experiência primordial de Atos 2 e similares, e legitime e identifique suas práticas como prolongação daquela. Assim, a prática (pentecostalismos) e o princípio ordenador e estruturante (a pentecostalidade) formam dois polos diferenciáveis, mas mutuamente complementares".[3]

Mario de França Miranda vê na pentecostalidade um princípio último de nosso relacionamento com Deus e entre nós. É o único Espírito, que todos recebemos, que constitui a unidade do corpo (1Coríntios 12:13). Nesse sentido, o referido autor afirma que "todo cristão ou todo membro da igreja é, sem mais, carismático".[4]

Se as diferentes comunidades de fé (e confissões) romperem com esse princípio ordenador e estruturante, rompe-se também a continuidade com a igreja una, santa, apostólica proposta por Jesus. Onde estaria a diferença? Está justamente nas práticas que adotam. Cada grupo esforça-se para melhor aplicar e prolongar a lógica e a dinâmica da igreja neotestamentária. Esse exercício abre espaço para a contextualização e a criatividade.

O modo de ser pentecostal funde a realidade social com a espiritualidade, gerando ressignificação do mundo e de suas relações. Essa reinterpretação atualizou a experiência religiosa e possibilitou a adaptação da fé protestante do rural ao urbano na América Latina.[5] O crescimento vertiginoso no século passado aponta para essa flexibilidade, nova linguagem e resposta atualizada da fé cristã. Por isso, ela teve influência sobre o catolicismo e sobre as demais tradições cristãs, gerando igrejas renovadas. O pentecostalismo mostrou-se um corpo includente e foi favorecido pela crescente urbanização. Com o avanço da violência, exploração

---

[2]Campos, 1994, p. 53s.
[3]Campos, 1994, p. 55-56.
[4]Miranda, 2006, p. 67-68.
[5]Passos, 2001.

do trabalho e a fragmentação da sociedade, o pentecostalismo deu esperança, sentido, proteção, recompensas e libertação.

O sociólogo Edin Abumanssur afirma que "o pentecostalismo pode ser visto como uma estratégia de sobrevivência nas periferias das grandes metrópoles. Ao exigir de seus fiéis um comportamento mais austero e disciplinado, as igrejas pentecostais acabam por garantir uma menor exposição aos ambientes de violência das cidades".[6] É o grupo religioso que mais exige mudança de hábitos de seus seguidores, com nova postura sobre ingestão de bebida alcoólica, frequência a bares e bailes, uso de tabaco, vestuário e como viver suas emoções. Sabem do ofício dos médicos, mas primeiramente fazem fervorosas orações antes de procurá-los. A mesma razão se aplica na prática do exorcismo em indivíduos e localidades, que antecede o recorrer às ciências.

Quando o pentecostalismo surgiu no Brasil, a realidade espiritual em todo o país era outra. A igreja católica celebrava suas missas em latim; a luterana, com a liturgia em alemão; a anglicana, em inglês. O espiritismo ainda era caso de polícia, e os cultos afros não eram nomeados ou reconhecidos. Oficialmente, não havia espaço para a religiosidade popular na época.[7] O idioma integrador do país era o português, mas ainda existiam centenas de culturas minoritárias que não eram respeitadas ou não tinham voz.

A fé pentecostal reabilitou os leigos por meio da atualidade dos dons espirituais, transformando cada cristão em uma pessoa naturalmente engajada na causa do evangelho. A pentecostalidade contextualizada contribuiu também para recuperar a participação feminina — as mulheres passaram a ocupar um importante papel na vida congregacional no nascimento do movimento pentecostal. Reconhecidamente, as irmãs atuavam voluntariamente em lideranças de grupos de oração, na assistência social e no uso dos dons espirituais, como educadoras infantis e na música. Nos ministérios reconhecidos pelo corpo oficial, atuavam como diaconisas e missionárias enviadas ao mundo, celebrando a Ceia, batizando nas águas e consagrando ministros. Outra contribuição fundamental das mulheres se deu na imprensa. Elas foram as principais articulistas dos jornais assembleianos nos anos 1920 e 1930. "Que outros jornais da época tinham mulheres como redatoras-chefe? É uma vanguarda na questão de gênero que nenhum movimento feminista teve em qualquer parte do mundo".[8]

---

[6]Abumanssur, 2008, p. 280.
[7]Cf. Alencar, 2010.
[8]Alencar, 2010, p. 60.

A pentecostalidade gerou movimentos de revitalização da igreja, que passou a ser uma marca desse tempo e não pode ser minimizada no campo religioso-social. José Míguez Bonino afirma que "porque o pentecostalismo é, quantitativamente, a manifestação mais significativa e, qualitativamente, a expressão mais vigorosa do protestantismo latino-americano, seu futuro é decisivo não só para o protestantismo em seu conjunto, mas também para todo o campo religioso e sua projeção social".[9] Antonio Mendonça vai além e afirma (junto com a tese de Richard Shaull de que há uma nova Reforma a caminho) que a bandeira dessa nova Reforma é o Espírito Santo e o instrumento é o movimento pentecostal, afetando não só a igreja católica, mas todas as igrejas cristãs tradicionais.[10] A pergunta que cabe é: as igrejas estão se preparando para essa nova situação?

UMA TEOLOGIA PENTECOSTAL: RAZÃO ILUMINADA PELO ESPÍRITO

Isael de Araújo afirma que "a diversidade mundial do pentecostalismo torna quase impossível falar de 'uma' teologia pentecostal",[11] fato com o qual concordamos. Contudo, é possível apontar alguns traços da teologia pentecostal, sobretudo se nos concentrarmos no chamado pentecostalismo clássico brasileiro, representado em denominações como a Assembleia de Deus. Teologicamente, os pentecostais se caracterizam pelo arminianismo e defendem o livre-arbítrio; creem na doutrina da Trindade; leem a Bíblia a partir da experiência; e são frequentemente marcados pela perspectiva dispensacionalista. Tradicionalmente, mas com todas as reservas das atuais pesquisas, o elemento que distingue o pentecostalismo não é tanto o seu culto emotivo e expressivo, mas sua pneumatologia: insiste no batismo com o Espírito Santo como evento posterior à conversão e na atualidade dos dons espirituais (*charismata*). Porque além de pneumatologia, o pentecostalismo tem um discurso teológico mais abrangente, como defendemos em capítulos anteriores.

Os primeiros pentecostais no Brasil estavam encharcados de uma cultura avessa à academia teológica e ao denominacionalismo de origem. Segundo a interpretação de Paul Freston, tinham uma postura de sofrimento, martírio, contracultura e religião leiga: acostumados à marginalização, não tinham aspirações sociais.[12] Desprezavam a igreja estatal com seu alto status social e político e seu clero culto. Queriam algo prático e renovador. Não se preocuparam em tematizar

---

[9]Bonino, 2003, p. 70.
[10]Mendonça, 1997, p. 175.
[11]Araújo, 2007, p. 557.
[12]Freston, 1993, p. 91.

MISSÃO E PENTECOSTALISMO A PARTIR DA PENTECOSTALIDADE | 135

essa experiência, apenas em vivê-la. No afã de reviverem o Pentecoste dos dias apostólicos, interpretavam literalmente as experiências da igreja primitiva, trazendo-as para os dias atuais.

A doutrina do batismo com o Espírito Santo ensina que o cristão recebe um revestimento especial de poder para o exercício dos dons espirituais.[13] É preciso desejar esse "batismo" e viver uma vida piedosa. A finalidade é capacitar o cristão sobrenaturalmente (Lucas 24:49), transformá-lo em testemunha poderosa do evangelho (Atos 1:8) e unir o corpo de Cristo, derrubando barreiras e preconceitos (Efésios 4:4). A evidência visível desse batismo é a *glossolalia*. José Apolônio afirma que falar em outras línguas é uma das experiências pentecostais mais importantes e fundantes.[14] A glossolalia representa a oração no Espírito, a intercessão e o louvor. É diferente da *xenolalia* — falar em um idioma conhecido, estranho apenas a quem o fala. Os primeiros pentecostais achavam que esse dom lhes seria útil para a evangelização dos povos, mas concluíram que se tratava de um dom para edificação da igreja e para uma vida de oração.[15]

Uma teologia pentecostal está dada pela relação intensa que desenvolve com o templo (alta frequência), com a Bíblia (paixão pelas Escrituras, mormente lida e aplicada às suas experiências), com a atualidade dos dons espirituais (capacitação e sacerdócio de todos os crentes), com a escatologia (esperança de novo céu e do encontro com Cristo) e com a missão (anunciam em qualquer lugar e a todos).

UMA MISSIOLOGIA PENTECOSTAL: NA DINÂMICA DO ESPÍRITO

Como afirma Miguel Bonino, o pentecostalismo latino-americano possibilitou o acesso do evangelho às massas populares.[16] Esse poder de penetração na sociedade é básico para uma missão contextualizada e relevante historicamente, e aliado a um zelo evangelizador, produz uma igreja militante. Sua missiologia é fortemente influenciada pela grande comissão (Mateus 28:19; Marcos 16:15) e pela noção de experiência especial com o Espírito Santo para ser testemunha em todo o mundo (Atos 1:8). É tarefa urgente, considerando as mazelas deste mundo e a condição de "perdidos" dos não cristãos.

A igreja pentecostal entende a *ekklesia* literalmente. São chamados para fora do mundo (santificação) e para fora do seu grupo (evangelização). Por vezes, injustamente, são interpretados como proselitistas e conversionistas com a pecha

---

[13]Silva, 1996, p. 46.
[14]Silva, 2004, p. 52.
[15]Horton, 2006, p. 20.
[16]Bonino, 2003, p. 53.

de abordarem com naturalidade quem não pertence ao grupo. Contudo, esse estigma só pode ser aplicado por aqueles que não conhecem a história missionária pentecostal e as novas leituras de teólogos e teólogas da América Latina. Antes de qualquer coisa, ou de acusações pueris, devemos afirmar que a eficácia da evangelização depende, dentre outros fatores, da decisão do evangelizado em acolher ou não a proposta disponibilizada pela missão pentecostal. Em países com sistemas democráticos, essa liberdade não pode ser vista superficialmente, mas como uma oportunidade da pluralidade e da escolha individual. Cabe aos irmãos das outras denominações cristãs entenderem que a falta de reconhecimento de unidade por parte de alguns pentecostais não representa o pentecostalismo. Além disso, esse vigor precisa ser influenciador e promover a parceria no Reino. Como afirma David Bosch, a fé cristã é intrinsecamente missionária.[17] Os fiéis devem se preocupar em anunciar com intrepidez o evangelho e vivê-lo de forma radical.

Percebemos a missiologia assentada em três pilares: 1) ministério dos leigos (cada membro e toda comunidade); 2) iminência do retorno de Cristo (sentido de urgência); e 3) experiências com o Espírito Santo. Geremias do Couto afirma:

> somente a igreja que dispuser de visão multiministerial [...] terá condições de estar presente em todas as circunstâncias que demandam sua ação na vida urbana. [...] Visão multiministerial significa diversidade de ministérios atuantes na igreja local para alcançar todos os segmentos sociais. Das crianças aos mais idosos, todos precisam estar mobilizados em todas as frentes — menores carentes, drogados, prostitutas, terceira idade, empresários, profissionais liberais etc. — a fim de que se cumpra através da igreja o ministério da reconciliação (2Coríntios 5:18).[18]

O sentido de privilégio e de urgência é fruto da visão apocalíptica. Os anjos quiseram anunciar o evangelho (1Pedro 1:10-12), mas Deus reservou esse privilégio à sua igreja. É uma tarefa gigantesca e exige mordomia total (bens, talentos, dons, tempo etc.) e urgência, pois a expectativa do retorno de Cristo é iminente. A evangelização é prioridade absoluta,[19] e a ênfase no poder do evangelho para libertar dos pecados e vícios é o que produz transformação social.

As experiências espirituais apontam para uma missão marcada por sinais miraculosos: a maioria dos grandes projetos missionários pentecostais começa a

---

[17]Bosch, 2009, p. 21s.
[18]Couto, 2008, p. 417.
[19]Couto, 2008, p. 420.

partir de reuniões de oração, nas quais se buscam orientações por meio de sonhos, visões e revelações específicas. No diário de um dos pioneiros do pentecostalismo no Brasil, Gunnar Vingren, encontra-se o relato do seu chamado à missão em terras brasileiras. Foi-lhe revelado em um culto de oração o nome da cidade: Belém do Pará. No mesmo ano da visão (1911), ele chegou ao destino profetizado.[20] O aspecto positivo dessa prática reside no fato de as pessoas estarem abertas a experiências miraculosas e ao desenvolvimento de uma sensibilidade espiritual. Também ajuda nos momentos de indecisão e fraqueza, quando as dúvidas pairam sobre a condição de enviado às diferentes culturas e intempéries. Contudo, pode ser muito negativa quando limita a espiritualidade aos chamados missionários espetaculares. Além disso, depender somente de visões e sonhos pode ser perigoso, dado a subjetividade que os cerca.[21]

Um elemento que está impactando negativamente as missões pentecostais é a confusão conceitual com o chamado *neopentecostalismo*. Reação recente dentro do pentecostalismo, logo cedo rompeu com as bases do movimento. É marcado pela teologia da prosperidade, pelo comércio do sagrado, pela coisificação da religião e pela relação de clientela, o que não pode ser aplicado à Assembleia de Deus no Brasil, por exemplo. Pelo intenso uso da mídia, do sensacionalismo e da manipulação, vários expoentes desse novo movimento estiveram no centro de grandes escândalos. Tal comportamento tem sido associado aos pentecostais (agora chamados de *clássicos* ou *históricos*) e tem contribuído para diminuir sua credibilidade e bom testemunho. A missiologia pentecostal tem se movido nesse campo minado, entre oportunidades e perigos.

CONCLUSÃO

Assim, por ser fruto da experiência de Deus em cada membro, a missão pelos pentecostais é feita em "brasas". Recebe o sopro do Espírito inflamando cada membro da comunidade. Há um ardor missionário em cada cristão renovado, resgatando, entre outros fatores, a potência do sacerdócio universal e de cada crente em sua missiologia. Participar da *missio Dei* (missão de Deus), para os pentecostais, é uma condição existencial. Sua flexibilidade (centram a pregação na fé individual e se organizam de maneira autônoma) permite rápida adaptação a diferentes contextos, pois têm uma forma de culto espontânea e informal. Essa perspectiva missional pode se caracterizar por uma continuidade aos

---

[20]Vingren, 2009, p. 26s.
[21]No livro *Eis-me aqui, Senhor*, há um aprofundamento sobre a disponibilidade como chave missionária (Oliveira, 2014).

movimentos missionários protestantes originários e, por outro lado, possibilitar a interpretação de uma nova Reforma, embalada pela pentecostalidade e missiologia vivificada pelo Espírito Santo. Se for assim, sejamos inflamados pelo Espírito de Deus.

CAPÍTULO 10
HERMENÊUTICA DO ESPÍRITO: ATOS 2 E O EMPODERAMENTO PARA A AÇÃO PENTECOSTAL

INTRODUÇÃO

O texto de Atos 2:1-13 pode ser tratado como "experiência religiosa fundante narrativizada". Se em Atos 1:8 há o projeto de expansão do anúncio, que se estrutura na lógica progressiva "local-confins", o texto do Pentecoste seria a realização dessa projeção. O narrador usa estratégias facilitando seus leitores a fazerem as relações intertextuais. O verbo *lambano* (receber), no médio/passivo, regendo a afirmação da realização da chegada da *dýnamis* (poder), vinculada ao Espírito, proporciona a leitura do capítulo 2 como sua realização.

Robert Alter, em perspectiva mais literária, chamaria isso de "ficção historicizada",[1] por meio da qual a imaginação das origens realiza-se na história primordial da igreja. Seria, nesse sentido, não somente original, mas *originária*, paradigmática. Em sua organização das imagens, o conectivo "*kai*" (e) vincula a próxima oração à frase anterior e coloca o "recebimento" como início da realização da oração no aspecto futuro: "serão minhas testemunhas". Se o narrador permite a vinculação da primeira parte da promessa em Atos 1:8 ao capítulo 2, o mesmo acontece com o progresso "Jerusalém-Judeia-Samaria-confins da terra". Atos 2 seria, então, estratégia literária para promoção e compreensão necessária da historicização do projeto do capítulo 1.

---

[1] Alter, 2007, p. 47. Essa expressão, na época do lançamento da obra, gerou muito desconforto e serviu para mentes idiotizadas ou a pessoas de caráter dúbio — somente o Senhor poderia julgar — tratarem a obra inteira como pouco ortodoxa. Por isso, mesmo que a obviedade seja nítida, reafirmamos que este conceito não é dos autores do livro, mas de Robert Alter, através do qual podemos apresentar o texto de Atos 2 como originário, paradigmático.

INTERPRETANDO A BÍBLIA A PARTIR DO ESPÍRITO

Se as pesquisas estiverem certas — especialmente a exegese, que valoriza a experiência religiosa como instrumento de interpretação dos cristianismos das origens —, Atos 2, pelo menos nos primeiros quatro versículos, mostra-nos a inter-relação originária do êxtase com a proclamação. Neste capítulo proporemos, então, a experiência extática, comum nas tradições judaicas, especialmente da apocalíptica judaica, como chave na compreensão das origens querigmáticas das primeiras comunidades cristãs. Como narrativa paradigmática, Atos 2 é modelo para o desenvolvimento de toda a obra lucana.

ATOS 2:1-13: DO ÊXTASE AO *MIDRASH*

A forma literária dominante em Atos 2:1-47, assim como no livro *Apócrifo de Atos*, pode ser nomeada como "narrativa de propaganda religiosa".[2] Na primeira parte da moldura, a análise literária mostra-nos, com certo grau de certeza, dois nítidos blocos: 1-4 (êxtase e glossolalia); e 5-13 (anúncio às nações). Os versículos de 1 a 4 são emoldurados sob a ideia de "todos": "todos reunidos" (v. 1) e "todos cheios" (v. 4). Como diz Paulo Nogueira:

> Inicialmente nossa abordagem do fenômeno aponta para o fato de que Lucas "mascara" a glossolalia deslocando-a de contexto. Em Atos 2, ele transforma o falar em "outras línguas" do êxtase cultual em início da pregação do evangelho. Isso cabe muito bem no propósito teológico e literário de Lucas. O fato de que judeus e prosélitos ouvissem "em sua própria língua" — ou seja, na língua da diáspora — a pregação dos discípulos serviria de abertura exemplar da evangelização do Império desde Jerusalém até Roma. Essa reformulação redacional do fenômeno é realizada pela mudança sutil de cenário: se antes os discípulos estavam reunidos em "um mesmo lugar", o que indicaria um lugar central de Jerusalém no qual se convertiam e eram batizadas 3 mil pessoas, o texto dos versículos de 1 a 4 poderia ter cabido perfeitamente em um contexto de cultos das primeiras comunidades.[3]

Lendo o texto, percebe-se que uma tradição intimamente ligada a expressões de êxtase é reformulada editorialmente e domesticada. O narrador transforma o fenômeno de êxtase e línguas, com auxílio das tradições judaicas, em anúncio. O contexto literário dessa estratégia literária é a Festa de Pentecoste.[4] No livro de Jubileus, importante obra judaica do século 2 a.C., encontramos no capítulo 6 a conexão dessa

---

[2]Pervo; Attridge, 2009, p. 58.
[3]Nogueira, 2003, p. 42.
[4]Witherington III, 1998, p. 62, 130.

festa com a renovação da aliança de Noé e de Moisés. Fílon, ao falar da entrega da Lei, diz: "E uma voz soou do fogo que descia do céu, uma voz muito maravilhosa e terrível. A chama foi dotada de linguagem familiar para seus ouvintes".[5] Na tradição rabínica do século 2,[6] com origens mais antigas, encontramos a crença na inicial proclamação da Lei a setenta nações.[7] Talvez, Lucas tenha domesticado o fenômeno de êxtase usando a tradição da proclamação da Lei às nações, que, em Atos, são os judeus da diáspora, ocultando o caráter extático da experiência da narrativa mais antiga, fazendo do texto um *midrash* para ser proclamado às nações.

Isolando Atos 2:1-4, torna-se possível aproximá-lo de outros textos que testemunham as experiências de glossolalia e profecia da comunidade cristã. Na lista dos carismas de 1Coríntios 12:1-11, o fenômeno de ἑτέραις γλώσσαις (*heterais glōssais*, "outras línguas") está entre os demais dons disponibilizados pelo Espírito. Enquanto em Atos essa mesma experiência é sempre possível por intermédio dos apóstolos (cf. 8:14-17; 19:1-7), na comunidade cristã de Corinto não há intermediários. Em Paulo, essas experiências são pastoralmente tratadas a partir do tema do culto público (1Coríntios 14:1-39), pois a maior preocupação era a *oikodomé* ("edificação"; v. 3), possível por meio da inteligibilidade da mensagem. Por isso, ele fala da superioridade da profecia ou da necessidade de interpretação (v. 2-12).

Aproximando essas testemunhas textuais, podemos colocá-las em um mesmo lócus de experiências cristãs primitivas de êxtase religioso. Tanto Atos 2:1-4 como 1Coríntios 14 refletem o fenômeno da glossolalia como expressão não compreensível à linguagem das nações conhecidas, pois diz respeito à dimensão não racional das experiências com o Espírito, por mais que pudesse ser regulada (1Coríntios 14:26-40). O que isso significa para a história das comunidades cristãs originárias? E mais, como o êxtase e o agir testemunhal foram um conjunto no projeto de anúncio do Reino? Essas perguntas poderão ser respondidas com o destaque e a análise de alguns indícios de experiências religiosas no texto.

Atos 2:1-4: línguas de fogo, som de vento e êxtase religioso

O texto narra a experiência assim:

> [1]E se completando o dia de Pentecoste, estavam todos juntos sobre o mesmo lugar. [2]E ocorreu inesperadamente do céu um ruído parecido com um violento vento

---

[5]Yonge, 1996, p. 522.
[6]*b. Shab. 88b.*
[7]Witherington III, 1998, p. 131.

desencadeado e encheu toda a casa onde estavam assentados, [3]e foram vistas por eles línguas divididas em parte, línguas como de fogo, e pousou-se sobre cada um deles, [4]e todos foram preenchidos do Espírito Santo e começaram falar diferentes/outras línguas de acordo como o Espírito capacitava-lhes falar.[8]

O texto de Atos 2:1-4 começa dizendo que, no dia de Pentecoste, cinquenta dias depois da Páscoa, os discípulos estavam reunidos. De repente (ἄφνω, *aphnō*), surgiu do céu um som, ou eco (ἦχος, *ēchos*), como de um desencadeado vento violento que encheu, ou preencheu, toda a casa em que estavam assentados (v. 1-2). Lucas não fala de vento real, mas do som parecido com um vento forte, um barulho. A imagem do vento lembra as teofanias da tradição judaica (Êxodo 19:16-19; 1Reis 19:11; Isaías 66:15; 4Esdras 13:10).[9] O interessante é o fato de o som encher a casa. Isso lembra a mesma expressão de êxtase do visionário João do Apocalipse: "virei-me para 'ver' a 'voz'" (βλέπειν τὴν φωνὴν, *blepein tēn phōnēn*; Apocalipse 1:12). "Ver a voz" e "som que enche" são expressões de transe ou êxtase religioso.

Da experiência auditiva, ou melhor, semiauditiva (o som "enche" o lugar), são vistas por eles *línguas como de fogo*. Estas são divididas sobre cada um deles (v. 3). O texto continua dizendo que foram preenchidos do Espírito Santo e por isso começaram a falar em outras línguas (*héterais glóssais*), conforme o mesmo Espírito dava-lhes capacidade para falar (v. 4), ou de acordo com o que ele concedia. Segundo Felicitas Goodman, a glossolalia não é um comportamento natural diário, mas um estado alterado da consciência.[10] Aqui chegamos ao auge da experiência extática da cena. Depois de completados/preenchidos do Espírito, eles começaram a falar línguas, concedidas pelo que desceu do céu. O texto mostra a "possessão" para a expressão da glossolalia: "foram preenchidos do Espírito Santo e começaram falar diferentes/outras línguas de acordo como o Espírito capacitava-lhes falar" (v. 4). Uma das expressões do êxtase na religiosidade antiga, segundo I. Lewis, é ser tomado pela divindade.[11]

O quarto versículo usa o verbo *pophethêngomai* para se referir ao falar com influência do Espírito. Essa expressão se refere ao falar profético ou inspirado, em êxtase. E pode ser traduzida como "falar com força", "claro", "com ênfase".[12] Na Septuaginta (LXX), o verbo é usado no particípio para traduzir a palavra "profeta"

---

[8]Tradução dos autores.
[9]Pervo; Attridge, 2009, p. 61.
[10]*Goodman*, 1972, p. 31.
[11]Lewis, 1997, p. 18.
[12]Kittel; Friedrich; Bromiley, 1995, p. 75.

em Malaquias 5:11, assim como a ação de profetizar de 1Crônicas 25:1. Em Atos, é usado para caracterizar o discurso de Pedro, depois do Pentecoste (2:14), e o de Paulo diante de Agripa (26:25). Ambos podem ser vistos tanto como um falar comum quanto como uma fala inspirada ou conduzida por uma experiência de êxtase ou transe, especialmente em At 2:14.

Percebemos no texto algumas imagens importantes: som de vento, línguas como de fogo ladeadas por expressão de êxtase e glossolalia pela possessão do Espírito. Esses temas costumam aparecer na apocalíptica judaica, especialmente nos textos de tipo *viagem além-mundo*. Contudo, é necessário indicar que as imagens de "êxtase", "acesso a conteúdos revelados" e "proclamação" aparecem juntas não somente na tradição apocalíptica, mas também no profetismo de Israel. Eliseu, durante o diálogo com Hazael, fitou diretamente a face de Hazael até este se sentir envergonhado (שֵׁבֹ֔דַע, *'ad-bōš*) e, então, o profeta chorou (2Reis 8:11). Essa cena mostra sinais de êxtase e transe profético.[13] Experiências de perturbação psicológica, com resquícios de transe e êxtase, aparecem em outros textos proféticos (Ezequiel 3:15; Isaías 21:1-10). A música, regida com instrumentos, aliada ao tema do "espírito de Javé" ou "a mão do Senhor" compõem, em alguns textos da Bíblia hebraica, as manifestações do êxtase profético, como aparece na obra histórica deuteronomista (1Samuel 10:5,6,10; 11:6; 1Reis 18:46; 2Reis 3:15). Suas manifestações eram tão desconcertantes que o profeta era considerado *meshugga*, "louco" (2Reis 9:11; Jeremias 29:24-27; Oseias 9:7). Nesse sentido, no profetismo — ambiente do anúncio da *dabar* ("palavra") —, o êxtase era meio e constituía-se como parte do processo.[14]

Na apocalíptica, além do tema da escatologia, que é importante para entender esse mundo literário, encontramos a preocupação com as realidades celestiais, especialmente nas viagens além-mundo, marcadas por especulações cosmológicas. Nesses textos, o visionário é levado até regiões celestiais e contempla a organização cósmica, as funções dos anjos e o templo celestial, com a *mercavah* (o trono-carruagem de Deus).[15] Com essas experiências, o visionário, além de ter acesso a uma sabedoria superior, passava por transformações angelomórficas (2Enoque). Além dos sonhos, o transe ou êxtase são os mecanismos para essas revelações.

---

[13]Sicre, 2008, p. 106.

[14]Sicre, 2008, p. 107.

[15]*Mercavah* é uma expressão hebraica que significa "carruagem". Há uma literatura do mundo judaico conhecida como "misticismo da Mercavah"; esta tem suas raízes em Ezequiel 1 e se desenvolveu no judaísmo posterior. Esse grupo de textos gira em torno do acesso místico ao trono-carruagem de Deus, possibilitado por viagens celestiais, como acontece em 1Enoque 12-14.

144 | INTERPRETANDO A BÍBLIA A PARTIR DO ESPÍRITO

Além da tradição judaica, no mundo antigo em geral, a experiência xamânica de êxtase para viagem ao céu era comum.[16] No misticismo apocalíptico,[17] entre outras coisas, o visionário vai até o palácio divino e tem contemplações que lembram as imagens relacionadas à experiência de êxtase de Atos 2:1-4, como mostraremos a seguir. Podemos adiantar que o texto lucano não tem características de uma experiência de viagem celestial, mas cita algo que Enoque encontrou no céu durante sua viagem.

Para entendermos essas tradições de viagem além-mundo, que podem ser pano de fundo para Atos 2, precisamos recorrer a 1Enoque, obra pseudoepigráfica dos séculos 3 a 2 a.C. Segundo Martha Himmelfarb, a origem da tradição de ascensão de 1Enoque 14, texto importante para o judaísmo enoquita, está na visão do trono-carruagem de Ezequiel, pois marca o início da tendência em dissociar a casa celestial de Deus do templo em Jerusalém.[18] A ascensão de Enoque preservada no *Livro dos vigilantes* serviu de modelo para outros apocalipses de viagem celestial — até mesmo 2Enoque — porque apresenta o céu como o templo de Deus.[19]

Lendo o texto de 1Enoque, percebemos que, a partir do capítulo 12, o visionário está entre os anjos (v. 1-4) que pecaram com as filhas dos homens (caps. 6—11). Eles pedem a Enoque que interceda a Deus por seus destinos e de seus filhos. Sua intercessão não foi acatada, e a condenação seria inevitável (14:1-7). Logo adiante, de maneira inesperada, o texto diz: "mostrou-me uma visão assim" (14:8), e Enoque é levado ao céu. Ao chegar lá, ele passa por alguns compartimentos e contempla a majestade da realidade celestial, que é dividida em três partes, lembrando o templo.

Nesse ambiente, Enoque se depara com imagens que nos mostram relações intertextuais com Atos 2:

> Entrei até chegar-me ao muro construído com pedras de granizo, que é rodeado por uma *língua de fogo*, e comecei a assustar-me. Entrei na *língua de fogo* e me aproximei até a casa construída com pedras de granizo, cujo muro e pavimento são lápides pedras de granizo. Seu solo é também de granizo. Seus tetos, claros como estrelas e

---

[16]Tabor, 1986, p. 42.

[17]No período do segundo templo, o misticismo judaico era preponderantemente apocalíptico. Machado afirma: "A distinção/similaridade entre apocalíptica e mística judaica diz respeito a *gêneros literários* diferentes, facilmente distinguíveis, mas que relatam experiências religiosas semelhantes. Assim, misticismo apocalíptico reúne gêneros literários distintos que narram ou pressupõem experiências e práticas religiosas similares, como viagens celestiais, visões extáticas e transformação". Machado, 2009, p. 86.

[18]Himmelfarb, 1993, p. 11.

[19]Himmelfarb, 1993, p. 14.

relâmpagos, onde estão os ígneos querubins; e seus céus são como água. Havia fogo ardente ao redor das paredes e também a porta se abrasava em fogo (1Enoque 14:12).

Depois ele entra na casa, a qual estava cercada por esses muros com línguas de fogo, e lá cai e tem a visão de outra casa maior:

> Entrei nesta casa que ardia como fogo e fria como granizo, onde não havia nenhum prazer ou vida, e o medo tomou-me e o terror oprimiu-me. Caí com a face no chão e tive uma visão: eis que havia outra casa, maior que esta, a qual as portas estavam abertas diante de mim, construídas de *línguas de fogo* — era tudo tão esplêndido, ilustre e grande que não posso contar o tamanho da glória e grandeza. Seu solo era de fogo; por cima tinham relâmpagos e órbitas astrais; seu teto, de fogo abrasador (1Enoque 14:13-17).

Enoque contempla o templo celeste. Ele é glorioso, e a linguagem que o descreve é pesada e repetitiva. Os elementos, que poderiam ser antagônicos na realidade terrestre, lá convivem naturalmente (água, fogo, granizo). Um desses, em destaque na cena, é o fogo. Ele está nas portas, nas paredes e debaixo do trono, mesmo como línguas de fogo. Essas línguas estão sobre a parede da entrada e compunham as portas da casa em que estava o trono (14:8,15).

A imagem de línguas de fogo no ambiente do trono de Deus também aparece em outro texto do judaísmo enoquita, *Parábolas de Enoque* (1En 37—71), na terceira parábola (caps. 58—71). Em 1Enoque 71:1, o texto diz que Enoque novamente é levado ao céu, onde contempla os anjos andando sobre chamas de fogo. Depois ele é arrebatado até o mais alto dos céus — como acontece com Levi, no *Testamento de Levi* (3:1-2) —, visualiza pedras de escarlate e, no meio das pedras, contempla *línguas de fogo* vivas (1Enoque 71:5). Novamente o fogo estava no ambiente celestial ao lado de anjos.

Na literatura enoquita, as línguas de fogo descreviam o ambiente do templo celestial e formavam as paredes do palácio e as portas da entrada da casa, na qual Deus estava, sentado no seu trono.

IMAGENS APOCALÍPTICAS DO MUNDO CELESTIAL E A EXPERIÊNCIA DE ÊXTASE EM ATOS 2:1-4

Para entendermos a presença desses elementos do trono celestial no texto e na experiência religiosa da comunidade cristã, como aparece em Atos 2:1-4, as obras litúrgicas, que estão entre os manuscritos de Qumran, são importantes, pois refletem a ideia comum no judaísmo antigo de associação com o mundo angéli-co.[20] Uma, em especial, é *Cânticos do sacrifício sabático* (*Shîrôt ôlat ha-shabbat*), testemunhados em oito cópias da Caverna 4 (4Q400-4007 = 4QShirim'Olot ha-sa-bbat = 4QshirotShabb[a-h]), em uma cópia da Caverna 11 (11Q17 = 11QshirShabb) e em Massada.[21] "Os *Cânticos* têm extáticas qualidades e podem evocar experiências místicas ou sete experiências visionárias de membros da comunidade".[22] Como al-guns pesquisadores afirmam, a leitura dos *Shîrôt* proporcionava aos membros da comunidade a participação nos sacrifícios sabáticos dos anjos no templo celeste, substituto do templo de Jerusalém.[23] Collins chega a afirmar que a experiência de leitura desses textos no contexto litúrgico gerava a mesma sensação da leitura dos apocalipses do tipo viagem celestial,[24] porque conduzia a comunidade à cami-nhada imaginária aos santuários celestes e à participação entre os anjos no culto nos céus. Carol Newsom segue o mesmo raciocínio e afirma que a recitação dos cânticos gerava experiência de êxtase e levava a comunidade à liturgia angélica.[25] Por isso, Nickelsburg, seguindo esses autores, afirma que

> Em geral, seu conteúdo não é tecnicamente litúrgico, isto é, os cânticos não se di-rigem à divindade. Em vez disso, eles descrevem a angélica adoração e apelam para os anjos participarem nessa adoração. Então, podemos vê-los "como meio de co-municação com os anjos no ato do louvor, é uma forma de misticismo comunitário". Eles criavam uma experiência pela qual a comunidade na Terra era levada emocio-nalmente para a presença dos anjos e, certamente, diante do trono da divindade.[26]

Os *Cânticos* mostram a íntima relação das realidades celestial e terrena no imaginário do culto no mundo judaico-cristão. Além dessa função associativa, as realidades celestiais reveladas servem de modelo para os cultos humanos, como se fosse possível contemplar o mundo da casa de Deus servindo-se desse mundo como paradigma da adoração na comunidade. Assim, os sacerdotes angélicos são modelos e legitimadores transcendentes da função sacerdotal da comunidade.

Em Atos 2:1-4, encontramos a presença de elementos celestiais no culto cris-tão. Esse texto, como vimos, pode ser mais antigo do que sua redação lucana e

---

[20]García Martínez, 2000, p. 188.
[21]Fletcher-Louis, 2002, p. 14.
[22]Collins, 1996, p. 14.
[23]García Martínez, 2000, p. 58.
[24]Collins, 1997, p. 141.
[25]Newsom, 1985, p. 20.
[26]Nickelsburg, 2005, p. 153.

HERMENÊUTICA DO ESPÍRITO: ATOS 2 E O EMPODERAMENTO PARA A AÇÃO PENTECOSTAL | 147

reflete, ao lado de alguns textos paulinos, a imagem de um cristianismo cheio de experiências de transe religioso e êxtase. Na literatura apocalíptica, essa experiência religiosa está vinculada a elementos que fazem parte da realidade celestial, como a *mercavah*. As línguas de fogo são um dos elementos que compõem esse quadro, como citamos, porque estão nas paredes e portas do trono celestial na visão de Enoque — e o próprio fogo, desde Ezequiel e também na literatura de Qumran, está vinculado à *mercavah*. Para confirmar a leitura de experiências de êxtase com traços da literatura apocalíptica, Paulo Nogueira diz que a glossolalia fazia parte da realidade do culto celestial. Ele chega a essa conclusão com a leitura de 4Q400 frag. 2,7-11.[27] Nesse texto, na linha 7, aparece a expressão *língua do pó*, em contraste com língua de conhecimento, da linha 11, que pode ser referência a algum idioma angelical. Nickelsburg percebe que esse contraste claro entre o conhecimento do ser humano e o dos seres celestes está no âmbito do tributo de louvor a Deus.[28] Os anjos teriam uma espécie de língua excepcional na tradição judaico-cristã de louvor — como o mesmo Nogueira indicou usando o *Apocalipse de Paulo*.[29]

Em Atos 2:1-4, estamos diante de um texto que nos revela uma comunidade cristã influenciada por imagens apocalípticas acessadas por visionários em viagens celestiais e vinculadas ao misticismo da *mercavah*. O texto em si não narra uma viagem celestial, mas usa o imaginário do templo celestial exposto por esse subgênero, muito comum na literatura apocalíptica. As línguas de fogo e a própria glossolalia faziam parte da realidade celeste, mas à luz de Atos 2, estavam presentes na fé das comunidades cristãs em cultos cheios de êxtase.

Observando estas informações, e levando em consideração os versículos de 5 a 13, o êxtase dos versículos de 1 a 4 é o mecanismo para proclamar a todos os povos — *oikoumene* do Mundo Antigo — as maravilhas de Deus (v. 11). Essa experiência originária nos dá pistas a respeito do êxtase, que aqui lembra as tradições proféticas e apocalípticas como instrumento de anúncio. É tradução das maravilhas do Reino sob as bases do Espírito, dentro da lógica ecumênica.

"EM NOSSA PRÓPRIA LÍNGUA": ÊXTASE E ANÚNCIO NA OIKOUMENE

Nos versículos de 6 a 13, há a tradução do êxtase em mensagem. Eles são parte da estratégia literária do narrador para tornar os versículos de 1 a 4 em anúncio universal. Nesse sentido, o texto parece um *midrash*. O narrador deseja criar a expectativa de que o êxtase potencializa o anúncio, tornando-o universal (v. 8-11).

---

[27]Nogueira, 2003, p. 66.
[28]Nickelsburg, 2005, p. 153.
[29]Nogueira, 2003, p. 69.

A força comunicativa da mensagem detém-se em dois resultados do êxtase: "próprio idioma" (ἰδίᾳ διαλέκτῳ, *idia dialekto*; v. 6,8); e "maravilhas de Deus" (μεγαλεῖα τοῦ θεοῦ, *megaleia toû theoû*; v. 11). Esse conjunto de imagens das narrativas é perpassado pelo "falar" (λαλέω, *laleo*), tornando seu conteúdo uma expressão em linguagem das coisas que pertencem ao mundo das experiências comuns da apocalíptica judaica, nas quais há *mercavah*, fogo, línguas, palácio celestial etc. Se o êxtase tem relação com o espanto, por causa de suas expressões ininteligíveis (v. 6), o anúncio — que não é somente regulação, mas continuidade ou até mesmo seu resultado — torna-se a expressão inteligível.

O *ídiadialiékto* (próprio idioma) tem como princípio a autonomia, particularidade idiossincrática, por meio da qual um grupo revela sua identidade. Esse conceito cabe bem nesta análise, porque, como é trato nesses últimos anos, a identidade não deve ser observada como realidade fixa, impenetrável, rígida. Jonathan Hall, seguindo esses pressupostos, milita pela perspectiva fluida da construção da identidade. Ele afirma que identidade étnica pode somente ser constituída por oposição a outras identidades étnicas.[30] A identidade é resultado do reconhecimento das distinções entre si, uma distinção autoconsciente. É uma objetivação percebida na compreensão de fundamentos de práticas e experiências compartilhados. Assim, o grupo étnico se estabelece nas interações socialmente situadas; por isso seu caráter fluido, que Hall não cansa de afirmar. O conteúdo cultural da etnicidade pode variar de modo substancial e qualitativo em diferentes contextos. Ou seja, a *práxis* da etnicidade resulta de múltiplas realizações transitórias da diferença étnica em contextos particulares.

Frederik Barth, outro representante desse renovador olhar sobre a construção da identidade, troca a proposta estática da identidade étnica por uma concepção dinâmica.[31] Philippe Poutignat, interpretando Frederik Barth, afirma que

> Ele entendeu muito bem e faz entender que essa identidade, como qualquer outra identidade coletiva (e assim também a identidade pessoal de cada um), é construída e transformada na interação de grupos sociais através de processos de exclusão e inclusão que estabelecem limites entre tais grupos, definindo os que os integram ou não [...] os traços que levamos em conta não são a soma das diferenças "objetivas", mas unicamente aqueles que os próprios atores consideram como significativos.[32]

---

[30]Hall, 1997, p. 4.
[31]Barth, 1969.
[32]Poutignat, 1998, p. 11.

A "interação situacional", mecanismo para fluidez, serve como peça fundamental para a perspectiva moderna da construção de identidade. Nesse sentido, ouvir em "sua própria língua" é entrar na dinâmica das relações identitárias, que, no encontro guiado pela mensagem pode se revelar instrumento de violência ou, pelo contrário, de diálogo. As "maravilhas de Deus" aparecem aqui como ponto de encontro, no qual se identifica o espaço comum, lugar de regozijo e trocas entre grupos diferentes, um dos quais é até mesmo mal interpretado (v. 13).

Para a tradição do Pentecoste, na *oikoumene*, "o mundo habitado", o êxtase não é sinal de sectarismo, fuga da realidade, oposição às relações com expressões outras, mas mecanismo e fôlego para o encontro do "anúncio", "da fala", caracterizado pelo que é maravilhoso. Sua dinâmica é dialogal, e respeita os dialetos.

A experiência do encontro e anúncio é o grande desafio da sociedade dos dialetos e suas contingências. Como diz Vattimo:

> Se falo o meu dialeto, finalmente, num mundo de dialetos entre outros, se professo o meu sistema de valores — religiosos, estéticos, políticos, étnicos — neste mundo de culturas plurais, terei também uma consciência da historicidade, contingência, limitação, de todos estes sistemas a começar pelo meu.[33]

Quando não vencemos a "arrogância linguística", que muitas vezes nos leva à compreensão violenta de que nossos dizeres são o centro do mundo, não históricos e impenetráveis, perdemos de vista a riqueza daquilo que Vattimo chama de "dialeto". O êxtase, então, é categoria de análise por meio da qual se pode pensar a realização do anúncio dialogal, perguntando-se pela legitimidade dos anúncios alhures. Além disso, ele é instrumento de diluição da ideia enrijecida da construção do "eu/nós", a qual insiste em defender a não fluidez da formação das identidades. A aceitação desse pressuposto afirma o que há de mais lindo e frutífero na relação com o outro: a deformação e troca!

Assim, o êxtase, como força do anúncio, lança seus filhos do Pentecoste para o mundo plural, no qual o encontro acontece na dinâmica da troca e aprendizado mútuos, nos espaços das "maravilhas de Deus", que não poderiam estar em outro lugar a não ser no mundo habitado, na casa dos povos (*oikoumene*). Por isso, êxtase e proclamação, conectados ao conceito de unidade, fazem com que a experiência originária do Pentecoste seja fonte inesgotável de vivência e presença das "maravilhas de Deus" entre os povos.

---

[33]Vattimo, 1992, p. 15.

CONCLUSÃO

Tanto para os movimentos *holiness* como para os pentecostalismos posteriores e até as atuais comunidades pneumáticas, Atos 2 é recebido como texto axial. Donald Dayton, usando esse texto, fala das manifestações do Novo Testamento como "primeiras chuvas" e aponta o pentecostalismo moderno como "últimas chuvas" do Espírito.[34] Se essa nomenclatura está correta ou não, especialmente por suas implicações históricas, é indiscutível a importância dessa narrativa para o movimento pentecostal.

Olhando de perto, com os cuidados narratológicos necessários, Atos 2:1-13 mostra-se como linguagem paradigmática, a qual torna a experiência dos versículos de 1 a 4 e sua releitura nos versículos de 5 a 13 não somente uma narrativa das origens, mas originária! Como ficção historicizada, para usar a expressão de Robert Alter, o texto tem estratégias narrativas contundentes que fazem com que seus leitores a levem em consideração. O narrador usa verbos, substantivos e coloca suas imagens em movimento de forma que o leitor perceba Atos 2 como experiência de êxtase, que pode refletir a vida das primeiras comunidades cristãs ou dar indício de como compreendiam sua eclesiologia. A experiência religiosa refletida na narrativa revela um cristianismo de liturgia não controlada, com experiências extáticas e que compartilhava as realidades celestiais testemunhadas pela literatura apocalíptica.

A releitura no interior do texto faz com que o êxtase deixe de ser instrumento sectário ou desistoricizante, para tornar-se motivação de anúncio. Este, por sua vez, estrutura-se na lógica da manifestação "das maravilhas", levando em consideração a expressão "própria" dos seus interlocutores. É no encontro que essas "maravilhas" são partilhadas, e seus resultados, vivenciados. Nos desafios da pluralidade da *oikoumene*, homens e mulheres fazem desse encontro celebração e espanto. O êxtase, nesse sentido, é incentivo ao diálogo e construção de identidade à luz das experiências da troca no espaço dialógico dos dizeres.

Assim, êxtase e unidade tornam-se, nessa cena originária, paradigma de expressão comum das maravilhas de Deus.

---

[34] Dayton, 1991, p. 27.

CAPÍTULO 11
PENTECOSTALISMOS, DIREITOS HUMANOS E RACISMO

INTRODUÇÃO

O movimento pentecostal representa uma significativa parcela dos cristãos evangélicos no Brasil. O Censo Demográfico de 2010 revelou a mudança do quadro religioso brasileiro,[1] no qual o catolicismo, embora majoritário, apresenta contínua diminuição de adeptos, enquanto os evangélicos avançam, desde o ano 2000, em franco alargamento numérico. Se em 1991 os evangélicos representavam 9,0% da população, em 2000 já eram 15,4% e em 2010 chegaram à marca de 22%, dos quais 60% se declararam de origem pentecostal, superando os 18,5% dos evangélicos de missão.[2] Os números mostram a dinâmica e potência expansionista dos movimentos cristãos extáticos,[3] cujo discurso é perpassado pela performatização da fé, valorização da experiência e vivência coletiva.

Estabelecidos na fronteira entre os racionalismos cessassionista e liberal,[4] os pentecostalismos significaram a ruptura com a antropologia protestante refém da epistemologia da modernidade. Como explica Havey Cox,[5] esses movimentos norte-americanos dos primeiros anos do século 20 preencheram o *déficit* extático deixado pelos evangélicos, apontando em direção ao sistema afetivo de conhecimento da realidade, que no dizer de Smith,[6] seria a epistemologia afetiva. Se por um lado a experiência pentecostal animou o deslocamento da margem para o cen-

---

[1] Palhares, 2019, p. 20.
[2] Instituto Brasileiro de Geografia e Estatística, 2012.
[3] Oliveira; Terra, 2018.
[4] Yong, 2005.
[5] Cox, 1995.
[6] Smith, 2003.

tro da corporeidade, por outro, os corpos violentados e subjugados tornaram-se viváveis e empoderados, porque grupos marginalizados, excluídos pelo *establishment* protestante americano e brasileiro, foram e são protagonistas.

A partir dessas questões históricas e epistemológicas, este capítulo apresenta os movimentos pentecostais como presença no mundo e prática religiosa reveladora da defesa de direitos fundamentais, especialmente na militância da justiça racial, o que não significa uma defesa teórica, mas vivência comunitária de corpos excluídos que ganham status pneumáticos. Inicialmente, será tratada a relação entre religião e direitos humanos, avançando para as reflexões a respeito dos direitos fundamentais e as questões raciais para, por fim, destacar como os pentecostalismos têm potencial de representar intuições para uma sociedade mais fraterna e igualitária.

DIREITOS HUMANOS E RELIGIÃO

Boaventura de Sousa Santos,[7] em uma contundente crítica, começa seu argumento explicando serem os Direitos Humanos a linguagem da dignidade humana. O autor português problematiza o caráter hegemônico da construção desse conceito, porque é parte da mesma hegemonia que consolida e legitima formas múltiplas de opressão. Sua resposta a esse problema é autoexplicativa:

> A busca de uma concepção contra-hegemônica dos direitos humanos deve começar por uma hermenêutica de suspeita em relação aos direitos humanos tal como são convencionalmente entendidos e defendidos, isto é, em relação às concepções dos direitos humanos mais diretamente vinculadas à matriz liberal e ocidental.[8]

Criticando o teor universalista e, consequentemente, colonialista da genealogia dos Direitos Humanos, Boaventura expõe a contradição da abissal divisão entre as sociedades metropolitanas e coloniais, pois, "enquanto discurso de emancipação, os direitos humanos foram historicamente concebidos para vigorar apenas do lado de cá da linha abissal, nas sociedades metropolitanas".[9] Aprofundando a discussão, o autor ainda aponta as quatro bases ilusórias que fortalecem o consenso de serem os Direitos Humanos os princípios reguladores na concepção de uma sociedade justa: a teleologia, o triunfalismo, a descontextualização e o

---

[7]Santos, 2014, p. 15.
[8]Santos, 2014, p. 16.
[9]Santos, 2014, p. 17.

monolitismo.[10] É a partir dessas provocações que Boaventura indicará o lugar da religião na construção contra-hegemônica dos Direitos Humanos.

À luz das intuições do autor de *Se Deus fosse um ativista dos direitos humanos*,[11] as teologias políticas pluralistas, a despeito das fundamentalistas negarem-lhe valor, seriam uma grande contribuição para a linguagem dos direitos fundamentais, e os movimentos pentecostais poderiam ser incluídos nessas fileiras. Além do que, desenvolvendo a genealogia da moderna discussão dos Direitos Humanos, cujas bases se estabelecem no conceito da "dignidade humana", chega-se às tradições judaicas e gregas.[12] O jurista Konder Comparato afirma,

> A respeito da dignidade humana, o pensamento ocidental é herdeiro de duas tradições parcialmente antagônicas: a judaica e a grega. A grande (e única) invenção do povo da Bíblia, uma das maiores, aliás, de toda a história humana, foi a ideia da criação do mundo por um Deus único e transcendente. Os deuses antigos, de certa forma, faziam parte do mundo, como super-homens. Iahweh, muito ao contrário, como criador de tudo o que existe, é anterior e superior ao mundo.[13]

O jurista e historiador do direito avança e confessa que a teologia da criação, por tratar a humanidade como imagem da divindade, instalou-se na cultura ocidental tornando a sacralidade da vida parte dos principais movimentos humanistas.[14] Conseguintemente, a recepção da tradição judaico-cristã esteve na formatação da afirmativa teológico-filosófica do humano como sujeito de direitos. Contudo, para Boaventura, mesmo servindo como fonte de dignidade humana, foi exatamente essa tradição que significou a hegemonia e universalismo dos Direitos Humanos. Acrescentando, Jean Rivero e Hugues Moutouh afirmam a íntima relação dos Direitos Humanos com a tradição judaico-cristã:

> a própria noção de direitos do homem supõe uma civilização em que a dignidade da pessoa humana se mostra em evidência [...] o cristianismo, nesse ponto herdeiro da tradição judaica enriquecida e renovada, deu-lhe os fundamentos que progressivamente a impuseram.[15]

---

[10]Santos, 2014, p. 18.
[11]Santos, 2014.
[12]Comparato, 1997.
[13]Comparato, 1997, p. 12.
[14]Comparato, 1997, p. 13.
[15]Rivero; Moutouh, 2006, p. 37.

Por outro lado, pensando o lugar dos protestantismos e da Reforma, especialistas em termos jurídicos apontam a leitura desses movimentos de interpretação da Bíblia como grande responsável tanto para o desenvolvimento da modernidade como das discussões entranhadas do germe do que seria o "jusnaturalismo":

> Ainda que, de um lado, inúmeros teóricos admitam uma certa dificuldade em assinalar pontos de interação entre a Reforma e o Humanismo Renascentista, por outro, não se pode deixar de reconhecer a influência do protestantismo na gênese do Capitalismo moderno, na formulação da mentalidade livre individualista, na valoração da consciência moral, na contribuição da filosofia dos direitos humanos e, fundamentalmente, no impulso para a moderna concepção de jusnaturalismo.[16]

Se por um lado esses autores indicam o lugar da religião em geral e do protestantismo, em particular, no germe da linguagem dos direitos universais, Boaventura mostra que as teologias pluralistas seriam, no que lhe concerne, o lugar de maior aproximação do que chamaria de direitos humanos com rosto contra-hegemônico. Sobre a presença no espaço público, destaca dois polos, sendo um, a partir da teologia pluralista, e o outro, da teologia fundamentalista. Quanto ao critério de intervenção religiosa, haveria as teologias tradicionalistas e as progressistas. Enquanto as tradicionalistas têm suas raízes no passado e, por meio dele, pensam sua intervenção, o que significa preservar as estruturas como estão, as progressistas têm traços subversivos e de rompimento.[17] Boaventura não trata somente do cristianismo, mas quando didaticamente apresenta as diferenças e tensões dessas perspectivas teológicas, ele afirma:

> No cristianismo, uma teologia tradicional significa, por exemplo, que a distinção entre religião dos oprimidos e a religião dos opressores, não pode ser aceita. O que deu outra perspectiva é visto como a religião do opressor — uma religião espiritualista, burguesa, sem posição crítica em face das injustiças estruturais — é considerado o padrão de experiência religiosa legítima, ao mesmo tempo que a religião dos oprimidos é estigmatizada e ignorada.[18]

Os movimentos pentecostais e carismáticos representam exatamente a diluição dessa superficial leitura tradicional, porque mostram historicamente a pre-

---

[16]Wolkmer, 2005, p. 21.
[17]Santos, 2014, p. 47.
[18]Santos, 2014, p. 48.

sença desse cristianismo oprimido, de classes excluídas, e relativiza as divisões raciais. As comunidades pentecostais mostravam na prática como esse abismo injusto sempre foi notável, e como a hostilidade pela qual passavam tinha exatamente fonte nesse olhar preconceituoso e indiferente, ao mesmo tempo que resistiam, sob a orientação de uma pneumatologia do amor, à violação dos direitos humanos. Gedeon Alencar e Maxwell Fajardo descrevem muito bem essas relações, violências discursivas e o impacto dos pentecostalismos:

> O movimento da rua Azusa foi descrito pelos jornais da época como "orgia". Mesmo sem nenhuma conotação sexual, o movimento teve esse estigma porque reunia negros e brancos. Para a infame sociedade segregacionista norte-americana da época, uma reunião como essa somente podia ser chamada assim. Internamente, o movimento se via como ação do Espírito em que todas e todos podiam ter acesso. Absolutamente qualquer pessoa independentemente de gênero, classe ou raça. Na época, nos EUA, negros e mulheres não votavam, não tinham acesso à educação, não podiam andar nas mesmas calçadas, compartilhar os mesmos recintos públicos ou usar os mesmos bebedouros dos brancos, além do que lhes eram negados os mais elementares direitos civis — porém agora podiam, ombro a ombro com os brancos, receber o Espírito, cantar, orar e pregar juntos.[19]

Alvos das teologias tradicionalistas, esses movimentos eram tratados com desconfiança. A identificação "orgiástica", nada mais era do que estratégia retórica de desqualificação, por estarem rompendo as estruturas racistas americanas. Por essa razão, na prática, os pentecostais devem ser enfileirados nos grupos progressistas, mesmo que não se identifiquem exatamente assim, especialmente no contexto das questões raciais e econômicas, pois, na força do Espírito, romperam com divisões estabelecidas socialmente e legitimadas pelas comunidades cristãs tradicionais, ao menos em sua fase inicial e ainda vigente em setores das margens.[20]

DIREITOS HUMANOS E QUESTÃO RACIAL

O preâmbulo da *Declaração Universal dos Direitos Humanos* (DUDH), documento histórico e essencial para as nações estabelecerem os parâmetros dos direitos fundamentais, afirma antes de qualquer coisa a inviolável dignidade de toda

---

[19]Alencar; Farjado, 2016, p. 102.
[20]Oliveira; Rocha, 2018.

pessoa humana como resposta às históricas monstruosidades testemunhadas no mundo. Com proposições retórico-argumentativas, o documento afirma nas primeiras linhas:

> Considerando que o reconhecimento da dignidade inerente a todos os membros da família humana e de seus direitos iguais e inalienáveis é o fundamento da liberdade, da justiça e da paz no mundo, Considerando que o desprezo e o desrespeito pelos direitos humanos resultaram em atos bárbaros que ultrajaram a consciência da Humanidade e que o advento de um mundo em que todos gozem de liberdade de palavra, de crença e da liberdade de viverem a salvo do temor e da necessidade foi proclamado como a mais alta aspiração do ser humano comum.[21]

Essas afirmações — nas quais a existência humana e seus direitos são tratados com força de ordenação jurídica, e cabe aos Estados Democráticos preservá-los — apresentam a inalienável dignidade humana. No que lhe concerne, seguindo o espírito da universalização do direito à vida, no Artigo II, inciso 1, encontramos o alcance dessa Declaração:

> Todo ser humano tem capacidade para gozar os direitos e as liberdades estabelecidos nesta Declaração, sem distinção de qualquer espécie, seja de raça, cor, sexo, idioma, religião, opinião política ou de outra natureza, origem nacional ou social, riqueza, nascimento, ou qualquer outra condição.[22]

A universalização das proposições da Declaração transborda às fronteiras, entre outras coisas, de raça e cor, o que enfrenta as estruturas racistas e escravocratas, como expressa o Artigo IV.[23] Na esteira do desenvolvimento dos direitos fundamentais, há o Estatuto da Igualdade Racial,[24] publicado em 20 de julho de 2010. Esse é um bom exemplo da aplicação legal dos direitos e enfrentamentos às formas de injustiça racial:

> Parágrafo único. Para efeito deste Estatuto, considera-se: I — discriminação racial ou étnico-racial: toda distinção, exclusão, restrição ou preferência baseada em raça, cor, descendência ou origem nacional ou étnica que tenha por objeto anular ou

---

[21]ONU, 1948.
[22]ONU, 1948.
[23]ONU, 1948.
[24]Brasil, 2010.

restringir o reconhecimento, gozo ou exercício, em igualdade de condições, de direitos humanos e liberdades fundamentais nos campos político, econômico, social, cultural ou em qualquer outro campo da vida pública ou privada; II — desigualdade racial: toda situação injustificada de diferenciação de acesso e fruição de bens, serviços e oportunidades, nas esferas pública e privada, em virtude de raça, cor, descendência ou origem nacional ou étnica; III — desigualdade de gênero e raça: assimetria existente no âmbito da sociedade que acentua a distância social entre mulheres negras e os demais segmentos sociais; IV — população negra: o conjunto de pessoas que se autodeclaram pretas e pardas, conforme o quesito cor ou raça usado pela Fundação Instituto Brasileiro de Geografia e Estatística (IBGE), ou que adotam autodefinição análoga; V — políticas públicas: as ações, iniciativas e programas adotados pelo Estado no cumprimento de suas atribuições institucionais; VI — ações afirmativas: os programas e medidas especiais adotados pelo Estado e pela iniciativa privada para a correção das desigualdades raciais e para a promoção da igualdade de oportunidades.[25]

A dignidade humana como valor inquestionável se desdobra em discussões necessariamente raciais, e cada Estado desenvolve sua política de aplicação e enfrentamento das expressões de violência que neguem os direitos a todos e todas. Quando se observa os movimentos pentecostais e carismáticos, essa sensibilidade parece se estabelecer exatamente na prática eclesial e historicamente se desenvolveu nas comunidades espalhadas por várias regiões, por vezes, nas periferias das grandes cidades. Todavia, a origem dos pentecostais e seu *éthos* apontam para a antecipação de diversas cláusulas desses documentos tão importantes. Por isso, pensar a origem do pentecostalismo e seus traços fundamentais pode ajudar a perceber o lugar que tiveram as práticas integradoras que questionaram o *status quo* e reivindicaram justiça racial.

ORIGEM E *ÉTHOS* PENTECOSTAL

O pentecostalismo moderno, movimento plural e global, tem suas raízes em diversas experiências históricas. Alguns autores localizam a origem do movimento no Bethel Bible College, em Topeka, Kansas, liderado pelo pregador de origem *holiness* Charles Fox Parham (1873-1929). Cronologicamente, seu início se deu em janeiro de 1901 na experiência de Agnes Ozman e outros estudantes que, após algumas reuniões no instituto bíblico, falaram em outras línguas. Na ocasião, acre-

---

[25]Brasil, 2010.

ditaram, entre eles o próprio Parham, ser xenolalia, porque a primeira pentecostal teria falado em chinês. A partir daí, o pregador Parham começou a ensinar esse fenômeno como evidência inicial do batismo no Espírito Santo e a marca de que a volta de Cristo estava próxima, impulsionando grande movimento missionário, cujo objetivo seria a expansão dessa doutrina e a conversão final, a última colheita.[26] No entanto, antes dele, glossolalia, curas e a doutrina do "batismo no fogo" já eram comuns.

Muitos autores tratam o avivamento da rua Azusa, em Los Angeles, Califórnia (1906-1909), liderado pelo afro-americano William J. Seymour, como início do movimento pentecostal moderno. Cinco anos depois da experiência da Bethel Bible College, em um antigo prédio em que aconteciam reuniões lideradas pelo pastor Seymour, negros e brancos, homens e mulheres, viveram as mesmas experiências de Topeka. Depois disso, aquele espaço ficou aberto a todos que desejassem "ser cheios do poder do Espírito Santo", designação característica do movimento pentecostal para descrever sua vivência. Milhares de cristãos de várias igrejas visitaram as reuniões da congregação muitas vezes por semana. A rua Azusa tornou-se uma espécie de "Jerusalém americana" para os pentecostais de todo o mundo.[27] Nos primeiros anos, Seymour estava comprometido com a afirmação da glossolalia como evidência inicial do batismo com o Espírito Santo. Depois de algumas querelas com seu antigo professor, Parham, o líder negro pentecostal começou a afirmar em escritos que as línguas eram uma das evidências, mas a evidência estaria na vida cotidiana.[28] Mesmo sem negar as línguas como genuína experiência do batismo do Espírito Santo, Seymour começou a identificar o divino amor por todos como a grande marca da presença do Espírito.[29] Segundo explica o teólogo pentecostal Cecil M. Robeck Jr., o movimento liderado por Seymour tornou-se um exemplo profético de promoção e serviço aos marginalizados em um tempo de fortes tensões raciais e socioeconômicas, além de promover o papel da igualdade da liderança masculina e feminina. Esse movimento empoderou pobres, minorias étnicas e mulheres. O avivamento da rua Azusa implantou o igualitarismo como modelo para o pentecostalismo.[30]

Enquanto as outras expressões protestantes se acomodaram ao mundo moderno e acolhiam com mais perspicácia a classe média vitoriana, o pentecostalis-

---

[26]Parham, 2020.
[27]Bartoş, 2015, p. 25.
[28]McGee, 2017.
[29]Oliverio, 2012, p. 10.
[30]Robeck Jr., 2006, p. 4.

mo, negando assimilação social (negação de mundo), constituía-se uma proposta crítica à sociedade moderna urbana-industrial capitalista. Nas origens, os pentecostais atraíram o povo das margens em regiões menos afetadas pela modernização, e se espalharam entre os grupos das classes empobrecidas.[31] Ao descrever as origens do pentecostalismo, Kenneth Archer afirma ser um movimento formado pelos excluídos do *mainstream* social com nascedouro entre o "povo oprimido".[32]

William Oliverio Jr. procura dar conta das possíveis consequências da escolha entre Seymour ou Parham para a origem do movimento. Se a decisiva contribuição do pentecostalismo for a doutrina do batismo com o Espírito Santo como experiência posterior à conversão e evidenciada pela glossolalia, então Parham será considerado o fundador do pentecostalismo moderno. Por outro lado, se o peso for colocado sobre a ideia da reconciliação de Deus com o ser humano e, por sua vez, dos seres humanos uns com os outros, a fundação do movimento será identificada com a rua Azusa e Seymuor.[33] O melhor caminho para esse impasse seria a última opção, contudo, não como evento isolado, mas como parte da longa onda de ações carismático-pentecostais.

Na experiência do Espírito, os primeiros carismáticos e pentecostais viviam os carismas entre homens e mulheres, negros e brancos. Como já citado, a rua Azusa foi um movimento profético de promoção e serviço aos marginalizados em um tempo de fortes tensões raciais e socioeconômicas, além de promover o papel da igualdade da liderança masculina e feminina. O teólogo pentecostal Amos Yong explica que a compreensão moderna individualista e espiritualista é uma caricatura que descaracteriza as comunidades pentecostais contemporâneas e suas crenças.

> É possível. Contudo, sejamos mais precisos em relação a isso: a representação anterior é certamente mais predominante entre os social e economicamente privilegiados — leia-se: comunidades anglo-pentecostais que não lidaram historicamente com a marginalização sociopolítica e econômica. Pelo contrário, especialmente as igrejas pentecostais afro e latino-americanas [...] as boas-novas de Jesus Cristo fortalecem o discipulado entre os fiéis e contra as condições sociais opressoras e — para ser exato — racistas. Para esses irmãos e irmãs, a justificação da alma individual e do coração pessoal sempre se inter-relacionou com a justiça social.[34]

[31]Archer, 2009, p. 22-230.
[32]Archer, 2009, p. 24.
[33]Oliverio, 2012, p. 10.
[34]Yong, 2019.

A perspectiva individualista e espiritualista, próprias da modernidade, não caberia à epistemologia pentecostal, cuja experiência de fé desenvolveu combate ao racismo e deu lugar a grupos excluídos política e socialmente.[35] A presença do pentecostalismo nas regiões africanas e latino-americanas se revelou como publicamente engajada e libertária. O próprio teólogo asiático erradicado nos EUA, na continuidade de seu argumento, reflete a respeito da política americana na era Trump:

> Talvez, o recente desenvolvimento de nosso cenário político nacional [norte-americano] tenha nos confrontado com o fato de que não temos uma sociedade "daltônica", como nosso pietismo evangélico (histórica e predominantemente branco) presumiu e prefere se autodescrever e declarar. O nacionalismo e a plataforma anti-imigração da atual administração, apoiados por muitos e populares entre uma grande porcentagem de evangélicos brancos neste país, despertaram-nos para o chamado ao evangelho bíblico, que é para pessoas de todas as línguas, tribos e confins da terra. Ainda, essa mesma mensagem é contra os "Césares" deste mundo. De fato, os ensaios a serem apresentados refletem, de uma forma ou de outra, uma perspectiva hermenêutica. Essa perspectiva trata a justiça social como um dos principais temas da Escritura.[36]

O pentecostalismo e sua maneira de interpretar realidade, fé e relações humanas, é visto por alguns pesquisadores e pesquisadoras tal qual outros movimentos contraculturais, pois não se adequava à epistemologia racionalista moderna, ao mesmo tempo que dialogava com as margens da sociedade. De certa forma, esses movimentos adiantaram, na prática, preocupações presentes na linguagem dos direitos humanos, o que se materializaria, por exemplo, na DUDH. Como bem explica Cheryl Bridges Johns,

> Uma identidade radicalmente contracultural caracterizava as origens do movimento pentecostal. Na era da "guerra para o fim da guerra", os pentecostais eram pacifistas. No tempo em que a voz das mulheres era excluída da esfera pública, pentecostais ordenavam mulheres ao ministério. Na era da KKK (Ku Klux Klan), pentecostais negros e brancos louvavam juntos. Esse subversivo e revolucionário movimento — o qual não era baseado em ideologia filosófica, nem se estabeleceu a partir de uma reflexão

---

[35]MacRobert, 1988.
[36]Yong, 2019.

crítica (embora existisse) — tinha dois papeis proféticos: denunciar a estrutura de dominação do *status quo* e anunciar o padrão de ordenação de Deus. Por sua vez, por causa de suas práticas religiosas extáticas e prática social "anormal", o pentecostalismo foi atacado pela sociedade em geral e igrejas estabelecidas.[37]

Na Europa do século 19 aconteceram os chamados "avivamentos" entre os protestantes, culminando ao final daquele século em várias expressões fervorosas da fé cristã que foram substrato importante para o pentecostalismo nascente no século 20.[38] Entre suecos batistas da década de 1890, há relatos de experiências muito simulares ao que se popularizou nas igrejas pentecostais mais tarde. O mesmo se pode dizer dos avivamentos galeses, que apesar de curtos, produziram muitas igrejas pentecostalizadas. Os avivamentos ingleses também moveram as massas e produziram grande adesão. Mas foi nos Estados Unidos do final do século 19 e início do 20 que o pentecostalismo adquiriu sua forma e maior consistência. Apesar de alguns nomes pioneiros da teologia pentecostal, como o metodista Benjamin H. Irwin,[39] do movimento *holiness*, e da pregadora Maria Beulah Woodworth-Etter (1844-1924), chamada de "mãe do pentecostalismo"[40], foi especialmente com Charles Parham em 1901 e William Seymour a partir de 1906 que o fenômeno se consolidou teologicamente.

Como foi observado, o problema é que Parham foi uma figura polêmica, acusado de racismo, por isso o esforço para pensar narrativas mais ligadas ao líder afro-americano. Parece que o movimento teria feito justiça em relação a esse tema já nos primórdios, quando Seymour, aluno de Parham, inaugura uma igreja em Los Angeles, que veio a ser mundialmente famosa como a igreja da rua Azusa, dando nova expressão ao movimento e colocando a questão racial no centro do debate. Seymour era um negro que pôde estudar na escola de Parham, segregado dos brancos, tendo que se sentar no corredor e assistir às aulas do outro lado da porta. Seus pais haviam sido escravizados, impactando a visão de mundo do pregador pentecostal, que lutou fervorosamente por uma igreja e sociedade igualitária, em que negros e brancos pudessem conviver respeitosamente.

---

[37]Johns, 1995, p. 4-5.

[38]Burgess, 2017.

[39]Stanley Burgess (2017, p. 60) indica que este pregador, depois de uma experiência que ele denominou "batismo de fogo" ou "terceira bênção", teria organizado uma associação para proclamar essa novidade teológica e religiosa, recebendo críticas da corrente principal do movimento *holiness* estadunidense.

[40]Meredith Fraser (2019, p. 3) indica que esta pregadora e evangelista pentecostal é conhecida como a "Mãe do movimento pentecostal".

Essa fase inicial do movimento pentecostal é celebrada como grande contribuição na superação do racismo, embora nem todos os segmentos fossem devidamente influenciados por essa força libertadora. Em 1914, por exemplo, um grupo de pentecostais brancos, descontentes com a política racial igualitária, criou uma denominação para os brancos, que veio a se chamar Assemblies of God (ADs americanas). A ferida racial nessa igreja encontrou processos de cura e reparação histórica somente no final do século 20, quando intencionalmente as ADs americanas incluíram os negros na estrutura da igreja, mesmo com pedido de perdão pelo racismo inicial. Recentemente, John Piper, pastor batista estadunidense e teólogo carismático, lançou um livro sobre racismo, no qual além de apontá-lo como pecado entre os cristãos (incluindo pentecostais e carismáticos), endossa um pedido de perdão coletivo por esse pecado em sua biografia e igreja.[41] Piper é traduzido no Brasil por várias editoras do segmento evangélico, até mesmo pela editora das ADs brasileiras, CPAD (Casa Publicadora das Assembleias de Deus).

As Assembleias de Deus no Brasil (ADs brasileiras), foram fundadas em 1911, com o nome de Missão de Fé Apostólica, e em 1918, mudaram o nome para ADs brasileiras, sem conexão direta com as ADs americanas. Como bem observou Gedeon Alencar, as ADs brasileiras nasceram de forma diferente das americanas, uma vez que a questão racial não dividia a membresia. No entanto, assim como as ADs brasileiras eram formadas por homens e mulheres e não discutiram o machismo, também eram formadas por negros e brancos sem discutir o racismo.

> A Assembleia de Deus no Brasil é brasileira? *Brasileiríssima*. Ela pode não ser a cara do Brasil, mas é um retrato fiel. E um dos principais. É uma das sínteses mais próximas da realidade brasileira. Como o Brasil, é moderna, mas conservadora; presente, mas invisível; imensa, mas insignificante; única, mas diversificada; plural, mas sectária; rica, mas injusta; passiva, mas festiva; feminina, mas machista; urbana, mas periférica; mística, mas secular; carismática, mas racionalizada; fenomenológica, mas burocrática; comunitária, mas hierarquizada; grande, mas fracionada; barulhenta, mas calada [...] sofredora, mas feliz. É brasileira.[42]

Em sentido mais estrito, é necessário registrar a primazia dos missionários brancos na liderança das igrejas. Quando houve o transpasso para a liderança

---

[41]Piper, 2012.
[42]Alencar, 2013, p. 17.

nacional, espelhou-se o mesmo padrão, embora fossem brasileiros branquiados. Isso não quer dizer que não houvesse líderes negros; quer destacar, porém, que se um negro era líder, isso ocorreu em virtude de um desempenho extraordinário, em comparação com seus pares brancos. Marco Davi Oliveira investigou a relação entre pentecostalismo e negritude no Brasil, e concluiu que os negros que se convertem ao cristianismo evangélico optam, em sua maioria, pelo pentecostalismo, no qual podem, de alguma forma, expressar sua negritude com mais liberdade, sem que isso tenha gerado algum movimento revolucionário ou de resistência em relação ao modelo hegemônico pentecostal, que segue governado por brancos.[43] Mas em sentido lato, essa igreja brasileira nasceu progressista em relação à questão racial, tendo negros e brancos partilhando o mesmo ambiente e ministrando uns aos outros.

Os dados dramáticos sobre o contingente populacional de negros e pardos encarcerados, o alto percentual de negros assassinados, a condição de favelização de muitas comunidades de maioria de negros e pardos etc. não foram tematizados criticamente nem enfrentados do ponto de vista histórico, nem de políticas igualitárias. A falta de reflexão sobre o racismo levou a massa de evangélicos e pentecostais a não reconhecê-lo em suas fileiras, nem mesmo na sociedade. Impera o discurso vago de que no Brasil não tem racismo, porque aqui supostamente há uma miscigenação "democrática", segundo a qual negros e brancos estariam igualmente na pobreza. Essa falsa ideia de *ponto de partida* semelhante e a falta de percepção da discriminação para com os negros em especial, mas também em relação aos indígenas, migrantes e pobres, em geral, impediram a adesão às políticas públicas de reparação histórica, como é o caso das quotas, e à conscientização sobre a condição de negritude, com a respectiva valorização cultural e ancestral.

CONCLUSÃO

Há um flagrante descompasso entre aquele pentecostalismo igualitário em suas origens com o atual pentecostalismo hegemônico, midiático e hierárquico. O movimento é desafiado a retornar à inspiração teológica inicial dos seus começos, e a ser mais crítico em relação à história e mais sensível à condição dos marginalizados. A via da afetividade, das metáforas e das narrativas como lócus revelacional da experiência pentecostal, aquela que teria sido a fonte de energia e empoderamento para a ação dos primeiros pentecostais, é referencial esquecido, mas

---

[43]Oliveira, 2015.

necessário.[44] No pentecostalismo inicial, a ação combinava a dimensão mística com contornos vivenciais no cotidiano, sendo profundamente transformadora da condição social, portanto, profética, no melhor estilo dos profetas bíblicos. É necessário mapear o que ocorreu nas últimas décadas para levantar possíveis explicações para a flagrante mudança de eixo perceptível em muitos setores negacionistas, sem perder no horizonte, os muitos grupos nas margens que vivem uma autêntica experiência libertadora e suprarracial. Intuímos que tal movimento, mais do que uma nostalgia mítico-fundacional, seria a redescoberta do *éthos* carismático-pentecostal, pois aponta na direção de práticas, para além de discussões conceituais, libertadoras e humanizadoras.

É possível concluir que os movimentos pentecostais, tanto em seu *éthos* como historicamente, apontam para práticas religiosas de grupos das margens, subvertendo a ordem das relações de poder. A despeito da ausência, exceto em espaços acadêmicos, de discussões teóricas sobre direitos humanos e questões raciais, é justo afirmar que há na experiência das comunidades e em suas origens a promoção da igualdade de raça, classe e gênero, a qual se estabelece por meio da democracia pneumática, especialmente em sua liturgia.

---

[44]Oliveira, 2020, p. 324.

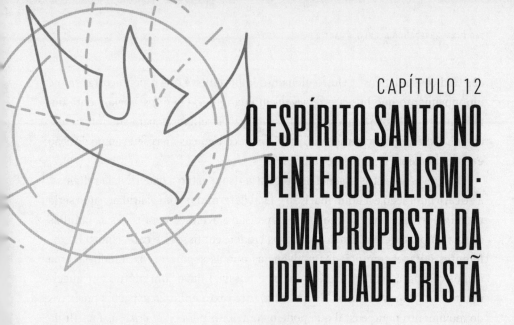

CAPÍTULO 12
O ESPÍRITO SANTO NO PENTECOSTALISMO: UMA PROPOSTA DA IDENTIDADE CRISTÃ

INTRODUÇÃO

Neste capítulo, vamos apresentar traços da pneumatologia pentecostal que podem enriquecer o cristianismo global, resguardadas as diferentes etapas da inculturação da fé em nossa sociedade contemporânea e as identidades das "diferentes famílias de igrejas". Os pontos que são compartilhados com as demais famílias cristãs não serão repetidos, deixando espaço para as questões que caracterizam o grupo. Tais intuições brotam de diversas fontes, como dos pentecostalismos *sem fronteiras* das origens no início do século 20, passando pelo pentecostalismo *clássico* das Assembleias de Deus no Brasil (autóctones), chegando às reflexões de teólogos pentecostais na academia.

É preciso considerar que o pentecostalismo moderno não é tão inédito como possa aparentar. Ele deve ser entendido na esteira de movimentos espiritualistas[1] históricos, que, desde o Pentecoste do Novo Testamento, se tornaram uma constante na história da igreja, ainda que por meio de grupos nas margens. Seus alvos são a ênfase no encontro com Deus e a resultante transformação de vida, e no dizer do teólogo pentecostal Allan Anderson, "é isso que aproxima pentecostais e carismáticos"[2]

---

[1] Movimento espiritualista como referência às comunidades de fé cristã e aos movimentos na história do cristianismo que tornaram central a experiência com a Terceira Pessoa da Trindade, o Espírito Santo.

[2] Nesse texto tomaremos em conjunto a pneumatologia das igrejas ditas *propriamente* pentecostais (ênfase no batismo com o Espírito Santo e no falar em línguas) e as igrejas e movimentos carismáticos, formados por Igrejas "históricas" que apresentam características pentecostais.

das tradições místicas".[3] Outro elemento importante é que o pentecostalismo é um movimento que busca o *reavivamento* da igreja; ele é "essencialmente um movimento religioso (ou 'espiritual') com razões religiosas para sua força crescente".[4] Terá implicações sociais, políticas e econômicas, mas seu campo de ação é essencialmente o ambiente religioso.

Dentre os aspectos essenciais do cristianismo estão a experiência religiosa, a ética, a adoração e a doutrina. Não é fácil determinar com exatidão o que seria mais importante, nem formular com precisão a aceitação por todas as famílias cristãs da perspectiva das doutrinas os credos, confissões e catecismos. Há diferentes ênfases, enunciados e vivências que as separam. Mantendo-se uma disposição para acolher as diferenças, é possível haver um mútuo enriquecimento dos grupos cristãos. Nessa linha, este texto enfatiza aspectos positivos do movimento pentecostal que podem contribuir para o *ser cristão*, a partir da concepção do Espírito que o grupo sustenta. As diferentes igrejas poderão avaliar com mais critério em que medida se sentiriam desafiadas por essa pneumatologia pentecostal.

Enfatiza-se a pneumatologia como uma característica do ser cristão. Como disse o teólogo católico Mario de França Miranda, "a vida do cristão é essencialmente 'espiritual', a saber, conduzida pelo Espírito".[5] E explica: "Nossa salvação depende totalmente da ação do Espírito em nós. Deveríamos muito mais captar e seguir os estímulos do Espírito do que cumprir certas práticas que, vistas como 'obras', nos dão a falsa impressão de nos garantirem a salvação". E esse Espírito derramado sobre a igreja na sua fundação no Pentecoste, é o único Espírito, o que constitui a unidade do corpo de Cristo. Nesse sentido, "todo cristão e todo membro da igreja é, sem mais, carismático".[6]

O relatório da 6.ª fase do Diálogo Internacional Católico-Pentecostal (Documento VI) ratifica a dimensão carismática da igreja, bem como sua constituição pneumatológica. Contra a posição cessassionista, reafirmaram-se os dons espirituais na Escritura e na história da igreja, como parte do ser igreja.[7] O relatório da quinta fase do mesmo Diálogo (2010) aborda o ser cristão, e nesse ponto as duas tradições cristãs entram em consensos importantes. A análise desse relatório em especial mostra lacunas que precisam ser devidamente tratadas nos estudos

---

[3]Anderson, 2019, p. 200.
[4]Anderson, 2019, p. 214.
[5]Miranda, 2004, p. 172.
[6]Miranda, 2006, p. 67.
[7]Maçaneiro, 2017.

sobre o pentecostalismo e que, por razões de espaço, não se puderam realizar neste estudo.[8]

Este capítulo está dividido em três partes. Na primeira, apresenta os *consensos* que se construíram no Ocidente sobre o Espírito, desde os *traumas* com os grupos espiritualistas ou do Espírito, passando pelo "esquecimento do Espírito" e pela apologética racionalista. Na segunda parte, o foco está no específico do pentecostalismo como sujeito teológico. Na última parte, aponta as possíveis contribuições do pentecostalismo ao conjunto de igrejas a partir da pneumatologia pentecostal.

O LUGAR COMUM DA PNEUMATOLOGIA NO OCIDENTE

Dentre os consensos que se generalizaram na teologia cristã ocidental, ainda que involuntários, sobressai o lugar reduzido da pneumatologia, seja pela influência helenista, pelos *traumas* com as correntes espiritualistas, seja pelas abordagens ambíguas sobre o Espírito Santo. Esses três elementos serão trabalhados nesta parte.

Pneumatologia mínima em um cristianismo racionalizado

Nos textos neotestamentários, o Espírito aparece com destaque agindo sobre o Cristo, inspirando a Escritura, sondando os mistérios de Deus, apresentando-se como Deus. Acompanhando essa perspectiva, "os primeiros Padres da Igreja elaboraram uma cristologia pneumatológica".[9] Mas essa tendência não se concretizou. Como afirma Miranda na sequência, "o surgimento da heresia adocionista, que via em Jesus um simples homem, um profeta a mais que recebe o Espírito Santo, fez com que outro modelo cristológico, o da *encarnação do Verbo*, fosse se impondo cada vez mais". A consequência dessa mudança de modelo gerou "uma certa omissão do papel e da presença do Espírito Santo".[10]

---

[8]As comissões bilaterais de diálogo surgiram dos impulsos do Concílio Vaticano II. A Comissão Internacional de Diálogo Católico-Pentecostal é uma instância oficial de diálogo entre a Igreja Católica e algumas Igrejas Pentecostais. Inicia por volta de 1969-1970 com o então Secretariado Romano para a Unidade dos Cristãos, hoje o Pontifício Conselho para Promoção da Unidade Cristã. Fases do diálogo: primeira fase (1972-1976): o batismo no Espírito Santo e a iniciação cristã; relação entre Escritura e Tradição; pessoa do Espírito, dons e carismas; segunda fase (1977-1982): a fé, a experiência religiosa e o falar em línguas; o papel de Maria; terceira fase (1985-1989): perspectivas sobre comunhão cristã; quarta fase (1991-1997): evangelização, proselitismo e testemunho comum; quinta fase (1998-2006): tornar-se cristão: conversão, iniciação cristã, batismo no Espírito Santo e discipulado; sexta fase (2010-2016): carismas na igreja: significado espiritual, discernimento e implicações pastorais (Maçaneiro, 2013, p. 13-4). A sétima fase (2017-2021) foi aberta na sede das Assembleias de Deus dos EUA, em Springfield, Missouri, com o tema *"Lex orandi, Lex credendi"*: relação entre fé, oração (culto) e vida, além da igreja como meio de graça.

[9]Miranda, 2004, p. 169.

[10]Miranda, 2004, p. 169.

Enquanto outras áreas da teologia recebiam novos impulsos e elaborações, a pneumatologia foi se acomodando a um papel secundário. Durante muitos séculos, sob autoridade de Agostinho e Tomás de Aquino, o papel do Espírito esteve inadequadamente diminuto, conforme pode ser observado na história do cristianismo no Ocidente, em que o relacionamento da terceira pessoa da Trindade com a igreja e com o mundo não era visto como *ação própria dele*, mas simplesmente *apropriado*.[11]

Soma-se a isso as especulações metafísicas da escolástica. Em outro escrito, o referido teólogo afirmou:

> Revelação cristã não significa primeira e fundamentalmente um saber sobre Deus, embora tal concepção tenha vigorado muito tempo no cristianismo. Naturalmente a ação salvífica de Deus tem uma dimensão cognitiva. Porém, sob a influência do helenismo e da gnose, houve uma intelectualização exagerada dela. Com isto a revelação foi entendida como transmissão de um ensinamento divino que serve à salvação. Daí a preocupação unilateral com as verdades reveladas ou com as formulações da fé, que acaba por gestar um cristianismo racionalizado, cujas consequências sofremos ainda hoje.[12]

Nesse cristianismo racionalizado, a filosofia grega platônica (metafísica e lógica) se transformou no instrumental teórico que permitia comunicar a experiência da fé cristã no mundo helenizado. Sob essa concepção conceitual, fixaram-se alguns discursos para a preservação da verdade doutrinária. A helenização do ensinamento cristão e da linguagem teológica definiu o discurso único sobre a verdade no Ocidente, perseguindo os que diferiam em relação ao enunciado, tratando diferentes casos como "heresia". Esse cristianismo hegemônico, com a pretensão de analisar o "Deus em si", acabou não percebendo que poderia no máximo chegar ao "Deus para nós", como acertadamente já o tinham percebido os próprios místicos medievais e os textos teológicos orantes. A experiência de Deus é na verdade a *nossa percepção* dele, ou o que de Deus podemos captar a partir da sua revelação. E essa revelação não se dá de forma abstrata, pura ou desencarnada. Antes, a revelação está inculturada, é histórica e encarnada, necessitando sempre ser tematizada/interpretada e de novas inculturações para ser experimentada como ação divina.

---

[11]Miranda, 2004, p. 170.
[12]Miranda, 2001, p. 64-5.

O ESPÍRITO SANTO NO PENTECOSTALISMO: UMA PROPOSTA DA IDENTIDADE CRISTÃ | **169**

De acordo com as diferentes famílias cristãs a revelação se dá em múltiplos lugares (*loci theologici*), tais como: Escritura, tradição, magistério, natureza, história, cultura, experiência. O fechamento no cognitivo privou a pneumatologia em particular, e a teologia em geral, de descobrir outras possibilidades, expressões diversas e a necessária criatividade, que pode escapar à explicação racional hegemônica. Do lado ortodoxo, esse efeito foi menor pela forte influência da patrística oriental.[13] Do lado católico, é possível constatar: "Naturalmente, essa concepção faz o Espírito Santo desaparecer não só da consciência de fé dos cristãos, mas também de como se compreende a si mesma a própria Igreja".[14] Do lado protestante, a racionalização seria ainda mais exacerbada, com o biblicismo e a centralidade na pregação (discurso). Um cristianismo racionalizado tem pouco instrumental para lidar com o Espírito, produzindo uma pneumatologia *mínima*, restrita à economia trinitária *funcional* e dispersa na teologia. No próximo tópico, apontaremos algumas consequências da adoção dessa concepção racionalista e hegemônica.

Entre o "esquecimento", a desconfiança e a apologética

A primeira consequência para a pneumatologia no Ocidente é o que se costuma denominar de "esquecimento do Espírito", que aparece no escasso trato teológico sobre a pneumatologia nos tratados, ainda que no âmbito da *experiência* o Espírito sempre estivesse presente. A opção de "esquecer" o Espírito não passou impune, deixando "consequências negativas nos séculos seguintes".[15] Embora a atuação do Espírito Santo na vida cotidiana aconteça de forma discreta e misteriosa, não se pode prescindir desse agir nem de refletir sobre ele.

> Acompanhar a ação do Espírito Santo ao longo da história, discernir corretamente seus desígnios, sintonizar com as expectativas do Povo de Deus e com as diretrizes do magistério não é tarefa fácil, pois exige estudo sério, abertura para o diferente, ultrapassar mesmo que parcialmente o seu próprio horizonte, buscar sinceramente a verdade.[16]

De fato, um "mapeamento" do Espírito não é tarefa fácil. Segundo o teólogo reformado Jürgen Moltmann,[17] o "esquecimento do Espírito" na academia durou

---

[13]Evdokimov, 1996.
[14]Miranda, 2004, p. 169.
[15]Miranda, 2004, p. 169.
[16]Miranda, 2013, p. 64-5.
[17]Moltmann, 1999, p. 13.

até as últimas décadas do século passado, quando a curva de inflexão mudou drasticamente. E mais: "Com o ingresso das igrejas ortodoxas em 1961 e o ingresso, mais tarde, de algumas igrejas pentecostais no movimento ecumênico, é nestes dois terrenos que estão ocorrendo os avanços na pneumatologia".[18]

A segunda consequência foi uma certa desconfiança em relação aos movimentos que evocavam de forma mais direta o Espírito. Uma panorâmica sobre os movimentos espiritualistas ao longo da história da igreja mostraria que esses grupos foram tratados com muita desconfiança e estrito controle. Não raras vezes, tais grupos de "entusiastas" foram marginalizados. Algumas das expressões mais conhecidas foram os montanistas, o movimento joaquimita, os anabatistas, os quakers, o movimento *holiness* e o pentecostalismo. Não se pretende validá-los acriticamente, pois cada um teve sua respectiva limitação. Mas acentua-se o fato de que o isolamento imposto, somado aos excessos de cada um, contribuiu no Ocidente para uma mentalidade mais fechada para o afetivo, para o corporal e para o concreto.

O teólogo católico João Batista Libanio afirmou que a história da igreja no Ocidente foi atravessada por um "déficit carismático". A resposta viria na forma de "surtos espiritualistas", começando ainda nos tempos do Novo Testamento. Ele registra:

> *O fenômeno de J. de Fiore e outros surtos espiritualistas à margem da instituição revelaram o déficit carismático que atravessa toda a história da Igreja Católica.* As primeiras explosões dessa natureza já aconteceram na Igreja de Corinto e na virada do século II, com o movimento montanista. No primeiro caso, Paulo precisou intervir com firmeza e deixou-nos preciosos capítulos de discernimento dos carismas na Primeira Epístola aos Coríntios (caps. 12—14). *O surto montanista significou ponto decisivo de retração diante do carismatismo na Igreja.* O clima carismático existia nos parâmetros traçados por Paulo. Irineu de Lião, que será o grande adversário dos montanistas, reconhece a pluralidade de carismas, recebidos por Deus, no seio da Igreja. São os espirituais. Tal clima carismático transborda com Montano que associa ao carismatismo e messianismo dose de espiritualismo anti-institucional e de desprezo da matéria. Ele encontrou na Frígia campo fértil para tais manifestações, já que lá existiam cultos violentos, emoções religiosas intensas [...] Multiplicaram-se as manifestações extáticas.[19]

---

[18]Moltmann, 1999, p. 16.
[19]Libanio, 2002, p. 73, grifo no original.

O ESPÍRITO SANTO NO PENTECOSTALISMO: UMA PROPOSTA DA IDENTIDADE CRISTÃ | 171

A repressão aos montanistas, combinada com a anterior exortação de Paulo sobre os excessos das manifestações espirituais, teria ensejado uma atitude de suspeita na igreja "que teria ficado traumatizada com a experiência montanista".[20] É possível que o caráter anti-institucional tenha sido a principal ameaça, mas o "trauma" teria se fixado.

A terceira consequência, mais recente, foi o debate apologético acalorado entre pentecostais e cessassionistas. Com transfundido fundamentalista, a discussão girava em torno de quem tinha a melhor leitura, quem estava com a verdade. A questão se perdia na disputa pelos enunciados e na censura das práticas do outro. O enfrentamento de Lutero na Reforma magistral do século 16 com os espiritualistas da Reforma Radical já tinha restringido o Espírito à Escritura e a um lugar controlado.[21] Cada uma dessas consequências, à sua maneira, serviu para empobrecer a centralidade do ministério do Espírito Santo na vida da Igreja e no mundo.

Tendências nas abordagens sobre o Espírito

Algumas inclinações prevaleceram nas abordagens pneumatológicas do pensamento cristão, que, por razões de síntese e com certa arbitrariedade, classificou-se em quatro grupos: instrumental, extraordinária, coisificação e pragmática.

A fé cristã está baseada na revelação de Deus que se dá em Jesus Cristo, expressa na convicção de que essa revelação definitiva é divina. Em Romanos 8:16, Paulo expressou que "o próprio Espírito testemunha ao nosso espírito". Trata-se do testemunho interno do Espírito (*testimonium Spiritus Sancti internum*). Apegar-se à essa fase inicial cristológica desloca o testemunho do Espírito a uma obra meramente *instrumental*, que, apesar da expressa igualdade *ontológica* na Trindade defendida pelos credos, na prática, mostra-se em uma subordinação *funcional*. Nessa formulação, a ação do Espírito se tornou "uma obra de instrumentalidade aplicativa".[22] Muitas abordagens sobre o Espírito se concentram nessa fase inicial, reduzindo sua obra a mera função ou instrumentalidade.

Há uma segunda fase na sequência do Pentecoste que é abertamente carismática e pneumatológica. Não obstante a atuação do Espírito ser fundante para a fé cristã e ter uma obra única e distintiva, nem sempre o Espírito recebe a devida atenção, seja na teologia, seja na vida comunitária de fé no cristianismo global. No dizer do teólogo pentecostal Rodman Williams, "há um insuficiente reconhe-

---

[20]Libanio, 2002, p. 73.
[21]Oliveira, 2017b.
[22]Williams, 2011, p. 534.

cimento de que não apenas o Espírito aponta para o Cristo, mas também Cristo, para o Espírito".[23] A atividade do Espírito pode ser percebida em áreas como criação, providência, encarnação, regeneração, santificação, além de sua obra específica sobre a comunidade de fé. A vinda do Espírito Santo é "um dos mais extraordinários e poderosos atos de Deus". Williams continua: "Considerando que a vinda do Espírito é um dom gracioso de Deus, a resposta humana apropriada é recebê-lo. Trata-se de uma dádiva a ser recebida".[24] Uma obra tão extraordinária como a vinda do Espírito não pode ser negligenciada.

O segundo grupo, do *extraordinário*, tende a ver o Espírito somente relacionado a eventos sobrenaturais ou estritamente religiosos. É um Espírito serviçal da instituição, que age nos limites eclesiais ou no campo do "milagre". É uma possibilidade sedutora nos cristianismos históricos, mas que precisa ser enfrentada por uma adequada concepção do Espírito como aquele que também atua fora dos limites da igreja, como Espírito de Vida, como o que realiza a vida cristã transformada e como o que empodera (capacita e impele) o viver para o outro.

O terceiro grupo, da *coisificação*, desfaz a relação pessoal com o Espírito e a converte em uma relação com um objeto ou uma força. O Espírito fica enclausurado em categorias de *coisa*, disperso nas emoções da vida. Nas abordagens seculares, como no Iluminismo, só havia espaço para um "espírito" moderno. Nas abordagens religiosas, o Espírito seria mais conhecido como "poder e energia" do que como "Aquele que concede poder e energia".

O quarto grupo, de abordagens *pragmáticas*, tende a ver o Espírito como uma fonte de poder que capacita para fazer tarefas. Descobre-se a Fonte, busca-se relacionamento com o Espírito. A relação com ele pode adquirir contornos utilitaristas, sob o risco de gerar uma espiritualidade "produtivista", centrada em realizações. Os estudos sobre a teologia pentecostal das últimas décadas têm procurado realçar o lado positivo dessa abordagem pragmática e testemunhal no pentecostalismo, notadamente a partir da exegese pentecostal profundamente lucana.

As abordagens do tipo *instrumental*, *extraordinária* e *coisificação* mostraram-se mais reducionistas, enquanto a do tipo *pragmática*, desde que partindo de uma relação pessoal com o Espírito, pode ser uma abordagem mais adequada, tendo o Espírito como aquele que impulsiona para o cumprimento da missão e da realização do Reino de Deus.

---

[23]Williams, 2011, p. 534.
[24]Williams, 2011, p. 511.

O LUGAR ELEVADO DA PNEUMATOLOGIA NO PENTECOSTALISMO

O final do século 19 e o início do 20 testemunharam o surgimento de um movimento que se tornou tema de acalorados debates. Ficou conhecido como "pentecostalismo" pela ênfase que seus seguidores davam ao Pentecoste neotestamentário, defendendo a atualidade dos dons e milagres no mundo contemporâneo. Essa nova corrente rapidamente se espalhou pelo mundo com numerosos fiéis, tendo adesão de segmentos de outras igrejas, comumente chamados de carismáticos, como nas igrejas protestantes tradicionais (década de 1950), na igreja católica (1967) e na igreja ortodoxa oriental (1967). Nesta parte, vamos destacar o específico do movimento pentecostal, sua teologia e características principais, como: a centralidade na espiritualidade, a doutrina pentecostal do batismo no Espírito Santo e a ênfase nas obras do Espírito como obra única e distintiva.

A centralidade da espiritualidade

O teólogo pentecostal Steven Jack Land defende acertadamente que o ponto de partida da teologia pentecostal é sua distintiva espiritualidade.[25] Como os demais movimentos religiosos restauracionistas, o pentecostalismo toma como centro o Pentecoste carismático do Novo Testamento e enfatiza duas características do período apostólico, que na linguagem de Land seriam: *afeições apocalípticas* e *fome escatológica*.[26] O primeiro daria o tom da espiritualidade carismática pentecostal; o segundo, o sentido de urgência e de transformação. Nessa linha, os primeiros anos do pentecostalismo não foram sua *infância*, mas o *coração* do movimento, perceptível em sua paixão por Deus e por seu reino, vivido na antecipação (primícias) pelo Espírito. Kenner Terra, entre outros teólogos pentecostais, faz uma importante análise da epistemologia pentecostal, que amplia esse debate.[27]

Alinhado com Land, o carismático e reformado James K. A. Smith indica que a teologia e a experiência religiosa pentecostal poderiam ser descritas como uma "epistemologia do afeto", para além da racionalidade que imperou no cristianismo ocidental.[28] Terra explica que não é uma irracionalidade, mas uma nova racionalidade em que há espaço para "o sobrenatural instaurador, as expressões vivas do amor e *páthos* da experiência do Espírito, conjugando o intelecto e vibração

---

[25]Land, 1993.
[26]Originalmente, *apocalyptic affections* e *eschatological hunger*.
[27]Terra, 2020.
[28]Smith, 2003, p. 114.

das emoções".[29] Esse tipo de racionalidade "poderia ajudar na categorização e o equilíbrio entre intelecto, afetividade, emoções e experiência". Essa forma de pensar pode ser uma contracultura intelectual, pois

> para a teologia pentecostal a relação imediata da ação e presença divinas coloca o saber teológico no nível da relação direta e sem mediação racionalista conceitual, ainda que a ortodoxia tenha seu lugar, seja importante e se estabeleça nessa relação dialética entre fé experiencial e fé conceitual. A ortodoxia afetiva seria, nesse sentido, o saber sobre Deus eivado pelas afeições da alegria, dor, carisma, milagre, batismo no Espírito, no sentimento limite do "já ainda não" preste ao fim, a saber, no corpo e a partir do lugar da vida do fiel.[30]

Allan Anderson afirmou que "todas as várias expressões do pentecostalismo têm uma experiência em comum: um encontro pessoal com o Espírito de Deus que empodera e capacita as pessoas para o culto [...] evidências certas de 'Deus conosco'".[31] E continua: "A experiência da plenitude do Espírito é o coração da teologia pentecostal e carismática".[32] Para alcançar essa intensidade na relação com Deus, os pentecostais e carismáticos dedicam-se à oração. E como bem expressou Miranda, "a oração não é uma atividade piedosa situada ao lado da própria atitude fundamental. Observada com atenção, a oração brota da vivência cristã e dela recebe todo o seu sentido".[33] A partir da oração-modelo de Jesus, Miranda concluiu: "A oração excelente é a que brota da liberdade, constituindo um ato de entrega e de amor ao outro".[34]

Na espiritualidade pentecostal, a oração é também um estado de espírito, uma vida ressignificada a partir da presença do Espírito. É possível falar em estado de êxtase permanente, diferenciando de transes específicos. No êxtase há consciência sobre o que se faz, embora a pessoa esteja sob a influência de uma experiência religiosa mais intensa. No pós-Pentecoste, a experiência do Espírito lançou a igreja para o mundo, para a vida, para a missão.[35] O teólogo de tradição batista Harvey Cox entende que a espiritualidade pentecostal é uma resposta ao "déficit de êxtase" do cristianismo do século 20.[36]

---

[29]Terra, 2020, p. 52.
[30]Terra, 2020, p. 53.
[31]Anderson, 2019, p. 199.
[32]Anderson, 2019, p. 209.
[33]Miranda, 2004, p. 242.
[34]Miranda. 2004, p. 244.
[35]Oliveira; Terra, 2018.
[36]Cox, 1995.

A espiritualidade pentecostal é holística, pois nesse "encontrar Deus" a experiência do Espírito permeia a pessoa inteira. Anderson registra que "a grande atração da espiritualidade pentecostal é que ela afirma proporcionar respostas para problemas existenciais no mundo todo".[37] E mais: "Os projetos comunitários amplos e o envolvimento significativo em organizações políticas e cívicas e em sindicatos, representam uma espiritualidade nova e vigorosa que oferece ajuda para problemas humanos".[38] O teólogo pentecostal chileno Juan Jacobo Tancara Chambe, depois de um amplo estudo sobre o pentecostalismo popular na Bolívia e América Latina afirmou: "Muitas práticas e representações pentecostais são inspiradas pelo desejo de ser livre ou de fundar outro mundo, sem discriminação ou exclusão". E continua: "Muitas pessoas anelam aquele Pentecoste do princípio, a pentecostalidade que é inclusiva, sensorial, não reduzida a uma instituição eclesial, a uma teologia, a um dogma, a uma religião em particular".[39] Ainda de acordo com este autor:

> O Espírito está presente de muitas maneiras, aparece nas religiões, mas também nas obras de arte; nas sociedades, nos movimentos populares, no movimento operário ou indígena; nas rebeldias juvenis, especialmente em cada ser humano. O Espírito nos "arrebata", nos leva de nossas particularidades inconsequentes/pecaminosas para a universalidade; da nossa finitude ao infinito; somos seres finitos atravessados pelo infinito. A experiência com o Espírito explode qualquer conceito e sugere: "liberdade", "amor", "política", "renascimento", "ternura", "busca", "corpo", "misticismo", "revolta", "poesia", "vida nova".[40]

Assim, a espiritualidade pentecostal retoma o mais básico da experiência religiosa cristã, o encontro com Deus, para interpenetrar físico e espiritual, pessoal e social. Há uma prioridade para o "saber intuitivo, performático, poético, pneumático, extático, em suma, *experiencial*".[41] Na força do Espírito a fé vivida torna-se realidade dinâmica, criativa e irradiante.

O batismo no Espírito Santo
A pergunta é: como os pentecostais entendem ser possível a nova vida no Espírito? A resposta passa pela principal doutrina pentecostal: o batismo no Espírito

---

[37] Anderson, 2019, p. 216.
[38] Anderson, 2019, p. 215.
[39] Tancara Chambe, 2011, p. 249.
[40] Tancara Chambe, 2011, p. 253.
[41] Oliveira; Terra, 2018, p. 18.

Santo. Esse tema é tão importante que recebe um capítulo especial nas teologias sistemáticas pentecostais e nas declarações de fé de suas diversas igrejas.[42] Antonio Gilberto, pastor da Assembleia de Deus, afirma que o batismo no Espírito

> É um revestimento e derramamento de poder do Alto, com evidência física inicial de línguas estranhas, conforme o Espírito Santo concede, pela instrumentalidade do Senhor Jesus, para o ingresso do crente numa vida de mais profunda adoração e eficiente serviço para Deus (Lucas 24:49; Atos 1:8; 10:46; 1Coríntios 14:15,26).[43]

O batismo no Espírito Santo para os pentecostais não é imersão no corpo de Cristo, nem regeneração ou santificação. Junto com as demais tradições cristãs, eles afirmam que "todo cristão recebe o Espírito vivificador e habitador. Não há cristão sem o Espírito".[44] Mas diferem ao interpretar de que forma se dá a vinda do Espírito sobre a vida de homens e mulheres que seguem a Cristo: o batismo com o Espírito "é uma experiência definitiva, posterior à salvação, na qual a terceira pessoa da deidade vem sobre o crente para ungir e energizá-lo em favor de um ministério especial".[45] A declaração de fé das Assembleias de Deus afirma: "Trata-se de uma experiência espiritual que ocorre após ou junto à regeneração, sendo acompanhada da evidência inicial do falar em outras línguas".[46] Para as correntes clássicas do pentecostalismo, o falar em línguas, a glossolalia (línguas extáticas, diferente da *xenolalia*), é fundamental.[47]

Os teólogos pentecostais Duffield e Van Cleave apontam que o batismo pentecostal "é de vital importância na relação entre a vida espiritual e o ministério de todo crente. O batismo com o Espírito Santo é o segredo do poder de Deus na Igreja. É a maior necessidade em toda esfera de atividade cristã".[48] Fica estabelecida a íntima relação entre o espiritual e o físico, entre a experiência religiosa e a vida social, entre teologia e missão. Tancara Chambe apresenta um quadro vívido da experiência pentecostal:

> Quando o Espírito nos batiza, tomamos nossa liberdade e nos encarregamos dela, então redescobrimos nosso poder. Sentimos que não devemos delegar poder a

---

[42]Horton, 1997; Gilberto, 2008; Williams, 2011.
[43]Gilberto, 2008, p. 191.
[44]Menzies, 2016, p. 53.
[45]Duffield; Van Cleave, 2002, p. 199.
[46]Assembleias de Deus, 2017, p. 165.
[47]McGee, 2017; Gilberto, 2019; Wyckoff, 1997; Robeck Jr., 2017.
[48]Duffield; Van Cleave, 2002, p. 197.

ninguém, nem hipotecar nossa liberdade a um determinado sistema econômico, social ou político (1Coríntios 7:23) nem a determinadas pessoas. O Espírito nos torna livres (livres para servir uns aos outros, para amar uns aos outros). [...] O batismo do Espírito, que provoca a desinibição do corpo, nos lembra que o corpo é para liberdade, para recreação e prazer.[49]

A doutrina do batismo pentecostal defende: "O Espírito de Pentecoste é, na realidade, o Espírito para os outros, o Espírito que impele e capacita a igreja para levar as 'Boas Novas' de Jesus a um mundo perdido e agonizante. É essa perspectiva lucana e missiológica que molda o entendimento pentecostal do batismo no Espírito Santo".[50] Alguns estudos sobre o batismo pentecostal, como do teólogo luterano Uwe Wegner (2006) e do pentecostal Craig Keener (2018), apresentam uma tratativa mais imparcial, destacando aspectos positivos e negativos. Os estudos dos teólogos pentecostais Anthony Palma (2014), Menzies e Menzies (2002), McGee (2017), Ruthven (2017), Gilberto (2008, 2018) e Macchia (2006), entre outros, enfatizam a validade dessa doutrina. Na última parte deste artigo será analisado como a concepção carismática pode ser uma contribuição para o cristianismo mais amplo. Por agora, o foco estará na obra específica do Espírito, revalorizada pelos pentecostais e carismáticos.

O Espírito e sua obra única e distintiva

O teólogo pentecostal John Wyckoff faz um comparativo sucinto entre as posições católica, protestante e pentecostal, a fim de evidenciar a diferença de posturas.[51] Os católicos enfatizariam mais o papel da igreja e dos sacramentos, acabando por subordinar de alguma forma o Espírito à igreja; os protestantes, o papel da pregação e da fé, subordinando o Espírito à Bíblia. Os pentecostais, por sua vez, seriam uma reação aos dois primeiros: "Ao sacramentalismo que pode se tornar mecânico e à ortodoxia biblista que pode se tornar espiritualmente morta — reclamam [os pentecostais] uma experiência vital com o próprio Deus no Espírito Santo".[52]

Os dois primeiros, católicos e protestantes, enfatizam a obra do Espírito em conjunto com o Cristo, em termos soteriológicos. Os textos paulinos ganham notoriedade. Os pentecostais, sem negar aquela obra do Espírito, focaram na relação

---

[49]Tancara Chambe, 2011, p. 249, 251.
[50]Menzies, 2016, p. 53.
[51]Wyckoff, 1997, p. 431.
[52]Wyckoff, 1997, p. 432.

do Cristo com o Espírito, e nas obras próprias do Espírito, em termos missiológicos e de vida cristã. Os textos lucanos aqui sobressaem. Afirma Williams: "De fato, esse posterior ato de mediação, do Pai por intermédio do Filho, é o ato apoteótico do envio do Espírito Santo".[53] E continua: "Devemos ser muito agradecidos pelo fato, na renovação espiritual contemporânea, de o Espírito Santo estar sendo reconhecido pela sua obra única e distintiva". Esse redescobrimento do Espírito é por vezes chamado de centralidade do Espírito, mas não seria um termo correto. Mais adequado seria apontar a retomada do equilíbrio ou circularidade entre uma cristologia pneumatológica e uma pneumatologia cristológica. A pneumatologia pentecostal faz aqui uma importante contribuição.[54]

O Espírito aponta para o Cristo e o Cristo aponta para o Espírito. No primeiro, temos o papel do Espírito para a salvação; no segundo, sua atuação pentecostal no seguimento do Pentecoste. Os pentecostais chamaram essa concepção de "evangelho pleno" ou "evangelho quádruplo": Jesus *salva, cura, batiza no Espírito Santo, e breve voltará*.[55] É a atuação do Espírito enviado pelo Pai por intermédio do Filho.

> A mensagem do Evangelho pleno proclama a centralidade da obra do Espírito Santo como o Agente ativo da Trindade na revelação que Deus fez de si mesmo à sua criação. A mensagem do Evangelho pleno diz que Deus hoje continua a falar e a agir, como nos tempos do Antigo e do Novo Testamento. [...] A única maneira de se conhecer uma pessoa, inclusive o próprio Deus, é saber o que ela tem dito e feito. A Bíblia nos conta o que Deus tem dito. E a obra contínua do Espírito Santo nos revela o que Ele continua a dizer e fazer hoje.[56]

Moltmann também percebeu que o *Espírito* é o sujeito da *palavra*, e por isso vai mais longe que a palavra, tanto quanto for possível à própria realidade sensível: "O Espírito de Deus é mais do que apenas o manifestar-se de sua revelação no homem, e mais do que apenas o fato de a palavra anunciada ser acolhida com fé no coração do homem". E continua: "Pelo contrário, o Espírito leva as pessoas a um novo início de vida, tornando-as os próprios sujeitos de sua nova vida na comunidade de Cristo".[57] Com isso, as pessoas estão experimentando o

---

[53]Williams, 2011, p. 535.
[54]Kärkkäinen, 2002; Yong, 2005.
[55]Dayton, 2018.
[56]McLean, 1997, p. 383, 385.
[57]Moltmann, 1999, p. 14.

Espírito Santo na comunidade, mas, sobretudo, interiormente, como experiência religiosa profunda. O Concílio Vaticano II, por meio da *Gaudium et Spes* já tinha afirmado ousadamente: "Devemos admitir que o Espírito Santo oferece a todos a possibilidade de se associar, de modo conhecido por Deus, ao mistério pascal".[58]

Uma observação importante vem de Miranda: "A ação do Espírito em nós nunca deve ser buscada por si mesma, como uma *meta*. A meta é sempre o próximo (Deus). Pois essa ação nos impele para fora de nós mesmos em direção ao outro".[59] E continua: "A experiência da ação salvífica do Espírito nada tem de um hedonismo espiritual, mas representa apenas o lado experiencial da atitude fundamental cristã [...] a dimensão *mística* intrínseca à aventura cristã".[60] Temos assim, a diligência para harmonizar a experiência, a mística, o Cristo, o Espírito, a revelação e a vida cristã.

CONTRIBUIÇÕES DO PENTECOSTALISMO ÀS IGREJAS

No final da parte anterior já estavam implícitas algumas contribuições do movimento pentecostal ao conjunto das igrejas. Não só o Espírito aponta para o Cristo, mas o Cristo também aponta para o Espírito, o que nem sempre foi devidamente refletido. Nesta parte, queremos destacar outras possíveis contribuições do pentecostalismo às igrejas, sem com isso, invisibilizar as potenciais contradições que toda concretização histórica da fé apresenta. Uma pneumatologia *integral* é parte do *ser cristão*. Isso será aprofundado com relação à dimensão sobrenatural da fé na vida cristã, à missão e à ampliação dos que fazem teologia: leigos, homens e mulheres, pobres, entre outros.

Retomar a dimensão sobrenatural da fé

Frente a um cristianismo racionalista, assegura-se o caminho da afetividade, do sentimento, das metáforas, das narrativas, enfim, da experiência como *lócus* revelacional.[61] A dimensão mística adquire contornos vivenciais no cotidiano do cristão e da igreja. Nas palavras de um dos pioneiros do pentecostalismo moderno, o pastor da igreja na rua Azusa nos idos de 1906, William Seymor, "cada filho de Deus deve buscar o seu Pentecoste pessoal".[62] Com tamanha capilaridade e profundidade, a experiência pneumatológica de Deus irrompe na existência humana,

---

[58]Papa Paulo VI, I.1.22.
[59]Miranda, 2004, p. 185.
[60]Miranda, 2004, p. 186.
[61]Oliveira; Terra, 2018.
[62]Seymor, 2001, p. 36.

permitindo apreciar o milagre sem banalizá-lo. É possível falar em uma hermenêutica do Espírito, uma forma de ver o mundo sob ação direta do Espírito.[63]

Como bem afirmou Kenner Terra, "para a teologia pentecostal, a experiência não é qualquer coisa, mas a ação do Espírito como foi realizada entre os apóstolos e as comunidades cristãs primitivas".[64] Essa dimensão experiencial e mística da fé como *lócus* da compreensão pentecostal é uma retomada da riqueza da experiência religiosa das primeiras comunidades cristãs, conformando uma *epistemologia afetiva*.[65]

O teólogo pentecostal peruano Bernardo Campos propôs o princípio da pentecostalidade, tomando o Pentecoste como modelo e *normativo* para a igreja, abordagem clássica do pentecostalismo. A pentecostalidade seria a presença do Espírito, "aquela experiência universal que expressa o acontecimento de Pentecoste em sua qualidade de princípio ordenador da vida".[66] E acrescenta:

> Desde que cunhamos a palavra *pentecostalidade*, a entendemos como um critério epistemológico para falar da vocação de universalidade da igreja, e como categoria que permitiria superar as aporias das novas, mas precárias, historização e institucionalização dos pentecostalismos, ao mesmo tempo que *notae* (característica) da igreja.[67]

Os pentecostalismos seriam realizações históricas do princípio da pentecostalidade, mas não se confundem com ele, uma vez que o Espírito foi dado a toda a igreja. Tancara Chambe esclarece: "Nenhum pentecostalismo é dono do Espírito, são expressões do Espírito, e o são tanto quanto conservem, em suas práticas e princípios, a solidariedade/reciprocidade, a reprodução da vida em comunidade".[68]

Os pentecostalismos substituíram a mediação do discurso evangélico e a formalização dos ritos por um imediatismo na relação sensorial com o sagrado. O místico/emocional prevalece sobre o institucional. A intermediação do sagrado via discurso teológico é preterida para dar espaço a uma relação imediata que resulte em experiências do Espírito (valorização do transe e do êxtase).[69] A espiritu-

---

[63]Campos, 2018a; Keener, 2018a; 2018b; Oliveira; Terra, 2018.
[64]Terra, 2020, p. 53.
[65]Smith, 2003.
[66]Campos, 2018a, p. 105.
[67]Campos, 2018b, p. 105.
[68]Tancara Chambe, 2011, p. 250.
[69]Oliveira, 2017d.

alidade pentecostal estaria mais próxima da pneumatologia do Oriente, como indica Land, em sua compreensão de espiritualidade como perfeição e participação na vida divina (*theosis*), ressaltando as figuras de Gregório de Nissa, Macário do Egito e Santo Simão, o Novo Teólogo.[70] Paul Evdokimov, teólogo da igreja ortodoxa, fala da pneumatologia oriental da perspectiva da *embriaguez*, renunciando às expressões habituais que tratam do Espírito, aquele que "é o único a não ter a sua imagem numa outra Pessoa, ele é essencialmente misterioso".[71] E acrescenta: "A sua missão terrestre de ser Fonte inesgotável dos dons e carismas, de santificação e de santidade, incita os Padres a distinguirem entre o dom, a graça e o Doador da graça, a Pessoa do Santo Espírito, e eis por que, para o Oriente, o Espírito Santo não fica reduzido a ser o vínculo entre o Pai e o Filho".[72] Na mesma linha, o teólogo pentecostal chileno Tancara Chambre reflete:

> Pentecostalidade é paixão e razão; mais que prosa, é poesia; antes do *logos* é balbuciar ou glossolalia; um retorno à palavra original que fundou e refundará o mundo. E antes da palavra está o corpo, as lágrimas, o suor, a sede e a fome de pão e de justiça, o riso, o canto, a dança, a embriaguez (que substitui a embriaguez superficial que se consegue com vinho ou cerveja). "Não é preciso estar alcoolizado para estar bêbado", desinibição do corpo, liberação concreta.[73]

A vida cristã *cheia* (dirigida) pelo Espírito produz liberdade e plenitude, ampla libertação.[74] A espiritualidade dos pentecostalismos é uma expressão da fé cristã, e como tal, um passo importante no processo de inculturação da fé. Uma fé mística, comunitária e pública, retomada a partir dos carismas na comunidade, do empoderamento simbólico dos seus membros, da vida como culto a Deus e como serviço ao outro, numa circularidade humanizadora dinamizada pelo Espírito.

O Espírito na missão

Não é de estranhar que essa espiritualidade e concepção pentecostal impulsione um ardor missionário e pastoral nas comunidades. A irradiação da fé como impulso para a transformação assumiu várias dimensões (anunciar, testificar, servir,

---

[70]Land, 1993, p. 29.
[71]Evdokimov, 1996, p. 87.
[72]Evdokimov, 1996, p. 90.
[73]Tancara Chambre, 2011, p. 253.
[74]Alvarez, 1992.

comunicar-se, partilhar, interpelar, educar e transformar) a partir de uma missão que se viu como missão do Espírito de Deus (*Missio Spiritus sancti*) e não da igreja, que reconheceu em Deus a iniciativa, o poder para executá-la e a glória pelos resultados. Também é digno de nota que a urgência missionária no pentecostalismo tem relação com sua perspectiva escatológica, a crença na volta iminente de Cristo na forma de arrebatamento, instaurando uma realidade apocalíptica. Fato é que, sob a liderança do Espírito Santo, a missão ganhou contornos prioritários, embora, como toda tematização histórica, tenha suas limitações.

A presença do Espírito atua na dimensão do *anúncio*, indicando o conteúdo, que é o dom de Deus em Jesus como *boa notícia*, como aquele que é dado ao mundo para reconciliação. O ardor missionário, com ênfase na decisão pessoal dos ouvintes, tem levado milhões de pessoas a uma vida cristã fervorosa.[75] O risco tem sido o conversionismo/proselitismo. A dimensão do *testemunho* empodera o cristão e a igreja para dar testemunho, mas, sobretudo, para ser testemunha (gr., *mártyras*, "mártir do evangelho"). Trata-se de um envolvimento pessoal e existencial com a missão. Ser testemunha do evangelho é ir além do ato de testemunhar da fé, porque faz mais do que "falar sobre" — há uma irradiação da fé e da presença do Espírito por meio de uma vida cristã coerente com os valores do Reino. A crítica em termos gerais é que a igreja, como instituição, "ao invés de constituir-se portadora e testemunha do Evangelho, ela se apresentou como 'defensora' do Evangelho. Isto na prática se refletiu num esforço de domesticar o Evangelho".[76]

O mesmo Espírito impele ao serviço, à dimensão *diaconal*, que faz com que a comunidade atue no atendimento do outro, tendo como base a fé cristã, o cuidado primordial de Deus por sua criação, demonstrado na promessa de redenção. O serviço tem como colunas o engajamento na assistência ao necessitado e o cuidado integral. O problema reside em instrumentalizar o serviço como mero meio evangelizador, quando a diaconia, o cuidado do outro, é, em si, missionário, no seguimento de Jesus. Outra dimensão missional potencializada pelo agir do Espírito é a capacidade de *comunicar-se*, pelo uso de linguagem adequada/inculturada e pela efetiva convivência de caminhada com os pobres, que permitem entrar em diálogo e ter comunhão mais profunda. Participando dos anseios do mundo e tendo uma abordagem mais holística, a fé torna-se mais presente. A quantidade de pequenas congregações, e a vida comunitária partilhando

---

[75]Bonino, 2003, p. 126s.
[76]Niebuhr, 1967, p. 17.

angústias e limitações, especialmente nas periferias do mundo, têm sido um meio eficaz de comunicação.

A dimensão da *partilha* tem como característica a capacidade de dar-se e de aceitar o outro. Ao dar-se na gratuidade e na verdade, os cristãos dirigidos pelo Espírito experimentam o basilar da vida espiritual, a descentralização de si mesmo para ir em direção ao outro. Ao aceitar o outro do jeito que ele é, na confiança e com acolhida profunda, experimenta-se a simbiose da reciprocidade, que nos torna humanos ao percebermos que não podemos *ser* sem o outro, que o outro faz parte do nosso existir. A reciprocidade é anterior à ética, é um ato existencial de acolhida do outro como parte da nossa existência. Partilhar, missiologicamente, é doar a si mesmo e aceitar o outro como parte da sua existência, fraterna e sororal, dinamizada pelo Espírito.

Mas o Espírito não age apenas nos indivíduos e internamente, também atua institucional e socialmente por meio das dimensões *interpelação*, *educação* e *transformação*. Interpelar diz respeito à capacidade profética da igreja e dos cristãos, de denunciarem, enfrentarem e desafiarem as estruturas injustas da sociedade. "A Igreja, no seu papel profético, é a guardiã que revela as estruturas dinâmicas da sociedade e se opõe a seu poder demoníaco, revelando-o, mesmo quando dentro dela. Ao assim fazer, a Igreja ouve, também, as vozes proféticas fora dela, que julgam a cultura e a ela mesma como sua parte".[77]

É preciso uma pedagogia para agir no mundo, uma metodologia dialogal e conscientizadora que eleve seus interlocutores à condição de sujeitos da sua própria história, uma pedagogia da autonomia, libertadora. Na missão, a metodologia também é conteúdo, o jeito de se comunicar também carece do amor que se pretende compartilhar, é disso que se trata a dimensão da *educação*. E por último, até em consequência das outras ações, temos a dimensão da *transformação*, que inclui conversão, libertação e crescimento. Isso não quer dizer que a igreja tenha o poder de transformar a sociedade, mas de ser um instrumento para isso. A igreja

> não tem o poder de delinear estruturas sociais perfeitas nem de sugerir reformas concretas. Mudanças culturais ocorrem impulsionadas pela dinâmica interior da própria cultura. A Igreja participa nelas, às vezes, liderando, mas sempre como força cultural entre outras e não como representante da nova realidade histórica.[78]

---

[77]Tillich, 2009, p. 92.
[78]Tillich, 2009, p. 91.

O Espírito na missão age conferindo ousadia. O teólogo reformado David Jacobus Bosch conclui que, na obra lucana, "o Espírito Santo é o Espírito da ousadia (*parresia*) em face da adversidade e da oposição. A igreja prossegue a missão de Cristo no poder do Espírito. É capacitada a efetivar o amor de Deus em seu dia a dia e em que a justiça e a retidão se tornem presentes e atuantes".[79] Retomar essa ousadia missionária é indispensável, atuando com equilíbrio nas várias dimensões missionais no seguimento de Jesus no poder do Espírito.

Ampliação dos sujeitos do fazer teológico

Outra contribuição fundamental do pentecostalismo está em sua descentralização no labor teológico, incluindo um sem-número de sujeitos no processo. Graças ao valor da experiência como lugar teológico e à consequente descentralização do acesso a Deus, há uma relativização da ordem institucional e do "centro", permitindo um florescimento nas "margens".[80] O acesso não mediado a Deus relativiza os mediadores sacramentais e litúrgicos a partir da experiência interior.[81] Essa via de acesso direto a Deus foi acionada pelos cristianismos das origens, pelos grandes místicos medievais e pelos espiritualistas da Reforma Radical do século 16, como exemplos. Se cada crente está vivendo um "Pentecoste pessoal" atualizado em seu contexto, um governo pneumatológico estará manifesto, tendo a descentralização como marca institucional, em que o Espírito capacita pobres, homens e mulheres, clérigos e leigos.[82] A comunidade é cossujeito do labor teológico no poder do Espírito e leitura das Escrituras, formando a tríade hermenêutica Espírito-Palavra-Comunidade.[83] Repare a ênfase dos pioneiros pentecostais: "Em cada assembleia, a primeira coisa a ser verificada é se o Espírito Santo está empossado como Presidente [...]. Não que seja errado haver um homem na direção, mas tal indivíduo deve estar cheio do poder do Espírito".[84]

Uma das consequências dessa comunidade carismática é a releitura do "sacerdócio universal", relativizando as categorias leigo/clero. A evolução do ministério ordenado, que já no século 1 tinha aparecido como fiador da tradição apostólica, gerou uma classe de ministros ordenados que assumiu uma posição dominante. "A clericalização da igreja acompanhou *pari passu* a sacerdotalização do clero."[85]

---

[79]Bosch, 2007, p. 615.
[80]Oliveira; Rocha, 2018.
[81]Cox, 1995, p. 87.
[82]Rocha, 2008, p. 148s.
[83]Archer, 2004; Yong, 2006.
[84]Seymor, 2001, p. 137.
[85]Bosch, 2007, p. 559.

De um lado, o clero com papel ativo, capacitado para o agir, e de outro, o "laicato (de *laos*, 'povo [de Deus]'), sendo que se entendia a este como imaturo, menor de idade e inteiramente dependente do clero em questões religiosas".[86] Desde o último século, no entanto, o protagonismo dos leigos está em franca expansão: "o movimento que conduz do ministério como monopólio de homens ordenados para o ministério como responsabilidade de todo o povo de Deus, ordenados ou não, constitui um dos mais dramáticos câmbios a ocorrer na igreja hodierna".[87] O teólogo batista Alessandro Rocha constatou:

> O pentecostalismo gerou uma nova perspectiva teológica em que o Espírito é quem capacita os agentes religiosos para as diversas funções na igreja. A novidade daquele movimento estava, porém, na condição desses agentes. Operários negros, mulheres e crianças foram se constituindo protagonistas na pregação e vivência eclesial do evangelho.[88]

Mas essa abertura não pode ser do ponto de vista da "concessão" da hierarquia de plantão, que pode, com isso, estabelecer os limites claros da "intromissão" dos novos agentes. A *radicalização* do sacerdócio universal propicia o surgimento de novos atores eclesiais, com voz e ação, ampliando a capacidade criativa da igreja de lidar com a conjuntura contemporânea. Cada crente se vê na condição de entender a fé e na incumbência de assumir responsabilidades na comunidade. Uma ousadia no Espírito para ler as Escrituras em comunidade e agir a partir daí.[89]

A leitura da Bíblia em chave comunitária e dinamizada pelo Espírito a partir da experiência é uma potencialidade do pentecostalismo para superar a leitura bíblica fundamentalista:

> São duas maneiras de viver a Bíblia: para o fundamentalismo, ela é um testemunho objetivo, em alguma medida externo, que "está aí". O pentecostal, no dizer de Campos "sente-se parte do texto, renarra a Bíblia, sente uma congenialidade com o texto" que lhe permite atualizá-lo, revivê-lo em sua situação, prolongá-lo. Na tradição teológica, ela tem sido chamada de "interpretação espiritual", tendo assumido diversas formas e ocupado um lugar importante na vida da igreja [...] Mas quão mais rica poderiam

---

[86]Bosch, 2007, p. 559.
[87]Bosch, 2007, p. 558.
[88]Rocha, 2008, p. 150.
[89]Archer, 2004.

ser a experiência, a prática e a leitura sem o lastro de um esquema hermenêutico que muito pouco tem a ver com a identidade real da experiência e da fé do crente![90]

Com a acolhida da ação direta do Espírito Santo, a comunidade de irmãos e irmãs transforma-se em uma comunhão de livres e iguais.[91] Essa democratização e descentralização tem consequências teológicas. Em tom ousado e muito crítico, Jürgen Moltmann questiona:

> será que uma igreja que ordena exclusivamente homens ao ministério e exclui as mulheres da proclamação, da profecia, possui o Espírito Santo, ou será que ela o "abafa", reprimindo sua ação libertadora? [...] O Espírito de Deus não respeita as diferenças sociais. Pelo contrário, abole-as. No cristianismo, todos os movimentos de avivamento cheios do Espírito perceberam e disseminaram os elementos de revolução social da experiência do Espírito.[92]

A inevitável institucionalização do movimento pentecostal tem procurado domesticar esse pluricentro teologal e participativo, especialmente por causa do caráter revolucionário de um sacerdócio que se dê não quanto a privilégios e autoridade, mas de serviço e cooperação. Em hipótese alguma sugere-se a supressão da liderança formal da igreja em nome de um comunitarismo eclesial anárquico. O Espírito também atua nas estruturas, apesar de transcendê-las. O mais importante aqui é redescobrir o apostolado dos leigos, a vocação e contribuição de cada cristão ao corpo de Cristo, à comunidade e ao mundo. Em lugar de estruturas rígidas e burocráticas, mais igualitarismo e vida comunitária.

CONCLUSÃO

O pentecostalismo é um movimento que se caracteriza pela busca de restauração das origens do cristianismo neotestamentário, tomando o evento de Pentecoste e a operação apoteótica do Espírito Santo como *normativos* para a igreja. Essa radicalidade (lat., *radicalis*, "volta às raízes"), foi possível a partir da retomada da experiência como *loci theologici* intencionalmente animada pelo Espírito, em uma circularidade entre Espírito, Comunidade e Escritura. O necessário equilíbrio entre o Espírito de Cristo (soteriologia) e o Cristo que aponta para o Espírito (missiologia e vida cristã) tem sido uma força criativa e vigorosa do movimento.

---

[90]Bonino, 2003, p. 71-2.
[91]Moltmann, 2002, p. 34.
[92]Moltmann, 2002, p. 34.

O desenvolvimento de uma comunidade carismática moldada pelo Pentecoste despertou dons e agentes religiosos os mais diversos, ativando um ardor missionário impelente.

Promoveu uma certa democratização dos ministérios e ativação de dons; ajudou a combater a segregação racial; dignificou os pobres e marginalizados; e, melhorou a autoestima das massas. Resultou em uma maior participação dos leigos, ao criar estruturas paralelas de poder e de serviço.[93] Ofereceu acesso *não mediado* a Deus por meio de uma pneumatologia carismática que resultou em valorização da afetividade e partilha comunitária.

O movimento pentecostal pode oferecer à igreja mundial mais que uma experiência religiosa e fervor espiritual: há doutrina e teologia também. Alguns avanços estão no novo olhar para Lucas-Atos, não subordinando a teologia lucana à perspectiva paulina, além da natureza missiológica do discipulado e da igreja, recordando sua vocação apostólica no poder do Espírito. Coloca-se em evidência, por meio da espiritualidade pentecostal, as experiências do Espírito Santo na atualidade, sua importância e significância simbólica. Nesse sentido, até os sacramentos são ressignificados, pois como afirmou o teólogo pentecostal Robert Menzies, o falar em línguas passa a ser um "sacramento" dos (e para os) pentecostais.[94] Além disso, Anderson percebe que a teologia pentecostal é "uma teologia vinda de baixo e uma teologia das pessoas".[95]

A espiritualidade pentecostal pode ser inculturada de diversas formas. Como uma expressão da fé, tem elementos dinâmicos e criativos. Destacam-se o lugar da experiência de Deus, a retomada do sobrenatural da fé, as dimensões missionais no seguimento de Jesus no poder do Espírito e a ampliação dos agentes religiosos "cheios do Espírito", dinamizando a vida e o labor teológico. As intuições do movimento pentecostal, em diálogo aberto com as famílias cristãs de longa tradição (Oriente e Ocidente), permitem novos impulsos e aprofundamentos na pneumatologia.

---

[93]Oliveira, 2017d.
[94]Menzies, 2016, p. 115.
[95]Anderson, 2019, p. 211.

CONCLUSÃO

APÓS ESSE PERCURSO, NÃO OUSAMOS DIZER QUE ESTÁ CONCLUÍDO O GIGAN-
TESCO TRABALHO DA PRODUÇÃO DE UMA TEOLOGIA PROPRIAMENTE PENTE-
COSTAL. PARA SERMOS MAIS ESPECÍFICOS, DE UMA TEOLOGIA PENTECOSTAL
brasileira. Talvez, melhor seria terminarmos essa obra apontando os desafios
para a escrita desse pensar sobre a fé a partir da tradição pentecostal. Antes
disso, não podemos deixar de dizer que até mesmo o termo usado no singular,
"pentecostal", já se configura um risco, mesmo que pedagogicamente necessário, pois o pentecostalismo em sua beleza e grandeza, que no Brasil ocupa um
espaço tão significativo, é uma multiplicidade de expressões, liturgias e, consequentemente, teologias. E, claro, o lugar de onde falamos é o discurso da fé
assembleiana. E, da mesma forma, não podemos esquecer que esse falar sobre
a fé também não é unívoco. Contudo, podemos afirmar que no meio dessa multiplicidade há um detalhe marcador da identidade do(s) pentecostalismo(s): a
experiência. Por isso, queremos concluir essa obra abrindo e convidando irmãos
e irmãs da experiência pentecostal a contribuírem a partir de alguns horizontes
que aqui indicaremos.

Em primeiro lugar, necessitamos construir uma conceituação epistemologi-
camente clara e heuristicamente aplicável para o conceito de experiência. Neste
trabalho, propusemos o diálogo entre expressões como *transe* e êxtase ensaiando
a resolução dessa problematização. Para isso, os pesquisadores e pesquisadoras
pentecostais, como já tem acontecido, precisarão acessar e dialogar com as ciências das religiões, com a antropologia cultural, com a etnografia, com a teologia
medieval, e com todas as ciências que ajudarem nesse processo. Por outro lado,

esse trabalho precisa ser feito a partir de teólogos e teólogas identificados com a tradição pentecostal, porque a partir desse lugar a sensibilidade para construir uma ferramenta apta a avaliar o que pertence à própria condição do pesquisador será mais eficaz, sensível e relevante. E, humilde e sinceramente, afirmamos ser esta obra um ensaio que aponta à grande empreitada.

No mesmo nível de importância, o nosso trabalho indica a necessidade de construção organizada, clara e bem realizada de um pensar teológico pentecostal que não repita simplesmente as conquistas das tradições protestantes em geral. Para isso, além da história do protestantismo, ou do cristianismo, o teólogo e a teóloga pentecostais, depois de bem sinalizado o conceito de experiência, deverão, a partir desse lugar, construir um conjunto de saberes sobre a fé. No entanto, para ser coerente com a tradição pentecostal, esse trabalho não pode ser elitista e academicista, mas deve dialogar com as práticas teológicas próprias das comunidades pentecostais. Assim, seguindo a tradição do "crer para compreender", gêneros como testemunho, narrativas de milagre, biografias experienciais, falas empoderadas, expressões carismáticas e hinário popular tornam-se também lugar a partir do qual se sistematiza o saber teológico. Contudo, a lucidez racional, que não é racionalista, do teólogo e da teóloga pentecostais dará luz e apresentará conceitos e prática discursiva da fé pentecostal. Aqui seguimos o caminho de fazer dialogar o sistema formal teológico e a prática teológica nas comunidades, não prevendo um depois do outro, mas tratando-os dialeticamente.

Seguindo essa mesma preocupação, a teologia pentecostal brasileira precisa se deter na formulação ou identificação da hermenêutica pentecostal. Não adianta pensarmos teologia pentecostal a partir do uso de métodos e referenciais teóricos interpretativos que sejam devedores da modernidade racionalista. Se a Bíblia é o centro da fé protestante, a hermenêutica pentecostal valorizará este centro, mas redimensionando a ideia de centralidade. A experiência precede a escrita dos textos. Por sua vez, a experiência precede a leitura desses mesmos textos na tradição pentecostal. O desafio, então, é acessar, articular, compreender e aplicar metodologias interpretativas mais adequadas à valorização da experiência. Neste trabalho indicamos a narratologia e a semiótica da cultura. Entretanto, esperamos que biblistas pentecostais articulem novos horizontes metodológicos que deem conta dessa preocupação.

Seguindo muitos outros trabalhos, a teologia pentecostal brasileira não pode perder de vista a estratégia discursiva da narrativa. Em termos metodológicos, isso significa valorizar a narratividade. Teologia pentecostal é um espaço privilegiado para teologia narrativa. Por mais óbvio que isso pareça, na prática sempre há o medo de ser teologia superficial e não dogmaticamente legítima e densa. Talvez esses riscos sejam reais, o que exigirá boa aplicação de ferramentas científicas e fineza argumentativa.

Enfim, para sermos coerentes com a nossa tradição teológica, precisamos concluir este livro abrindo-o para possibilidades outras. Ele não é porta, mas janela que abre e contempla o infinito em sua frente e convida os que quiserem contribuir a serem vozes na escrita, aplicação e vivência, coerente e equilibrada, potente e reveladora, da experiência pentecostal. E no fim, o que resta é se prostrar ao mistério tremendo e que não se esgota em tintas e papel, porque se dá na irrupção de quem o deseja e o experiencia.

REFERÊNCIAS BIBLIOGRÁFICAS

ABUMANSSUR, Edin S. "Pentecostalismo e violência em São Paulo". In: Soter, org. *Deus e vida* (São Paulo: Paulinas, 2008). p. 273-83.

ADRIANO FILHO, José. "Estética da recepção e hermenêutica bíblica". In: Nogueira, P. A. S., org. *Linguagens da religião: desafios, métodos e conceitos centrais* (São Paulo: Paulinas; Anptecre, 2012). p. 165-90.

AICHELE, G. et al. *A Bíblia pós-moderna: Bíblia e cultura coletiva* (São Paulo: Loyola, 2000).

AIRTON, José Da Silva. *A voz necessária: encontro com os profetas do século VII a.C.* (São Paulo: Paulus, 1998).

ALENCAR, Gedeon. *Assembleias de Deus: origem, implantação e militância (1911-1946)* (São Paulo: Arte Editorial, 2010).

_____. *Matriz pentecostal brasileira: Assembleias de Deus, 1911-2011* (Rio de Janeiro: Novos Diálogos, 2013).

_____. *Protestantismo tupiniquim: hipóteses sobre a (não) contribuição evangélica à cultura brasileira*. 2 ed. (São Paulo: Arte Editorial, 2007).

_____; FAJARDO, Maxwell Pinheiro. "Pentecostalismos: uma superação da discriminação racial, de classe e de gênero?". *Estudos de Religião*, vol. 30, n. 2, 2016: 95-112. Disponível em: https://www.metodista.br/revistas/revistas-ims/index.php/ER/article/view/6847. Acesso em: 30 nov. 2020.

ALTER, Robert. *A arte da narrativa bíblica* (São Paulo: Cia. das Letras, 2007).

_____; KERMODE, Frank, orgs. *Guia literário da Bíblia* (São Paulo: Unesp, 1997).

ALTMANN, Walter. *Lutero e libertação* (São Leopoldo/São Paulo: Sinodal/Ática, 1994).

ÁLVAREZ, C. E., org. *Pentecostalismo y liberación: una experiencia latino-americana* (San José: DEI, 1992).

ALVES, R. *O enigma da religião*. 6. ed. (Campinas: Papirus, 2007).

AMIHAI, Miri; Coats, George W.; SOLOMON, Anne M., orgs. "Narrative research the Hebrew Bible". *Semeia*, n. 46, 1989: 1-178.

ANDERSON, A. H. *Uma introdução ao pentecostalismo: cristianismo carismático mundial* (São Paulo: Loyola, 2019).

ARAÚJO, Isael de. *Dicionário do movimento pentecostal* (Rio de Janeiro: CPAD, 2007).

ARCHER, Kenneth J. *A Pentecostal hermeneutic for the twenty-first century: Spirit, Scripture, and community* (London: T&T Clark, 2004).

_____. *A Pentecostal hermeneutic: Spirit, Scripture and community* (Cleveland: CPT, 2005).

ASSEMBLEIAS DE DEUS. *Declaração de fé das Assembleias de Deus* (Rio de Janeiro: CPAD, 2017).

ASSMANN, Aleida. "Canon and archive". In: Erll, Astrid; Nünning, Ansgar, orgs. *Cultural memory studies: an international and interdisciplinary handbook* (Berlin: Walter De Gruyter, 2008a). p. 97-107.

_____. *Espaços da recordação: formas e transformações da memória cultural* (Campinas: Unicamp, 2011).

ASSMANN, Jan. "Collective memory and cultural identity". *New German Critique*, n. 65, 1995: 125-33.

_____. "Communicative and cultural memory". In: Erll, Astrid; Nünning, Ansgar, orgs. *Cultural memory studies: an international and interdisciplinary handbook* (Berlin: Walter De Gruyter, 2008b). p. 109-18.

_____. *Religión y memoria cultural* (Buenos Aires: Lilmod, 2008b).

AULÉN, Gustav. *A fé cristã*. 2 ed. (São Paulo: ASTE, 2002).

AZEVEDO, L. "Autoria e performance". *Revista de Letras*, vol. 47, n. 2, 2007: 133-58.

BAKHTIN, M. *A cultura popular na Idade Média e no Renascimento: o contexto de François Rabelais* (São Paulo: Hucitec, 1999).

_____. *Estética da criação verbal* (São Paulo: Martins Fontes, 2003).

_____; VOLOCHINOV, Valentin. *Marxismo e filosofia da linguagem* (São Paulo: Hucitec, 2010).

BARDSWELL, Arthur D. *The poor preachers: the adventures of the first Lollards* (Bloomington: WestBow, 2011).

BARROS, D. L. Pessoa de; FIORIN, José Luiz, orgs. *Dialogismo, polifonia, intertextualidade*. 2 ed. (São Paulo: Edusp, 2003).

BARROS, José D'Assunção. *Papas, imperadores e hereges na Idade Média* (Petrópolis: Vozes, 2012).

BARTH, F. *Ethnic groups and boundaries: the social organization of culture of difference* (Olso: Universitetsforlaget, 1969).

BARTOS, Emil. "The three waves of spiritual renewal of the Pentecostal-charismatic movement". *Review of Ecumenical Studies Sibiu*, vol. 1, n. 7, 2015: 20-42.

BASTIAN, Jean-Pierre. "De los protestantismos históricos a los pentecostalismos latino-americanos: análisis de una mutación religiosa". In: Huezo Mixco, Luis R., org. *De las misiones de fe al neopentecostalismo: génesis y evolución del protestantismo salvadoreño, desde el siglo XIX hasta el presente* (San Salvador: Secretaría de Cultura de la Presidencia/ Universidad Evangélica de El Salvador, 2013). p. 29-52.

BATAILLE, Georges. *A experiência interior* (Belo Horizonte: Autêntica, 2016).

BAYER, Oswald. *A teologia de Martim Lutero: uma atualização* (São Leopoldo: Sinodal, 2007).

_____. *Viver pela fé: justificação e santificação* (São Leopoldo: Sinodal, 1997).

BEGUOCI, Leandro. "Brasil é o maior país pentecostal". *Folha de São Paulo*. Segunda-feira, 29 jan., 2007. Disponível em https://www1.folha.uol.com.br/fsp/brasil/fc2901200708.htm. Acesso em: 14 abr. 2023.

BENATTE, A. P. "Os pentecostais e a Bíblia no Brasil. Aproximações mediante a estética da recepção". *Rever*, vol. 12, n. 1, jan./jun. 2012: 9-30.

REFERÊNCIAS BIBLIOGRÁFICAS | 195

BENKE, Christoph. *Breve história da espiritualidade cristã* (Aparecida: Santuário, 2011).

BERGER. "A dessacralização do mundo: uma visão global". *Religião e Sociedade*, vol. 21, n. 1, 2001: 9-23.

BERMAN, H. *Law and revolution II: the impact of the Protestant Reformations on the Western legal tradition* (Harvard: Harvard University Press, 2006).

BORTOLIN, José. *A carta aos Gálatas. Evangelho é liberdade* (São Paulo: Paulus, 1997).

BITTENCOURT FILHO, José. *Matriz religiosa brasileira: religiosidade e mudança social* (Petrópolis: Vozes/ Koinonia, 2003).

BLOCH, Ernst. *Thomas Müntzer: teólogo da revolução* (Rio de Janeiro: Biblioteca Tempo Brasileiro, 1973).

BLOCH, Marc. "Memória coletiva, tradição e costume: a propósito de um livro recente". In: Idem. *História e historiadores: textos reunidos por Étienne Bloch* (Lisboa: Teorema, 1998).

BLOUGH, Neals. "Anabatistas". In: Lacoste, Jean-Yves, org. *Dicionário crítico de teologia* (São Paulo: Paulinas/Loyola, 2004). p. 118-20.

BONINO, J. M. *Rostos do protestantismo latino-americano* (São Leopoldo: Sinodal, 2003).

BORLASE, Craig. *William Seymor: a biography* (Lake Mari: Charisma House, 2006).

BORTOLINI, José. *A carta aos Gálatas: evangelho é liberdade* (São Paulo: Paulus, 1997).

BOSCH, David J. *Missão transformadora: mudanças de paradigma na teologia da missão*. 3 ed. (São Leopoldo: Sinodal, 2009).

BRAKEMEIER, Gottfried. *O ser humano em busca de identidade*: contribuições para uma antropologia teológica (São Leopoldo: Sinodal, 2002).

BRANDT, Hermann. *O Espírito Santo*. 2 ed. (São Leopoldo: Sinodal, 1985).

BRASIL. Lei nº 12.288, de 20 julho de 2010. Institui o Estatuto da Igualdade Racial; altera as Leis nos 7.716, de 5 de janeiro de 1989, de 13 de abril de 1995, de 24 de julho de 1985, e 10.778, de 24 de novembro de 2003. Disponível em: http://www.planalto.gov.br/ccivil_03/_ato2007-2010/2010/lei/l12288.htm. Acesso em: 30 nov. 2020.

BROWN, R. E. *Comunidade do Discípulo Amado* (São Paulo: Paulus, 1999).

BUBER, Martin. Eu e tu (São Paulo: Centauro, 2001).

BURGESS, Stanley. "A evidência do Espírito: as igrejas ocidentais medievais e modernas". In: McGee, Gary, org. *Evidência inicial: perspectivas históricas e bíblicas sobre a doutrina pentecostal do batismo no Espírito Santo* (Natal: Carisma, 2017). p. 39-61.

BURKE, Peter. Abertura: a nova história, seu passado e seu futuro. In: Idem. *A escrita da história*: Novas Perspectivas (São Paulo: UNESP, 1992). p. 7-38.

_____. *O que é história cultural?* (Rio de Janeiro: Zahar, 2008).

_____. *Origens da história cultural*. Variedades de História Cultural (São Paulo: Civilização Brasileira, 2006).

CALVINO, J. *As institutas ou Tratado da religião cristã*. Ed. clássica. (São Paulo: Casa Editora Presbiteriana, 1985). vol. 1.

CAMBUY, K.; AMATUZZI, M. M.; ANTUNES, T. A. "Psicologia clínica e experiência religiosa". Rever, n. 3, 2006: 77-93. Disponível em: pucsp.br/rever/rv3_2006/p_cambuy.pdf. Acesso em: 11 dez. 2007.

CAMPOS, Bernardo. *Da reforma protestante à pentecostalidade da igreja: debate sobre o pentecostalismo na América Latina* (São Leopoldo/Quito: Sinodal/CLAI, 2002).

_____. *El principio pentecostalidad: la unidad en el Espíritu, fundamento de la paz* (Salem: Kerigma, 2016a).

_____. *Hermeneutica del Espíritu: cómo interpretar los sucesos del Espíritu a la luz de la Palabra de Dios* (Salem: Kerigma, 2016b).

_____. *Hermenêutica do Espírito: uma proposta para hermenêutica pentecostal* (São Paulo: Recriar, 2018a).

_____. *La madurez del hermano menor: los rostros del pentecostalismo latino-americano* (Lima: Ieper, 2012).

_____. *O princípio da pentecostalidade: hermenêutica, história e teologia* (São Paulo: Recriar, 2018b).

_____. "Pentecostalismo y cultura". In: GUTIÉRREZ, Tomás. *Protestantismo y cultura em América Latina* (Quito: CLAI, 1994). p. 51-68.

CAMPOS, Leonildo S. "As origens norte-americanas do pentecostalismo brasileiro: observações sobre uma relação ainda pouco avaliada". Revista USP, vol. 67, 2005: 100-15.

CARVALHO, César Moisés. *Pentecostalismo e pós-modernidade: quando a experiência se sobrepõe à teologia* (Rio de Janeiro: CPAD, 2016).

CÉSAR, W.; SHAULL, R. *Pentecostalismo e futuro das igrejas cristãs: promessas e desafios* (Petrópolis/São Leopoldo: Vozes/Sinodal, 1999).

CHAMPLIN, Russell Norman; BENTES, João Marques. *Enciclopédia de Bíblia, teologia e filosofia.* (São Paulo: Candeia, 1991). 6 vols.

CHARTIER, Roger. *A história ou a leitura do tempo* (Belo Horizonte: Autêntica, 2009).

_____; Cavallo, Guglielmo. *História da leitura do mundo ocidental* (São Paulo: Ática, 1994).

COHEN, R. *Performance como linguagem: criação de um tempo-espaço de experimentação* (São Paulo: Perspectiva, 2002).

COLLINS, Adela Yarbro. *Cosmology and eschatology in Jewish and Christian apocalypticism.* Supplements to the Journal for the Study of Judaism, 50. (Leiden/New York/Köln: Brill,1996).

COLLINS, John J. Apocalypticism in the Dead Sea Scrolls (London: Routledge, 1997).

COMISSÃO INTERNACIONAL DE DIÁLOGO CATÓLICO-PENTECOSTAL. "Tornar-se cristão: inspiração da Escritura e dos textos da Patrística com algumas reflexões contemporâneas". *Relatório da Quinta Fase do Diálogo Internacional entre algumas lideranças e Igreja Pentecostais Clássicas e a Igreja Católica* (1998-2006) (Brasília: CNBB, 2010).

COMPARATO, Fábio K. "Fundamentos dos direitos humanos". *Instituto de Estudos Avançados da Universidade de São Paulo* (São Paulo: IEA, 1997). Disponível em: http://www.iea.usp.br/publicacoes/textos/comparatodireitoshumanos.pdf. Acesso em: 16 jun. 2021.

COSTA LIMA, L., org. *A literatura e o leitor, textos de estética da recepção.* 2 ed. (Rio de Janeiro: Paz e Terra, 2002).

COUTO, Geremias do. "Eclesiologia — a doutrina da igreja". In: GILBERTO, Antonio et al. *Teologia sistemática pentecostal* (Rio de Janeiro: CPAD, 2008). p. 379-440.

COX, Harvey. *Fire from heaven: the rise of Pentecostal spirituality and the reshaping of religion in the twenty-first century* (Reading: Addison-Wesley, 1995).

CROATTO, J. S. *Hermenêutica bíblica* (São Leopoldo/São Paulo: Sinodal/Paulinas, 1986).

DAYTON, Donald W. *Raices teológicas del pentecostalismo* (Buenos Aires: Grand Rapids, 1991).

_____. *Raízes teológicas do pentecostalismo* (Natal: Carisma, 2018).

_____. *Theological roots of Pentecostalism* (Peabody: Hendrickson, 1991).

DELUMEAU, Jean. *La reforma*. 3. ed. (Barcelona: Labor, 1977).

DIAS, Z. M. "Um século de religiosidade pentecostal: algumas notas sobre a irrupção, problemas e desafios do fenômeno pentecostal". *Horizonte*, vol. 9, n. 22, 2011: 377-82.

DUFFIELD, G. P.; VAN CLEAVE, N. M. *Fundamentos de teología pentecostal*. 2 ed. (Bogotá: Desafío, 2002).

ECO, Umberto. *Interpretação e superinterpretação* (São Paulo: WMF Martins Fontes, 2012).

_____. *Obra aberta: forma e interdeterminação nas poéticas contemporâneas*. 9. ed. (São Paulo: Perspectiva, 2013).

_____. *Os limites da interpretação*. 2. ed. (São Paulo: Perspectiva, 2004).

EL CÍRCULO LINGUÍSTICO DE PRAGA. Teses 1929. Trad. e bibliografia María Inés Chamorro (Madrid, Comunicación, Série "B", 1970).

ERLL, Astrid. *Memory and culture* (New York: Palgrave Macmillan, 2011).

_____; Nünning, Ansgar, orgs. *Cultural memory studies: an international and interdisciplinary handbook* (Berlin/New York: Walter de Gruyter, 2008).

EVDOKIMOV, P. *O Espírito Santo na tradição ortodoxa* (São Paulo: AM, 1996).

FALBEL, Nachman. "As heresias dos séculos XII e XIII (I)". Revista de História, vol. 38, n. 78, 1969: 325-52.

_____. "As heresias dos séculos XII e XIII (II)". *Revista de História*, vol. 40, n. 82, 1970: 271-87.

FEE, Gordon D. *Paulo, o Espírito e o povo de Deus* (Campinas: United Press, 1997).

FERRARI, Mônica Rebecca. "A memória da cultura e a memória na mídia em produtos audiovisuais infanto-juvenis". In: Machado, I. *Semiótica da cultura e semiosfera* (São Paulo: FAPESP/Annablume, 2007).

FERREIRA, J. C. Leonel. "A Bíblia como literatura: lendo as narrativas bíblicas". *Revista Eletrônica Correlation*, vol. 7, n. 13, 2008: 10. Disponível em: https://www.metodista.br/revistas/revistas-ims/index.php/COR/article/view/1650/1646. Acesso em: 19 nov. 2015.

FLETCHER-LOUIS, C. H. T. *All the glory of Adam* (Leiden/Boston/Köln: Brill, 2002).

FLUDERNIK, Monika. *An introduction to narratology* (New York: Abingdon Press, 2009).

FOGARTY, Stephen. "Toward a Pentecostal hermeneutic" (Pentecostal Charismatic Bible Colleges, 2001).

FOUCAULT, M. *The politics of truth* (New York: Semiotext(e), 1997).

FRASER, Meredith. "Maria Beulah Woodworth Etter, the trance evangelist". *Priscilla Papers*, Minneapolis, vol. 33, n. 3, 2019: 3-7. Disponível em: https://www.cbeinternational.org/resource/article/priscilla-papers-academic-journal/maria-beulah-woodworth-etter-trance-evangelist. Acesso em: 30 nov. 2020.

FRESTON, Paul. "Breve história do pentecostalismo brasileiro". In: ANTONIAZZI, Alberto et al. *Nem anjos nem demônios: interpretações sociológicas do pentecostalismo*. 2 ed. (Petrópolis: Vozes, 1994).

_____. *Protestantismo e política no Brasil: da constituinte ao impeachment*. Tese de doutorado (Campinas: Universidade Estadual de Campinas, Instituto de Filosofia e Ciências Humanas, 1993). 307 f.

FRYE, Northrop. *Anatomia da crítica* (São Paulo: Cultrix, 1957).

_____. *Código dos códigos: a Bíblia e literatura* (São Paulo: Boitempo, 2004).

FUKUYAMA, F. *O fim da história e o último homem* (Rio de Janeiro: Rocco, 1992).

GARCÍA MARTÍNEZ, Florentino. "Textos de Qumran". In: PÉREZ, Aranda G.; GARCÍA MARTÍNEZ, Florentino; FERNÁNDEZ, P. M. *Literatura judaica intertestamentária*. Introdução ao Estudo da Bíblia. (São Paulo: Ave-Maria, 2000). vol. 9. p. 13-213.

GEE, Donald. *Como receber o batismo no Espírito Santo* (Rio de Janeiro: CPAD, 2011).

_____. *Después de Pentecostés* (New Braunfels: Casa de Publicaciones, 1972).

GEORGE, Timothy. *Teologia dos reformadores* (São Paulo: Vida Nova, 1994).

GILBERTO, Antonio. *Verdades pentecostais*. 2. ed. (Rio de Janeiro: CPAD, 2019).

_____. "Pneumatologia: a doutrina do Espírito Santo". In: GILBERTO, Antonio, org. *Teologia sistemática pentecostal* (Rio de Janeiro: CPAD, 2008). p. 171-244.

GLUSBERG, J. *A arte da performance* (São Paulo: Perspectiva, 1987).

GOFF Jr., James. *Fields white unto harvest: Charles F. Parham and the missionary origins of Pentecostalism* (Fayetteville: University of Arkansas Press, 1988).

GOODMAN, Felicitas D. *Speaking in tongues: a cross-cultural study of glossolalia* (Chicago: University of Chicago Press, 1972).

GUNN, D. M. "New directions in the study of biblical Hebrew narrative". *Journal of the Study of the Old Testament*, n. 39, 1979: 65-75.

HABERMAS, J. *Pensamento pós-metafísico: estudos filosóficos* (Rio de Janeiro: Tempo Brasileiro, 2002).

HALBWACHS, Maurice. *A memória coletiva* (São Paulo: Centauro, 2006).

HALL, J. M. *Ethnic identity in Greek antiquity* (Cambridge, University Press, 1997).

HALL, Stuart. Identidade cultural na pós-modernidade (Rio de Janeiro: DP&A, 2002).

HANKE, Ezequiel. *O Espírito Santo na teologia de Lutero e Calvino*. Dissertação de mestrado (São Leopoldo: Faculdades EST, Programa de Pós-Graduação em Teologia, 2015). 87 f.

HILBERATH, Bernd Jochen. "Pneumatologia". In: Schneider, Theodor, org. *Manual de dogmática*. 2. ed. (Petrópolis: Vozes, 2002). vol. 1. p. 403-97.

HIMMELFARB, Martha. "Ascent to heaven in Jewish e Christian apocalyses" (New York: Oxford University Press, 1993).

HORTON, Stanley M., org. *Teologia sistemática: uma perspectiva pentecostal*. 3. ed. (Rio de Janeiro: CPAD, 1997).

_____. *Teologia sistemática*: uma perspectiva pentecostal. 10. ed. (Rio de Janeiro: CPAD, 2006).

HUNTER, Harold. "Tongues-speech: a Patristic analysis". *Journal of the Evangelical Theological Society*, n. 23, fasc. 2, jun. 1980: 125-37.

REFERÊNCIAS BIBLIOGRÁFICAS | **199**

HURTADO, Larry. *As origens da adoração cristã: o caráter da devoção no ambiente da igreja primitiva* (São Paulo: Vida Nova, 2011).

INSTITUTO BRASILEIRO DE GEOGRAFIA E ESTATÍSTICA. Censo Demográfico 2010 (Rio de Janeiro: IBGE, 2012).

ISER, Wolfgang. *Ato da leitura* (São Paulo: Ed. 34, 1996/1999). vols. 1 e 2.

JAUSS, H. R. *Experiência estética y hermética literária* (Madrid: Taurus, 1992).

_____. *História da literatura como provocações à teoria literária* (São Paulo: Ática, 1994).

_____. "O prazer estético e as explicações fundamentais da *poiesis, aisthesis* e *Katharsis*". In: Lima, L. C., org. *A literatura e o leitor: textos de estética da recepção*. 2 ed. rev. e ampl. (Rio de Janeiro: Paz e Terra, 2002). p. 85-103.

JOHNS, Cheryl Bridge. "The adolescence of Pentecostalism: in search of a legitimate sectarian identity". *Pneuma*, vol. 17, 1995: 3-17. Disponível em: https://brill.com/view/journals/pneu/17/1/article-p3_2.xml?language=en. Acesso em: 30 nov. 2020.

JONES, Brynmor Pierce. *An instrument of revival: complete life of Evan Roberts, 1878-1951* (Plainfield: Bridge Logos, 1995).

JUNGHANS, Helmar. *Temas da teologia de Lutero* (São Leopoldo: Sinodal, 2001).

KALUZA, Zénon. "João Hus". In: LACOSTE, Jean-Yves, org. *Dicionário crítico de teologia* (São Paulo: Paulinas/Loyola, 2004). p. 845-7.

KÄRKKÄINEN, Veli-Matti. "Hermeneutics: from fundamentalism to postmodernism". In: YONG, Amos. *Toward a Pneumatological theology: Pentecostal and ecumenical perspectives on ecclesiology, soteriology, and theology of mission* (Lanham: University Press of America, 2002a).

_____. *Pneumatology: the Holy Spirit in ecumenical, international, and contextual perspective* (Grand Rapids: Baker Academic, 2002b).

KEENER, C. S. *O Espírito na igreja: o que a Bíblia ensina sobre os dons* (São Paulo: Vida Nova, 2018a).

_____. *O Espírito nos Evangelhos e em Atos: pureza e poder divino* (São Paulo: Vida Nova, 2018b).

_____. *Spirit hermeneutics: reading Scripture in light of Pentecost* (Grand Rapids: Eerdmans, 2016).

KITTEL, G.; FRIEDRICH, G.; BROMILEY, G. W. *Theological dictionary of the New Testament* (Grand Rapids: Eerdmans, 1995).

KOEHLER, L.; BAUMGARTNER, W.; RICHARDSON, M.; STAMM, J. J. "עוֹלָם". In: *The Hebrew and Aramaic lexicon of the Old Testament*. Ed. Eletrônica (Leiden/ New York: Brill, 1999).

KRÜGER, René. "Uma aproximação estrutural a Lucas 1—4". *Ribla*, n. 53, 2006: 77.

LAND, S. J. *Pentecostal spirituality: a passion for the kingdom* (New York: Sheffield Academic, 1993).

LE GOFF, J. *A história nova*. 4, ed. (São Paulo: Martins Fontes, 1998).

_____. *Os intelectuais da Idade Média*. São Paulo: Brasiliense, 1988.

LEONEL, J. "História da leitura e protestantismo brasileiro: pastores presbiterianos como leitores". In: Idem, org. *Novas perspectivas sobre o protestantismo brasileiro*. 2. ed. (São Paulo: Paulinas/Fonte Editorial, 2010). p. 325-70.

LEWIS, Ioan. M. *Êxtase religioso* (São Paulo: Perspectiva, 1977).

_____. Êxtase religioso: *um estudo antropológico da possessão por espíritos e do xamanismo* (São Paulo: Perspectiva, 1997).

LIBANIO, J. B. *A religião no início do milênio* (São Paulo: Loyola, 2002).

LONGUINI NETO, Luiz. *O novo rosto da missão* (Viçosa: Ultimato, 2002).

LORTZ, Joseph. *How the Reformation came* (New York: Herder and Herder, 1964).

LÓTMAN, I. "As três funções do texto". In: IDEM. *Por uma teoria semiótica da cultura* (Belo Horizonte: FALE/UFMG, 2007).

_____. *La semiosfera I: semiótica de la cultura e del texto* (Madrid: Cátedra, 1996a).

_____. "La semiótica de la cultura y el concepto de texto". *Escritos*, n. 9, 1993: 15-20.

_____. "La semiótica de la cultura y el concepto de texto". In: IDEM. *La semiosfera I: semiótica de la cultura e del texto* (Madrid: Cátedra, 1996b). p. 77-82.

_____. "On the semiosphere". *Sign Systems Studies*, vol. 33, n. 1, 2005.

_____. *Por uma teoria semiótica da cultura* (Belo Horizonte: FALE/UFMG, 2007).

_____. "Tese para uma análise da semiótica da cultura (uma aplicação aos textos eslavos)". In: Machado, Irene. *Escola de semiótica* (São Paulo: Ateliê Editorial/FAPESP, 2003).

_____. *Universe of the mind: a semiotic theory of culture* (Bloomington: Indiana University Press, 1990).

_____; USPENSKII, Bóris. "Sobre o mecanismo semiótico da cultura". In: MACHADO, Irene, org. *Ensaios de semiótica soviética* (Lisboa: Novo Horizonte, 1981). p. 37-66.

MAÇANEIRO, M. "Há diversidade de dons, mas o Espírito é o mesmo' (1Co 12,4): relatório da sexta fase do Diálogo Internacional Católico-Pentecostal: tópicos fundamentais". *Revista Medellín*, vol. 43, n. 169, 2017: 675-702.

MACCHIA, Frank. D. *Baptized in the Spirit: a global Pentecostal theology* (Grand Rapids: Zondervan, 2006).

_____. "God present in a confused situation: the mixed influence of the charismatic movement on classical Pentecostalism in the United States". *Pneuma*, n. 18.1, 1996: 33-54.

MACHADO, Irene. *Escola de semiótica: a experiência de Tártu-Moscou para o estudo da cultura* (São Paulo: Ateliê Editorial/FAPESP, 2003).

MACHADO, Jonas. "Louvor ao triunfo divino. Vestígios do misticismo apocalíptico paulino em 2 Cor 2,14-17". *Oracula* vol. 5, n. 10, 2009: 84-99.

MACROBERT, Iain. *The black roots and white racism of early Pentecostalism in the USA* (London: MacMillan, 1988).

MAFFESOLI, Michel. *Elogio da razão sensível* (Petrópolis: Vozes, 2001).

MANSILLA, Miguel Ángel. "Pós-pentecostalismo e o desencanto religioso dos pentecostais". In: OLIVEIRA, David Mesquiati; FERREIRA, Ismael de Vasconcelos; FAJARDO, Maxwell, orgs. *Pentecostalismos em perspectiva* (São Paulo: Terceira Via/RELEP, 2017). p. 17-34.

MARGUERAT, D.; BOURQUIN, Y. *Para ler as narrativas bíblicas: iniciação à análise narrativa* (São Paulo: Loyola, 2009).

MARIANO, Ricardo. *Neopentecostais: sociologia do novo pentecostalismo no Brasil* (São Paulo: Loyola, 1999).

MARTIN, L. R., org. *Pentecostal hermeneutics: a reader* (Boston: Brill, 2013).

McDERMOTT, Gerald R. *Grandes teólogos* (São Paulo: Vida Nova, 2013).

McGEE, G., org. *Evidência inicial: perspectivas históricas e bíblicas sobre a doutrina pentecostal do batismo no Espírito* (Natal: Carisma, 2017).

McGRATH, Alister. *Teologia sistemática, histórica e filosófica: uma introdução à teologia cristã* (São Paulo: Shedd, 2005).

McLEAN, M. D. "O Espírito Santo". In: HORTON, S. M. *Teologia sistemática: uma perspectiva pentecostal*. 3. ed. (Rio de Janeiro: CPAD, 1997). p. 383-404.

MENDONÇA, Antonio Gouvêa. *O celeste porvir: a inserção do protestantismo no Brasil* (São Paulo: Paulinas, 1984).

_____. *Protestantes, pentecostais & ecumênicos* (São Bernardo do Campo: Umesp, 1997).

_____; VELASQUES FILHO, Prócoro. *Introdução ao protestantismo no Brasil*. 2. ed. (São Paulo: Loyola, 2002).

MENZIES, Robert. Pentecoste, essa história é a nossa história (Rio de Janeiro: CPAD, 2016).

_____; MENZIES, William. *No poder do Espírito: fundamentos da experiência pentecostal* (São Paulo: Vida, 2002).

MERTON, Thomas. *Novas sementes de contemplação* (Montariol: Editorial Franciscana, 2007).

MIRANDA, M. de França. *A igreja numa sociedade fragmentada: escritos eclesiológicos* (São Paulo: Loyola, 2006).

_____. "Em vista da nova evangelização". *Perspectiva Teológica*, vol. 45, 2013: 13-34.

_____. *Inculturação da fé: uma abordagem teológica* (São Paulo: Loyola, 2001).

_____. A salvação de Jesus Cristo: a doutrina da graça (São Paulo: Loyola, 2004).

MOLTMANN, J. *A fonte da vida: o Espírito Santo e a teologia da vida* (São Paulo: Loyola, 2002).

_____. *Espírito da vida: uma pneumatologia integral* (Petrópolis: Vozes, 1999).

MONDIN, Battista. *Os grandes teólogos do século vinte* (São Paulo: Paulinas, 1979).

NEL, Marius. "Attempting to define a Pentecostal hermeneutics". *Scriptura*, vol. 114, 2015: 1-13.

NEWSOM, Carol. *Songs of the Sabbath sacrifice: a critical edition* (Atlanta: Scholars Press, 1985).

NICKELSBURG, George W. E. *Jewish literature between the Bible and the Mishnah: a historical and literary introduction*. 2. ed. (Minneapolis: Fortress Press, 2005).

NIEBUHR, H. Richard. *Cristo e cultura* (Rio de Janeiro: Paz e Terra, 1967).

NOEL, B. T. *Pentecostal and postmodern hermeneutics: comparisons and contemporary impact* (Eugene: Wipf and Stock, 2010).

NOGUEIRA, Paulo Augusto de Souza. *Experiência religiosa e crítica social no cristianismo primitivo* (São Paulo: Paulinas, 2003).

_____. "Hermenêutica da recepção: textos bíblicos nas fronteiras da cultura e no longo tempo". *Estudos de Religião*, vol. 26, n. 42, 2012a. Disponível em: https://www.metodista.br/revistas/revistas-ims/index.php/ER/article/view/3095/3086. Acesso em: 23 nov. 2015.

_____. "Religião como texto: contribuições da semiótica da cultura". In: IDEM, org. *Linguagens da religião: desafios, métodos e conceitos centrais* (São Paulo: Paulinas, 2012b). p. 13-30.

OCKHAM, G. Brevilóquio sobre o principado tirânico (Petrópolis: Vozes, 1988).

OLIVEIRA, David Mesquiati. "A leitura bíblica dos pentecostais e a noção de performance". *Revista de Estudos da Religião*, vol. 17, 2017a: 119-40.

_____. "A pneumatologia de Lutero: uma aproximação". *Reflexus*, vol. 11, n. 17, 2017b: 161-78.

_____. *Diálogo e missão nos Andes: um estudo de teologia da missão latino-americana* (São Paulo/Rio de Janeiro: Garimpo/Ed. PUC-Rio, 2016a).

_____. *Eis me aqui, Senhor! Disponibilidade como chave missionária* (São Leopoldo: Sinodal, 2014).

_____. "Lutero, o Espírito Santo e os pentecostais". In: ZWETSCH, Roberto E., org. *Lutero e a teologia pentecostal* (São Leopoldo: Sinodal, 2017c). p. 32-56.

_____. "O movimento pentecostal: características e desafios". In: CAVALCANTE, R.; BONOME, J. R. *500 anos da reforma protestante: história, cultura e sociedade* (São Paulo: Terceira Via, 2017d). p. 145-57.

_____. "Os pentecostais, o Espírito Santo e a Reforma". *Pistis & Práxis*, vol. 9, 2017e: 539-53.

_____. "Pneumatologia como característica do ser cristão: a contribuição do pentecostalismo ao conjunto do cristianismo". *Perspectiva Teológica*, 2020, vol. 52: 311-34. Disponível em: https://www.scielo.br/pdf/pteo/v52n2/2176-8757-pteo-52-2-0311. pdf. Acesso em: 30 nov. 2020.

_____. "Reforma protestante, educação teológica e indigeneidade: os pentecostais e os Tupiniquim". *Revista Reflexus*. vol. 9, n. 15, 2016b: 53-74.

_____. "Salvação, acolhida do ser humano e a obra do Espírito Santo". *Atualidade Teológica*, vol. 17, n. 43, 2013: 39-69.

_____; ROCHA, A. R. "Pentecostalismo e empoderamento de identidades marginalizadas". Pistis & Práxis, vol. 10, 2018: 722-41. Disponível em: https://periodicos.pucpr.br/ index.php/pistispraxis/article/view/24520/23210. Acesso em: 30 nov.2020.

OLIVEIRA, Marco Davi. *A religião mais negra do Brasil: por que os negros fazem opção pelo pentecostalismo?* (Viçosa: Ultimato, 2015).

OLIVEIRA, Roseli M. K. *Cuidando de quem cuida: proposta de poimênica aos pastores e pastoras no contexto de igrejas evangélicas brasileiras* (São Leopoldo: Escola Superior de Teologia, 2004).

OLIVERIO Jr., L. William. *Theological hermeneutics in the classical Pentecostal tradition: a typological account* (Leiden: Brill, 2012).

ORGANIZAÇÃO DAS NAÇÕES UNIDAS. *Declaração universal dos direitos humanos*. 10 dez. 1948. Disponível em: https://www.unicef.org/brazil/declaracao-universal-dos-direitos- -humanos. Acesso em: 30 nov. 2020.

ORO, Ari Pedro; ALVES, Daniel. "Renovação Carismática Católica: movimento de superação da oposição entre catolicismo e pentecostalismo?" *Religião e Sociedade,* vol. 33, n. 1, 2013: 122-44.

REFERÊNCIAS BIBLIOGRÁFICAS | **203**

PALHARES, Ricardo Henrique. "A mudança no cenário religioso brasileiro: o rearranjo espacial do movimento pentecostal". *Revista Verde Grande de Geografia e Interdisciplinaridade*, vol. 1, n. 2, 2019: 19-29.

PALMA, Anthony D. O batismo no Espírito e com fogo: os fundamentos bíblicos e a atualidade da doutrina pentecostal (Rio de Janeiro: CPAD, 2014).

PAPA PAULO VI. *Constituição pastoral "Gaudium et spes": sobre a igreja no mundo actual*. Disponível em: https://www.vatican.va/archive/hist_councils/ii_vatican_council/documents/vat-ii_const_19651207_gaudium-et-spes_po.html. Acesso em 5 mai. 2023.

PARHAM, Charles F. *Uma voz clamando no deserto* (São Paulo: Reflexão, 2020).

PASSOS, João Décio. *Pentecostais: origem e começos* (São Paulo: Paulinas, 2005).

_____. *Teogonias urbanas: o renascimento dos velhos deuses — uma abordagem sobre a representação religiosa pentecostal*. Tese de doutorado em ciências sociais (São Paulo: Pontifícia Universidade Católica de São Paulo, 2001). 347 f.

PAULANI, L. M. "Leitura e mercado de livros no Brasil: os resultados de duas diferentes pesquisas". In: FAILLA, Z., org. *Retratos da leitura no Brasil 4* (Rio de Janeiro: Sextante, 2016). p. 127-40.

PELIKAN, Jaroslav. *From Luther to Kierkegaard: a study in the history of theology* (Missouri: Concordia Publishing House, 1963).

PERVO, R. I.; ATTRIDGE, H. W. *Acts: a commentary on the Book of Acts*. Hermeneia — a Critical and Historical Commentary on the Bible (Minneapolis: Fortress Press, 2009).

PESSAVENTO, Sandra. *História e linguagens* (Rio de Janeiro: 7 Letras, 2006).

PIPER, John. *O racismo, a cruz e o cristão: a nova linhagem em Cristo* (São Paulo: Vida Nova, 2012).

POLOMA, M. M. *The Assemblies of God at the crossroads: charisma and institutional dilemmas* (Knoxville: University of Tennessee Press, 1989).

POUTIGNAT, Philippe. *Teorias da etnicidade: seguido de grupos étnicos e suas fronteiras de Fredrik Barth* (São Paulo: UNESP, 1998).

POWELL, M. A. *What is narrative criticism?* (Minneapolis: Fortress Press, 1990).

PRANDI, Reginaldo. *Um sopro do Espírito* (São Paulo: Edusp, 1997).

PRINCE, Gerald. "Narratology". *The form and functioning of narrative* (Berlin/Amsterdam/New York: Mouton Publishers, 1982).

RAMOS, Vaz A. et al. "Semiosfera: explosão conceitual nos estudos semióticos da cultura". In: MACHADO. *Semiótica da cultura e semiosfera* (São Paulo: FAPESP/Annablume, 2007).

RAVETTI, G. "O corpo na letra: o transgênero performático". In: CARREIRA, A. et al., org. Mediações performáticas latino-americanas (Belo Horizonte: Faculdade de Letras, 2003).

RICOEUR, Paul. *A memória, a história, o esquecimento* (Campinas: Unicamp, 2007).

RIOUX, Jean-Pierre; SIRINELLI, Jean-François, orgs. *Para uma história cultural* (Lisboa: Estampa, 1998).

RIVERO, Jean; MOUTOUH, Hugues. Liberdades públicas (São Paulo: Martins Fontes, 2006).

ROBECK JR., Cecil M. *The Azusa street mission and revival: the birth of the global Pentecostal movement* (Nashville: Thomas Nelson, 2006).

_____. "William J. Seymor e a 'evidência bíblica'". In: McGee, G., org. *Evidência inicial: perspectivas históricas e bíblicas sobre a doutrina pentecostal do batismo no Espírito* (Natal: Carisma, 2017). p. 101-27.

Rocha, Alessandro. *Espírito Santo: aspectos de uma pneumatologia solidária à condição humana* (São Paulo: Vida, 2008).

Rocha, *Abdruschin Schaeffer. "Nem sola Scriptura, nem solus Spiritus: a revelação na dimensão do humano". Horizonte, vol. 14, n. 44, out-dez. 2016: 1173-92.*

Ruthven, J. M. Sobre a cessação dos charismata: a polêmica cessassionista sobre os milagres pós-bíblicos (Natal: Carisma, 2017).

Santidrían, Pedro R. *Breve dicionário de pensadores cristãos.* 2. ed. (Aparecida: Santuário, 1997).

Santos, Boaventura de Sousa. *Se Deus fosse um ativista dos direitos humanos.* 2. ed. (São Paulo: Cortez, 2014).

Santos, Myrian S. dos. *Memória coletiva e teoria social* (São Paulo: Annablume, 2003).

Santos, R. A. Entre a razão e o êxtase: experiência religiosa e estados alterados de consciência (São Paulo: Loyola, 2004).

Schleiermacher, Friedrich D. E. *Hermenêutica: arte e técnica da interpretação* (Petrópolis: Vozes, 2006).

_____. *Hermeneutics and criticism and other writings* (Cambridge: Cambridge University Press, 1998).

Segal, Alan F. *Paul the convert: the apostolate and apostasy of Saul the Pharisee* (New Haven/London: Yale University Press, 1990).

Seymour, W. J. *O Avivamento da rua Azuza* (Rio de Janeiro: CPAD, 2001).

Sicre, J. L. *A justiça social nos profetas* (São Paulo: Paulus, 1990).

_____. *Profetismo em Israel: o profeta, os profetas, a mensagem.* 3. ed. (Petrópolis: Vozes, 2008).

Sider, Ronald. *Andreas Bodenstein von Karlstadt* (Leiden: Brill, 1974).

Siepierski, Paulo. "Contribuições para uma tipologia do pentecostalismo brasileiro". In: Guerriero, Silas, org. *O estudo das religiões: desafios contemporâneos.* 2. ed. (São Paulo: Paulinas, 2004). p. 71-88.

_____. "Pós-pentecostalismo e política no Brasil". Estudos Teológicos, vol. 37, 1997: 47-61.

Silva, Clemir Fernandes. *Despentecostalização: um estudo sobre mudanças sociorreligiosas na Igreja Cristã Nova Vida.* Tese de doutorado em ciências sociais (Rio de Janeiro: Universidade do Estado do Rio de Janeiro, 2017). 278 f.

Silva, José A. da. *Grandes perguntas pentecostais.* 2. ed. (Rio de Janeiro: CPAD, 2004).

Silva, Severino P. da. *A existência e a pessoa do Espírito Santo* (Rio de Janeiro: CPAD, 1996).

Simian-Yofre, H., org. *Metodologia do Antigo Testamento* (São Paulo: Loyola, 2011).

Siqueira, Sônia Aparecida. "O momento da Inquisição (II)". *Revista de História*, vol. 43, n. 87, 1971: 43-85.

Siqueira, Gutierres; Terra, Kenner. *Autoridade bíblica e experiência no Espírito: a contribuição da hermenêutica pentecostal-carismática* (Rio de Janeiro: Thomas Nelson Brasil, 2020).

REFERÊNCIAS BIBLIOGRÁFICAS | **205**

SMITH, J. K. A. "What hath Cambridge to do with Azusa street? Radical orthodoxy and Pentecostal theology in conversation". *Pneuma*, vol. 25, n. 1, 2003: 97-114.

SOUZA, Bertone de Oliveira. "O pentecostalismo na história brasileira: problemas de periodização e enfoques teórico-metodológicos". *Revista Brasileira de História das Religiões*, a. 8, n. 22, mai./ago. 2015: 25-38.

STEWART, James A. *Quando desceu o Espírito: a história de Evan Roberts e do grande reavivamento no País de Gales* (Belo Horizonte: Betânia, 1968).

STRONSTAD, Roger. *The charismatic theology of St. Luke* (Grand Rapids: Baker Academic, 1984).

TABOR, James. *Things unutterable: Paul's ascent to Paradise in its Greco-Roman, Judaic, and early Christian contexts* (Lanham: University Press of America, 1986).

TANCARA CHAMBE, J. J. *Teología pentecostal popular: la fe en comunidades periurbanas y andinas* (La Paz: ISEAT, 2011).

TERRA, Kenner. "A leitura das narrativas sagradas: uma crítica à exegese tradicional à luz da semiótica da cultura e teorias narrativas". *Horizonte*, vol. 14, n. 43, 2016: 859-89.

_____. "Epistemologia pentecostal e presença política". *RBHR, ANPUH*, vol. 13, n. 37, 2020: 43-57.

_____. "Êxtase, Pentecoste e unidade: desafios à luz das origens". In: OLIVEIRA, D. M., org. *Pentecostalismos e unidade* (São Paulo: Fonte/FPLC/RELEP, 2015). p. 167-79.

_____. "O êxtase na Reforma: superando preconceitos e afirmando identidade". In: LIMA, Daniel Barros; ALENCAR, Gedeon Freire; CORREA, Marina Santos, orgs. *Reforma protestante e pentecostalismo: convergências e divergências* (Vitória/Manaus: Unida/RELEP/FBN, 2017). p. 25-34.

_____; OLIVEIRA, David Mesquiati. "Hermenêutica do Espírito: a leitura bíblica na Reforma Radical". *Estudos Teológicos*, vol. 57, 2017: 46-59.

TILLICH, P. *História do pensamento cristão*. 2 ed. (São Paulo: ASTE, 2000).

_____. *Teologia da cultura* (São Paulo: Fonte, 2009).

TODOROV, T. *As estruturas narrativas*. 2. ed. (São Paulo: Perspectiva, 1970a).

_____. *Estrutura ausente*. 7. ed. (São Paulo: Perspectiva, 1997).

_____. *Estruturalismo e poética* (São Paulo: Cultrix, 1970b).

TORRES QUEIRUGA, Andres. *Repensar la revelación: la revelación divina en la realización humana* (Madrid: Trotta, 2008).

TREVETT, C. E. *Montanism: gender, authority and the new prophecy* (Cambridge: Cambridge University Press, 1996).

TROELTSCH, Ernest. *The social teaching of the Christian churches* (London: Allen & Unwin, 1931).

VATTIMO, Gianni. *A sociedade transparente* (Lisboa: Relógio D'Água, 1992).

VIEIRA, Jorge de Albuquerque. "Semiosfera e o conceito de Umwelt". In: MACHADO, Irene, org. *Semiótica da cultura e semiosfera* (São Paulo: FAPESP/Annablume, 2007). p. 99-113.

VINE, W. E.; UNGER, Merril F.; WHITE Jr., Willian. *Dicionário Vine: o significado exegético e expositivo das palavras do Antigo e do Novo Testamento*. 3. ed. (Rio de Janeiro: CPAD, 2003).

VINGREN, Ivar. *Diário do pioneiro Gunnar Vingren*. 14. ed. (Rio de Janeiro: CPAD, 2009).

VOZ DA VERDADE. *Nossa história*. [s.d.]. Disponível em: https://goo.gl/4LHVUa. Acesso em 17 abr. 2023.

WAGNER, P. *Por que crescem os pentecostais?* (São Paulo: Vida, 1987).

WAIZBORT, L. "Introdução". In: WEBER, M. *Os fundamentos racionais e sociológicos da música* (São Paulo: Edusp, 1995). p. 23-52.

WEBER, Max. "Reflexão intermediária — teoria dos níveis e direções da rejeição religiosa do mundo". In: BOTELHO, A., org. *Essencial sociologia* (São Paulo: Penguin Classics/Cia. das Letras, 2013). p. 505-52.

_____. *Sociologia das religiões e consideração intermediária* (Lisboa: Relógio d'Água, 2006).

WEGNER, Uwe. "Batismo no Espírito Santo (BES): avaliação de sua compreensão dentro do pentecostalismo". In: WACHHOLZ, W., org. *Batismo: teologia e prática* (São Leopoldo: EST, 2006). p. 7-39.

_____. *Exegese do Novo Testamento: manual de metodologia* (São Leopoldo/São Paulo: Sinodal/Paulus, 1998).

WILLIAMS, George H. *La Reforma Radical* (México: Fondo de Cultura Económica, 1983).

WILLIAMS, J. R. *Teologia sistemática: uma perspectiva pentecostal* (São Paulo: Vida, 2011).

WITHERINGTON III, B. *The Acts of the Apostles: a socio-rhetorical commentary* (Grand Rapids: Eerdmans, 1998).

WITT, J. *Sociologia*. 3. ed. (Porto Alegre: McGraw-Hill, 2016).

WOLKMER, Antonio Carlos. "Cultura jurídica moderna, humanismo renascentista e Reforma Protestante". *Sequência*, n. 50, 2005: 9-27.

WYCKOFF, J. W. "O batismo no Espírito Santo". In: HORTON, S. M. *Teologia sistemática: uma perspectiva pentecostal*. 3. ed. Rio de Janeiro: CPAD, 1997: 431-63.

YODER, John Howard, org. *Textos escogidos de la Reforma Radical* (Espanha: Biblioteca Menno, 2016).

YONG, Amos. "Academic glossolalia? Pentecostal scholarship, multidisciplinarity, and the science-religion conversation". *Journal of Pentecostal Theology*, vol. 14, n. 1, 2005: 61-80.

_____. *Discerning the Spirit(s): a Pentecostal-Charismatic contribution to Christian theology of religions* (Sheffield-England: Sheffield Academic Press, 2000).

_____. "Foreword". In: HARRIS, Antipas L.; PALMER, Michael D., orgs. *The Holy Spirit and social justice: interdisciplinary global perspectives*. Scripture & Theology (Lanham: Seymour Press, 2019).

_____. *Spirit-Word-community* (Eugene: Wipf and Stock, 2006).

_____. *The Spirit poured out on all flesh: Pentecostalism and the possibility of global theology* (Grand Rapids: Baker Academic, 2005).

_____. *Spirit of Love: a Trinitarian theology of grace* (Waco: Baylor University Press, 2012).

YONGE, C. D. *The works of Philo: complete and unabridged* (Peabody: Hendrickson, 1996).

ZILBERMAN, R. *Estética da recepção e história da Literatura* (São Paulo: Ática, 1989).

SOBRE OS AUTORES

Kenner Terra estudou teologia no Instituto Bíblico das Assembleias de Deus em Pindamonhangaba, SP (IBAD), no Seminário Batista do Sul (Rio de Janeiro) e na Faculdades EST-RS. Depois, licenciou-se em filosofia na Universidade Católica de Petrópolis (UCP). Recebeu título de mestre e doutor em ciências da religião pela Universidade Metodista de São Paulo (UMESP), especializando-se em estudos bíblicos. É membro da Rede Latino-americana de Estudos Pentecostais (RELEP) e da Associação Brasileira de Interpretação Bíblica (ABIB), tendo sido secretário dessa organização por três mandatos. É comunicador e escreveu diversos artigos científicos e livros, entre eles, em coautoria como Gutierres Siqueira, *Autoridade bíblica e experiência no Espírito: a contribuição da hermenêutica pentecostal-carismática*, publicado pela Thomas Nelson Brasil. É pastor da Igreja Batista Betânia, no Rio de Janeiro, RJ, e coordenador do curso de Teologia do Centro Educacional Celso Lisboa, também no Rio de Janeiro.

David Mesquiati de Oliveira tem formação na área de teologia, história, pedagogia, letras-português e ciências econômicas. Detém título de mestre (Faculdade EST) e doutor (PUC-Rio) e dois pós-doutorados em teologia (na PUC-Rio e no Princeton Theological Seminary, EUA). Em 2023, iniciou novo doutorado em história social e política na Universidade Federal do Espírito Santo. Como pesquisador, tem 48 artigos científicos, 27 capítulos em coletâneas e publicou 7 livros na área teológica. Coordena a RELEP Brasil (Rede Latino-americana de Estudos Pentecostais) e é pastor da Assembleia de Deus de Vila Velha, ES. É docente da Faculdade Batista de Minas Gerais e da Faculdade Unida de Vitória, onde também é coordenador do Programa de Pós-Graduação em Ciências das Religiões (Mestrado e Doutorado).

Este livro foi impresso pela Reproset, em 2023,
para a Thomas Nelson Brasil. O papel do miolo é
pólen natural 70g/m², e o da capa é Cartão 250g/m².